入間田宣夫 著

中尊寺領骨寺村絵図を読む

日本農村の原風景をもとめて

高志書院刊

骨寺村全景（一関市博物館提供）

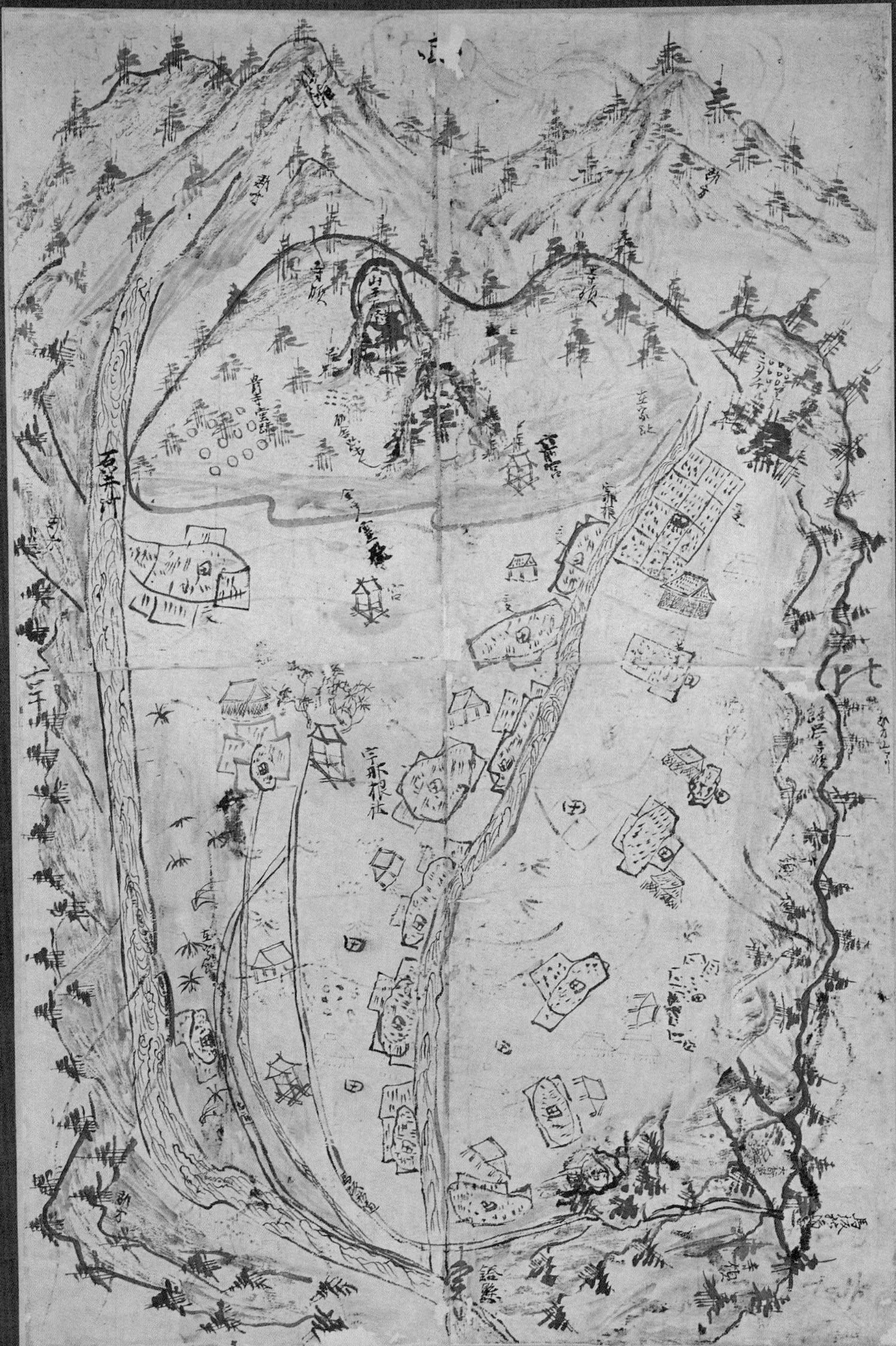

骨寺村絵図「在家絵図」（一関市博物館の複製図より、原図は中尊寺大長寿院蔵）

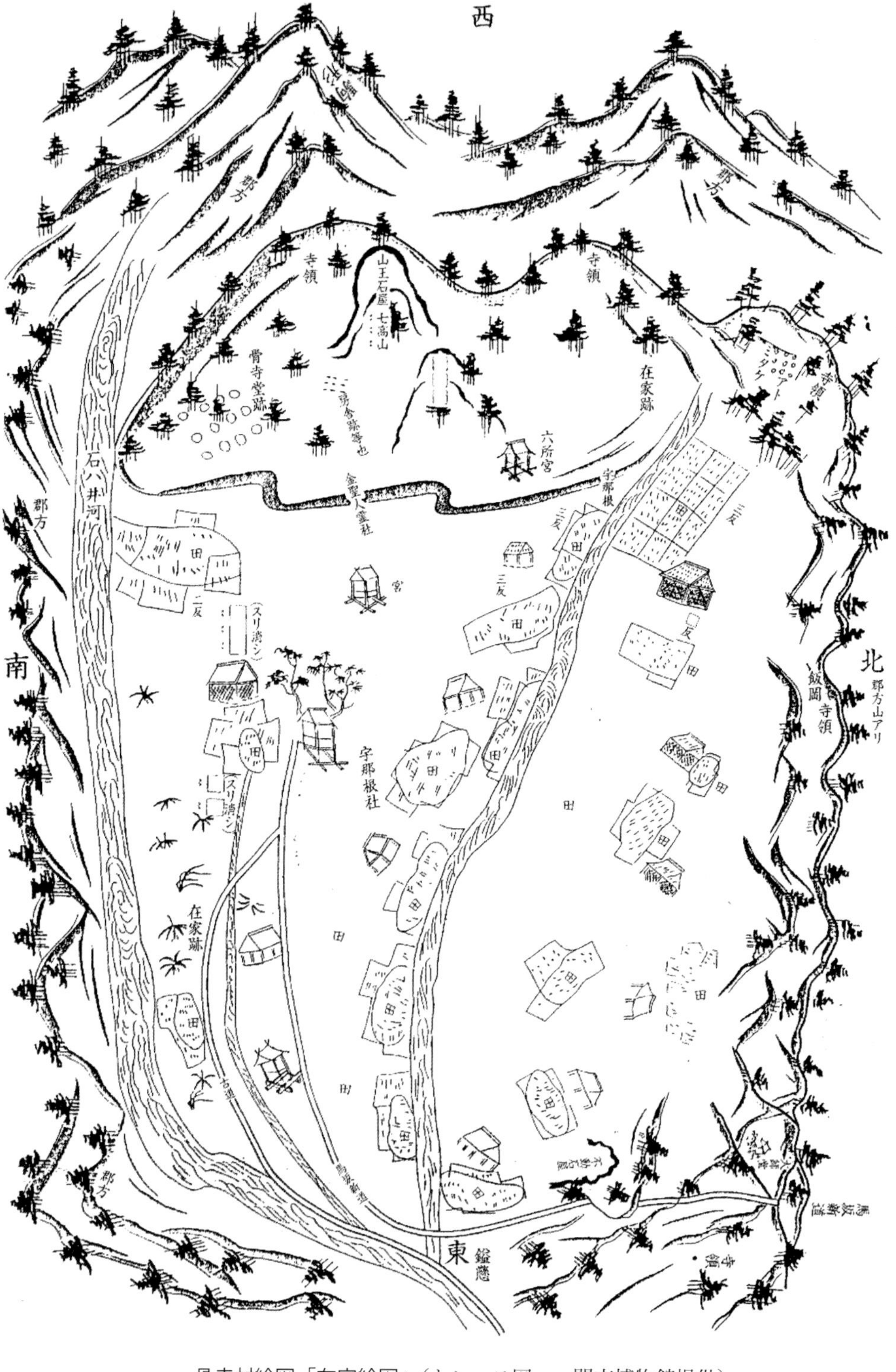

骨寺村絵図「在家絵図」（トレース図　一関市博物館提供）

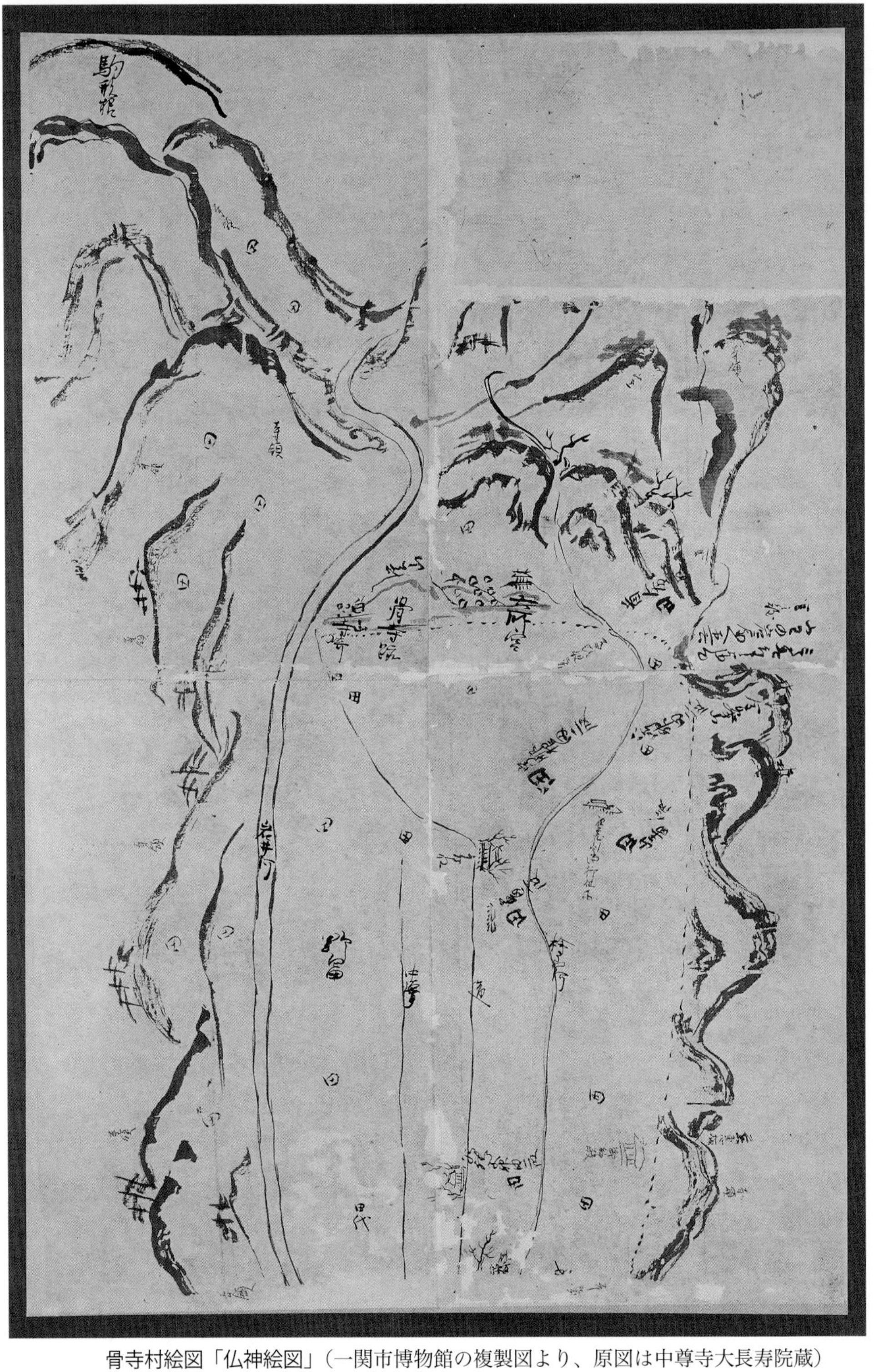

骨寺村絵図「仏神絵図」（一関市博物館の複製図より、原図は中尊寺大長寿院蔵）

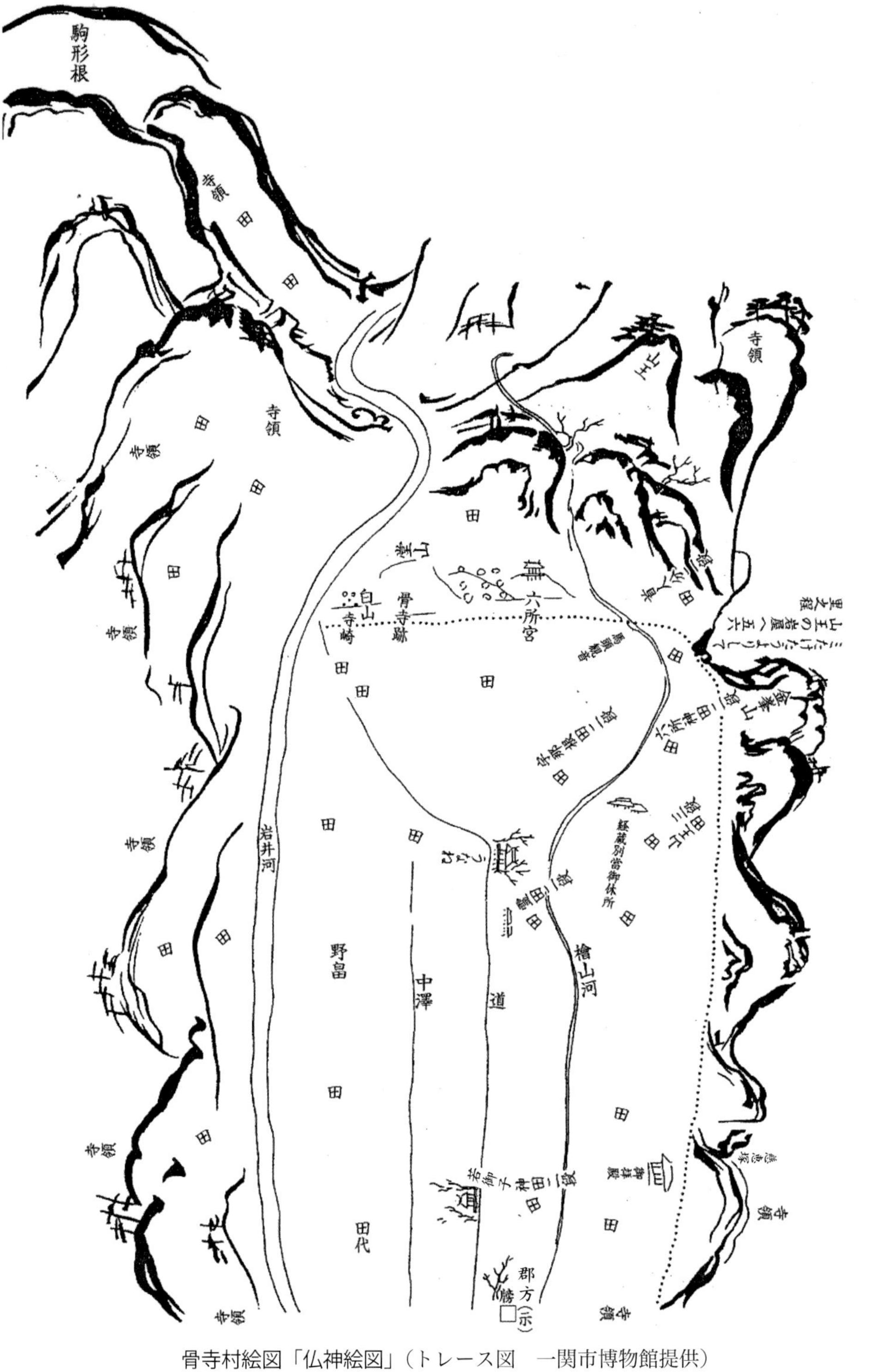

骨寺村絵図「仏神絵図」（トレース図　一関市博物館提供）

駒形根残雪と田植の風景（竹原万雄氏の撮影・提供による）

まえがき

骨寺《ほねでら》村は、千年の歴史を生き抜いてきた。一見するだけでは、東北の中山間地の小盆地に佇まいする何の変哲もない小村に過ぎない。けれども、このムラについては、中尊寺に残された中世の絵図・文書類のほか、現地に残された相当数の近世・近代の絵図・文書類に恵まれている。それによって、一〇世紀に入るあたりに稲作の小村が形成されてから、中尊寺経蔵別当の「再開発」になる中世「骨寺村」へ、そして仙台藩政下における近世「本寺《ほんでら》村」へ、近・現代における厳美《げんび》町本寺地区へ、さらには最近における一関市厳美町本寺地区へ、というムラの歴史が、すなわち千年にわたるムラの歴史のダイナミックそのもののありさまが復元可能になっている。

このように稲作が開始されて以来、千年にわたるムラの歴史を復元することが可能なフィールドは、列島はおろか、アジア世界においてさえも、それほどに多くはない。

その千年にわたるムラの歴史のなかでも、古代から中世への転換には、そのダイナミズムにおいて際立つものがあった。

すなわち、一〇世紀に入るあたりに形成された稲作の小村が、中尊寺経蔵別当による「再開発」によって、耕地・人口の倍増がもたらされるのにあわせて、アジアから伝来した仏教に即応しながら、「この世の浄土」ともいうべき景観が生み出されて、在来の自然信仰によってかたちづくられる景観に重ねあわせられることになった。いいかえれば、仏教以前と仏教以後の文化的要素が重層的かつ複合的にブレンドされた特別の景観が形成されることになった。

その日本農村の原風景の形成とでもいうべきダイナミックな転換が、なんと、中尊寺に残された二枚の絵図によって、鮮明かつ臨場感にあふれる筆致によって、ものの見事に描きだされているではないか。しかも、そのうえに、描き出された原風景のありさまが、いま現在におけるムラにおいても、失われることなく、しっかりと維持されているではないか。奇跡的としか、言いようがない。

二〇〇五年、「骨寺村荘園遺跡」が国史跡に指定されることになった所以である。ならびに翌二〇〇六年、「一関本寺の農村景観」が国の重要文化的景観として選定されることになった所以でもある。あわせて、一九九五年、その二枚の絵図をはじめとする中尊寺の文書群が、国の重要文化財に指定されていることも、見逃しにはできない。

本書においては、その二枚の絵図に描かれた重層的かつ複合的な景観に立ち向かうことによって、古代から中世への転換のありさまを具体的に解明すべく、ありったけの力を尽くしてみることにしたい。あわせて、骨寺村千年の歴史の勘所をつかんだうえで、近世・近代・現代にまで繋がる筋道を模索してみることにしたい。

これまでにも、その二枚の絵図に取り組んだ研究はなきにしもあらず。けれども、仏教以前と仏教以後の要素が重層的かつ複合的にブレンドされた特別の景観の解明に繋がるような方向性にて、二枚の絵図に取り組んだ研究としては、大石直正・吉田敏弘氏による基本的かつ古典的な論文があるのみである。だが、その大事な方向性そのものが、大石・吉田その人によって撤回されるという憂き目にあってもいる。こうなってしまっては、自分なりに取り組むほかにはない。それによって、中世日本農村の原風景の復元をめざして行くほかにはない。

いま、歴史学会では、荘園絵図の研究や荘園の現地調査などは、あまりおこなわれていない。かつての盛況からすれば、嘘のような静けさである。

けれども、最近に及んで、海老澤衷編『中世荘園村落の環境歴史学—東大寺領美濃国大井荘の研究—』〔二〇一八〕、ならびに大山喬平・三枝暁子編『古代・中世の地域社会—「ムラの戸籍簿」の可能性—』〔二〇一八〕が公刊されて、様子が変わり始めた。あわせて、骨寺村の現地でも、大石直正・吉田敏弘両氏の基本的かつ古典的な論文に続く世代による『骨寺村荘園遺跡村落調査研究総括報告書』〔一関市博物館二〇一七〕が公刊されている。

海老澤編、大山・三枝編。いずれも、「環境歴史学」「ムラの戸籍簿」など、タイトルからして、新たなる方向性を模索するものになっている。そのほか、「千年村」の研究潮流、日常性を重視する人類史的な方向性、伝統文化と信仰が様々に関わる、個と集団の媒介項、収取の単位×生活の単位、村と郷との時間的(通時的)かつ空間的(地域的)な動態、古代・中世における庶民生活の実態ほかの言葉によっても、その方向性が明らかである。骨寺村の現地における取り組みもまた、そのような方向性に響きあうものであった。

ほかにも、春田直紀編『中世地下文書の世界—史料論のフロンティア—』〔二〇一七〕や、荘園・村落史研究会編『中世村落と地域社会—荘園制と在地の論理—』〔二〇一八〕、似鳥雄一『中世の荘園経営と惣村』〔二〇一八〕、薗部寿樹『日本中世村落文書の研究—村落議定と署判—』〔二〇一八〕ほかの仕事が公刊されてもいる。

それら海老澤・大山氏ほかの仕事について、あえて一言にしていうならば、「通時的・学際的」な取り組みということになるであろうか。そのような手法であり、それを必然ならしめる視野の広がり。ということにもなるのかもしれない。

入間田は、中世の文献史学の徒に過ぎない。けれども、古代・近世・近代の文献史学はもとより、考古学・民俗学・地理学・農学・生態学(花粉・プラントオパール分析)ほかの成果に学ぶことによって、「通時的・学際的」な研究手法に響きあうような取り組みを重ねてきた経過がなきにしもあらず。本書の取りまとめにさいしては、そのような経過を踏まえつつ、その方向性を噛みしめなおすことによって、骨寺千年の歴史の総体にアプローチすべく、ありったけの力を尽くしてみることにしたい。ただし、本書において、その方向性に関わる取り組みが、どれほどの具体的な成果をあげることができているのか。その判断については、読者に委ねるしかない。

いま、日本の農村は、農耕を開始してムラという定住形態をかたちづくって以来、最大かつ最終ともいうべき危機に瀕している。若者は出てゆき、中・高年世代の離農・離村が相次ぐなかで、ムラそのものが消滅しつつある。このままに推移するならば、もしかすると、数十年後には、ムラという定住形態そのものが珍しくなるのではあるまいか。

そのような危機に瀕するなかで、ここいら辺りで、ムラの歴史をふり返って、千年の歴史を生き抜いてきた持続力の、ないしは生命力のありかたに想いをいたすことが必要なのではあるまいか。そのことなくして、ムラという定住形態の将来を見定めることはできないのではあるまいか。

本書における基底の問題意識は、ここにあり。この問題意識が、本書における具体的な取り組みのうえで、どれほどに生かしきれているのか。これまた、読者の判断に委ねるしかない。

本書を編むにさいしては、既発表の論文を土台にしている。それらの論文を再録するにさいしては、その後の知見を増補する傍らで、錯誤を訂正・削除することがあった。注記のスタイルについても、統一にしたがっている。ただし、既発表の論文のうち、「中尊寺領の村々の歴史的性格について」〔二〇〇二〕については、骨寺村の問題に自分なりに取り組んだ最初の論文ということもあって、込み入った構成になり、錯誤も少なからず。したがって、そのままのかたちにては、再録に適わず。結局のところ、その内容を数分して、本書Ⅱ一～四章において、独立の章として、さもなければ既発表の論文を土台とする章における増補分などとして、なんとか、かんとか、取り込むことができた。不手際をお詫びする次第である。ごめんなさい。

また、本書Ⅰに再録した世界文化遺産ならびに国の重要文化的景観に関わる二論文については、純粋な意味における学術論文とは言いがたい。いずれも、それらの問題に関わる論点を解説しているだけである。すなわち、その論拠となる歴史的な事実においては、本書Ⅱ・Ⅲ・Ⅳと終章の各章における論証に依拠している。したがって、本来的には、Ⅱ・Ⅲ・Ⅳと終章の各章を読んでいただいた後に、お読みいただくべきものである。

けれども、世界文化遺産ならびに国の重要文化的景観との関連において、いま、なぜに、「骨寺村荘園遺跡」なのか。という問題に取り組んだ二論文によって、骨寺村千年の歴史のあらましについて、あらかじめ、一定のイメージをかたちづくっていただけるのではないか。そのような期待からして、あえて、それらの二論文を最初にならべさせていただいた次第である。そのような意味では、Ⅱ・Ⅲ・Ⅳ・終章の各章における論文を踏まえたうえで、それらの論文に改めて向きあっていただけるならば、さいわい、これに過ぎたることはない。

目　次

目　次

I　なぜ、いま、骨寺村なのか

一章　骨寺村荘園遺跡の顕著な普遍的価値

1　平泉藤原氏による仏の理想世界(仏国土)づくりのあらまし

平泉藤原氏初代の清衡が平泉の地に宿館(政庁)を設営して、国づくりの大事業に乗り出したのは、康和年中(一〇九九〜一一〇四)のことであった。

その国づくりの始めにあたって、奥大道の幹線ルートの整備に、清衡は着手することになった。白河関から外が浜に至る、いまならば福島県白河市から青森県陸奥湾に至る幹線ルートのことである。歩けば、二〇余日を要した。その幹線ルートを行くこと、一町(一〇九メートル)ごとに、笠卒都(塔)婆を立て、それらの前面に「金色阿弥陀像」を図絵させた。とする記録が残されている。

それによって、「当国の中心」を確定することが可能になった。そのうえで、その中心にあたる平泉関山丘陵の頂上に、「一基の塔」を立てることになった。さらには、釈迦・多宝の両如来像を安置する「多宝寺(塔)」を建立して、傍らの「一基の塔」との中間に「関路」を設けて、奥大道を行き交う旅人を通過させることになった。と記録されてもいる(「寺塔已下注文」『吾妻鏡』文治五年九月十七日条)。

それらの施策のうち、奥大道のルートにそって立てならべられた笠卒塔婆に、いまの道路標識の役割が付与されていたことは、いうまでもない。だからこそ、「当国の中心」を計ることができたのだ。だが、それには止まらない。その前面に「金色阿弥陀像」を描かせていたのは、伊達ではない。それによって、清衡のわたくしの道にはあらず、仏の道なり。とするアピール効果を狙ってのことだったのに違いない。

そういえば、同じ頃に、クメール王朝では、アンコールワットのある首都から地方に延びる軍用幹線ルートの道筋の要所要所に、仏・神像が立てられていた。それによって、わたくしの道にはあらず、「王道」なり。さらには仏・神の加護する「聖なる道」なり。とするアピール効果を発揮していた。

東洋のバイブルともいうべき法華経におけるハイライトを飾る場面には（「見宝塔品」）、金銀宝石に飾られた巨大な宝塔が、インドの大地から湧出して空中に浮かんでいる。その宝塔上に並座する多宝・釈迦の両如来のうち、釈迦如来が三千世界の衆生のために説法を始めようとしている。まさに、その瞬間に、釈迦の眉間にある白毫から光線が発射されて、三千世界の衆生のありさまが映し出される。という、壮大なスペクタルの物語がくりひろげられていた。

多宝・釈迦の両如来が並座する多宝塔は三千世界、すなわち大宇宙の中心として意識されていたのであった。その多宝塔（寺）を、平泉関山の頂上に、みちのく世界の中心に建てようとするのだから、尋常ではない。それによって、みちのく世界の中心は平泉なり。いいかえれば、平泉を中心として、みちのく世界の「仏国土」づくりに邁進しようという、すなわち清衡の並々ならない決心が察知されるであろうか。

ならんで立てられた「一基の塔」には、法華経（開結ともに一〇巻）が奉納されていたのに違いない。それによっても、法華経による国づくり、すなわち仏教立国の大事業にかける清衡の決心が明らかであろうか（入間田「中尊寺造営にみる清衡の世界戦略」一九九七、同『藤原清衡』二〇一四ほか）。

「多宝寺(塔)」が建立された日時については、長治二年(一一〇五)なりとする記録が残されている(中尊寺文書建武元年八月　日中尊寺衆徒等言上状)。

そのうえに、大治元年(一一二六)には、関山丘陵の谷あいの大池の辺りに、白河法皇御願寺の金看板をいただいて、「鎮護国家大伽藍一区」が建立されることになった。その落慶供養の大法要にさいして読み上げられた願文には、法皇以下、「万姓兆民」に至るまでの安寧・長生を願うのにあわせて、自身の極楽往生を希求する趣旨が込められていた。さらには「抜苦与楽、普皆平等」の文言に即して、敵・味方の区別なく、鳥・獣・魚・介類の区別なく、生きとし生けるものすべてが、極楽往生を遂げるべき願いが盛り込まれてもいた(中尊寺天治三年三月廿四日中尊寺落慶供養願文案)。

それによって、「仏の理想世界(仏国土)」づくりをめざした清衡の眼差しは、みちのく世界には止まらず、列島に生きるすべての衆生にまで注がれていたことが明らかである。

その当時、東アジア世界においては、世界帝国・唐にならった古代国家の統治システムの効用が失われ、その限界があらわにされつつあった。それに代わって、仏教による統治システムの構築が、すなわち仏教による国づくりがスタンダードになりつつあった。そのような国際的な潮流を何処にもまして鮮明に認識せざるをえない最辺境の地に、清衡は身を置いていた。

清衡のもとには、仏教のネットワークを通じて、大陸は福建省方面における王審知による閩国の建設など、「仏教立国」にかかわる豊かな情報がもたらされていた。

そのうえに、清衡のくらしぶりもまた、京都風の土器(かわらけ)に、東海地方は渥美・常滑産の陶器、さらには大陸産の白磁を珍重するなど、ハイカラかつ国際色にあふれるものであった。そのことが、清衡の政庁兼居館跡たるべき柳之御所遺跡の発掘・調査によって明らかにされている。そのような生活感覚があったればこそ、清衡の眼差しは広やかなものになることができたのに違いない。

清衡は、三十三年にわたる治世の間に、陸奥・出羽両国にある「一万余の村毎に、伽藍を建て、仏性燈油田を寄附した」とする証言が伝えられていた(『吾妻鏡』文治五年九月廿三日条)。そして、清衡の後継者たるべき二代基衡が毛越寺ほか、三代秀衡が無量光院ほか、幾多の伽藍の造営に邁進したことは、いうまでもない。

その結果、「三代九十九年の間、造立するところの堂塔は、幾千万宇を知らず」という景観が、すなわち現世における仏国土を想わせる希にみる景観がかたちづくられることになった。

2　自在房蓮光は、仏の理想世界づくりのブレーンとして

清衡による仏の理想世界づくりにおいて、そのブレーンとして決定的な役割をはたしたのは、自在房蓮光《じざいぼうれんこう》とよばれる天台宗の僧侶であった。

その「仏の理想世界」づくりにおける「扇の要」ともいうべき中尊寺の造営をリードする。なかでも、中尊寺鎮護国家大伽藍の経蔵に安置すべき「金銀交書一切経」全五千余巻の書写という八年間にわたる大事業を取りしきる。などの仕事ぶりで知られる辣腕の僧侶である。

「金銀交書一切経」全五千余巻は、国際的な寺院としての格式をかたちづくるうえで不可欠の存在であった。ないしは、国際的な寺院としての存立を可能とする精神的な支柱として、ご本尊さまに勝るとも劣らない位置づけを与え

られ、大切に守られていた。

たとえば、鎌倉期は正和二年（一三一三）、その「金銀交書一切経」ほかが、鎌倉幕府側によって「召し上げられる」、すなわち他寺に移管させられそうになったさいには、中尊寺の衆徒らが「一同議定」して反対の声をあげている。かれらが上申した訴状のなかには、もしも、「召し上げられる」ならば、「金堂釈迦堂・一切経蔵・金色堂」を始めとする堂宇のすべてを焼き払って、「鹿鳥の栖（すみか）」にすることも辞さない。とする尋常ならざる文言が記されていた。その決死の訴えによって、幕府側が折れて、一切経は無事に守られることになった（中尊寺文書当年極月吉日衆徒等訴状）。入間田「馬の領主と海の領主」［一九九五］に記している通りである。


中尊寺鎮護国家大伽藍が完成した暁に（大治元年・一一二六）、その経蔵別当の地位に、蓮光が就くことになったのは、然るべし。ごくごく、当たり前の成り行きであった。

その自在房蓮光の姿をスケッチしたとされる板絵を紹介しながら、佐々木邦世氏は記している（佐々木『平泉中尊寺』一九九九）。

「出自も経歴も明らかでないが、比叡山か園城寺の方にいたのであれば、当時、慈覚大師の『入唐巡礼記』の五台山経蔵閣（「金銀字」「大蔵経」全六千余巻あり）のところを読んだか、耳にした可能性もあろう。そしてまた、紺紙金銀交書法華経が延暦寺に現存したわけであるから、あるいはそれを目にする機会もあったのではないだろうか」。「清衡の仏国経営を先導したのは、史料のなかで唯一、この蓮光であったろうと目される」と。

確かに、その通りである。ただし、「出自も経歴も明らかでないが、比叡山か園城寺の方にいたのであれば」と記されていることについては、遠慮が過ぎている。それよりは、むしろ、延暦寺僧と言い切ってもよいように思われる。

たとえば、中尊寺経蔵に安置すべき「金銀交書一切経」五千余巻の書写のために必要とされた料紙を「貢上」した人びとのなかには、「延暦寺々家専頭法師鎮徳・同日吉御社宮仕法師高満・同宮仕法師勢智ほか」の名前が見えていた（那先比丘経巻上墨書）。それによって、かれら延暦寺・日吉社の関係者が、蓮光の求めに応じて、料紙の調達に奔走していたありさまを推測できるであろうか。

「金銀交書一切経」の書写事業ばかりではない。中尊寺鎮護国家大伽藍そのもの造営事業においても、延暦寺系のリーダーシップが貫徹していた。たとえば、その落慶供養の盛儀において、「大旦那」たるべき清衡に代わって「願文」を読みあげる「唱導」（導師）の大役を演ずることになる相仁已講は、天台宗山門（延暦寺）の高僧であった。すなわち、京都方面における国家的な法会の取りしきりに通暁した仏教教学のエキスパートであった（誉田慶信「日本中世仏教のなかの平泉」二〇一三）。

それればかりではない。都市平泉の辺りには、「日吉社使」「宮法師」の大勢が出没して、「山千僧供」開催の費用を、すなわち比叡山における「千僧供養」のビッグ・イベント開催の費用を支弁するためのファンド（料田）として、七百町の公田を囲い込んでしまった。そのために、公領の減少による国税の減少を憂慮する国司側との武力衝突が発生して、「宮法師二人一人、被殺害了、一人ハ被疵也」という被害を蒙ることになった（『中右記』大治二年十二月十五日条）。それによって、日吉社の側では、朝廷に出訴して、白河法皇の裁定を仰ぐという事態にまで立ち至った。

かれらの策動が、都市平泉の建設に邁進する清衡の意向に沿ったものだったことは、言うまでもない。すなわち、延暦寺の看板を借りて、都市平泉の郊外に横たわる広大な公領を囲むことによって、国司側の干渉を排除するのにあわせて、実質的には自家の勢力下に取り込む。それによって、都市平泉の支持基盤を固める。という清衡の意向に沿ったものだったことは、明白といわなければならない（入間田「清衡が立てた延暦寺千僧供の保について」二〇〇六）。

それらの清衡の周辺における、ないしは中尊寺の内外における延暦寺に連なる人脈のはたらきを看取するにつけても、清衡のブレーンとしての蓮光の存在感を察知することができるであろうか。

たとえば、「仏の理想世界」づくりの最初に、みちのく世界の中心たるべき関山丘陵の頂上に、一基の塔(法華経を納める)と多宝寺(多宝・釈迦を安置)のセットを建立することができたのも、蓮光のアドバイスによる、すなわち宇治木幡浄妙寺や比叡山延暦寺における先例を蓮光から聞かされることによるものだったのに違いない。

ただし、それらの先例を、そのままの姿にて受け止めるのにはあらず。関山丘陵の頂上という場所を選ぶことによって、みちのく世界の全域にわたる「仏の理想世界」づくりを宣言(アピール)する手段として発展的に受容する。これればかりは、清衡にしかできない、高度に政治的なセンスによるものであった(入間田「清衡のグローバル・スタンダードと仏教的・商業的人脈」二〇一六)。

そういえば、中尊寺境内における経蔵裏手の墓地には、中世に遡る石塔(平泉型宝塔)が立っていて、蓮光の祀りが続けられている。経蔵の羽目板に描かれた蓮光の姿(スケッチ)とされる画像のこともあった。それによって、経蔵の辺りには、いまなお、蓮光の影が消えやらず。と痛感しないではいられない。

蓮光ばかりではない。その後継者として、経蔵別当の地位に就いた人物もまた、藤原氏歴代のブレーンに相応しい存在感を維持していた。

たとえば、経蔵別当の三代目にあたる大法師蓮心は、文治五年(一一八九)奥州合戦によって藤原氏が滅ぼされた直後に、鎌倉殿頼朝の陣営(「志和郡陣岡蜂社」、いまは紫波郡紫波町内)に参上して、中尊寺領の安堵を願い出ている(『吾妻鏡』当年九月十日条)。それによって、経蔵別当領たるべき骨寺村の安堵が、まずもって、認められている。そのうえで、翌日には中尊・毛越・無量光院ほか、諸大寺領の安堵が、さらに数日後には中尊ほか諸大寺の鎌倉幕府御祈禱所たるべきことが決定されることになった。それらの陳情にさいしては、蓮心にあわせて、源忠已講・快能らも鎌倉殿のもとに参上している（同当月十一・十七日条）。

この一連の経過からしても、蓮心が中尊寺を代表する立場にあったことが察知される。ならびに経蔵が中尊寺内において特別の位置づけを付与されていた。そのために、まずもって、安堵の対象にされたことが察知される（ただし、『吾妻鏡』は、「経蔵別当大法師心蓮」と表記しているので、気をつけたい）。

3　骨寺村における仏の理想世界（仏国土）の建設

みちのく世界における「仏の理想世界（仏国土）」づくりが平泉藤原氏によって推進されるなかで、都市平泉における寺院・庭園群や政庁兼居館（柳之御所遺跡）等の建設が中心的な位置づけを付与されていたことは、いうまでもない。だが、それだけではない。「仏の理想世界（仏国土）」づくりは周辺の農村部においても着実に推進されていた。そのことを見逃しにしてはいけない。

その周辺の農村部における「仏の理想世界」づくりが、陸奥・出羽両国にある「一万余の村毎に、伽藍を建て、仏性燈油田を寄附した」とする証言に違うことなく、着実に推進されていたことを具体的なかたちで教えてくれるのが、骨寺村における事例にほかならない。

都市平泉の郊外、西方の山間部に一五キロメートルほど分け入った谷あいの骨寺村（いまは一関市厳美町本寺地区）に仏教がもたらされたのは、一二世紀の初頭。中尊寺の造営が始められ、都市平泉の建設が始められた、ちょうど、そのあたりのことであった。

その谷あいの小盆地に、清衡のブレーンたるべき蓮光に率いられた僧衆がやってきて、最初に着手したのは、天台宗延暦寺の鎮守たるべき山王神を、西方に聳える霊峰（山王山）の中腹に位置する「岩屋」（窟）に勧請することであった。同じく、延暦寺に所縁の白山神を勧請することであった。

あわせて、村人らのくらしを見おろす西方の岡辺には、蓮光をトップに据える天台宗の仏堂たるべき「骨寺」が建立されることになった。


その蓮光によって開発された骨寺村のありさまについては、鎌倉後期に描かれた二枚の絵図によって、すなわち「在家絵図」(詳細絵図とも)と「仏神絵図」(簡略絵図とも)、とよばれる二枚の絵図によって、手にとるように察知することができる。

すなわち、中尊寺に伝わって、国重要文化財に指定されてもいる二枚の絵図には、山王山・山王岩屋をはじめとするランドマークが、墨色鮮やかに描き出されていた。

そのうえに、中尊寺方面から村へ通じる「馬坂新道」(まさかしんどう)が開削されることになった。「馬坂新道」は、その名の通り、馬が通行できる安全かつ便利な道であった。ハイウェイともいうべき道だった。崖っぷちの難路(「古道」)を迂回するようにして開削された峠越えの道だった。

その道が村の入り口にさしかかる辺りには、経塚が造営されてもいたらしい。発掘・調査によって、その可能性が確かめられている。奥大道に立てられた阿弥陀仏の笠卒塔婆群に同じく、仏教に帰依する人びとの心情を拠り所にして、交通路の公共性を確保しようとする施策であったろうか。ないしは、骨寺村の聖なる空間をアピールする結界としての役割が期待されていたものであろうか。いずれにしても、「馬坂新道」の開削によって、中尊寺との太いパイプが確保されたことには間違いがない。

そして、いよいよ、水田の開発である。蓮光らによる開発は、村内を貫流する小河川(檜山河《ひやまがわ》、中川とも、いまは本寺川)を一時的に堰きあげて、その水流を水田に注ぐ。という人工灌漑の手法によって推進されることになった。

それによって、小河川の岸辺には、新しい水田が開発され、あわせて新しい耕作者が招き寄せられることになった。それらの五～六戸の新住人の多くは、佐藤姓を名乗っていたらしい。いずれにしても、蓮光らの開発によって、水田の面積も、住人の戸数も、倍加することになったことには、変わりがない。

あれといい、これといい、大石直正「中尊寺領骨寺村の成立」［一九八四］、吉田敏弘「骨寺村絵図の地域像」［一九八九］、入間田「中尊寺領の村々の歴史的性格について」［二〇〇一ほか］によって、解明されている通りである。

二枚の絵図に描き出されたランドマークのうち、たとえば、「仏神絵図」にみえる「経蔵別当御休所」の文字は後筆なれども、そこに描き出された建物は「荘政所《まんどころ》」、すなわち荘園管理事務所のような施設であったことには違いがない［大石一九八四ほか］。それらしい建物は、「在家絵図」においても、特大のスケールにて描き出されていた。とするならば、その辺りが、中尊寺経蔵別当による開発の当初から骨寺村の中心として位置づけられていたとしても、不思議でも、何でもない。

馬坂新道が中尊寺を出発して骨寺村に入ってくるルートについては、わけても北山の丘陵部から村内に下ってくるルートについては、「不動岩屋」後背の尾根の裏側を迂回してくる道筋が想定されている（鈴木弘太「骨寺村と中尊寺を繋ぐ道」［二〇一四、あわせて吉田敏弘「骨寺への道」一九九九、同『絵図と景観が語る骨寺村の歴史』二〇〇八ほかも参照）。

その「馬坂新道」を経て中尊寺に貢上されていった骨寺村の「所出物《しょしゅつもつ》」、わけても「歳末立木《たてぎ》」「栗所干栗《ほしぐり》」「白米」「鰹《かつお》」「もわた」ほかについては、入間田「骨寺村所出物日記にみる干栗と立木について」［二〇〇九］、同「荘園遺跡の文化的景観」［二〇一二］、大石直正「膝下荘園としての骨寺村」［二〇一二］、菊池勇夫「立木の習俗」［二〇一〇］、鈴木博之「骨寺村からの貢納品」［二〇一二］、小岩弘明「骨寺村の日記に記される公事を再検証する」［二〇一五］、ならびに本書Ⅱ一章、Ⅲ一章ほかによって解明されている通りである。すなわち、骨寺村が、中尊寺内外における経蔵別当のリーダーシップを下支えする「荘園」としての役割を果たしていたことについては、疑いの余地なしである。

このようにして、中尊寺経蔵別当の取りしきる、「中尊寺領の荘園」(所領)としてかたちづくられた骨寺村は、その後、南北朝末期にいたるまで、長期間にわたって、中尊寺をサポートし続けることになった。


みちのく世界の随所に散在する一〇カ所あまりの中尊寺領の村々のなかでも、中尊寺に同じく、山王・白山の両神が勧請されているのは、骨寺村しかない。ならびに、中尊寺の膝下たるべき磐井郡内に位置づけられているのは、骨寺村しかない。村の入り口付近に造営された経塚についても、また然り。

これすなわち、経蔵別当のリーダーシップを下支えすべき骨寺村が、中尊寺にとっては、その境内にも准ずるような聖域として、特別に重要視されていたことのあらわれにほかならない。

ただし、「中尊寺領の荘園」(所領)とはいっても、骨寺村の「所出物」が、中尊寺の管理・運営のすべてを支えていたというわけではない。

たとえば、常楽会・一切経会・舎利会・新熊野《いま》祇園会・放生会・仁王会など、中尊寺が主として関わる「六箇度法会」(ビック・イベント)の開催費用は、鎌倉期には、五郡二保の地頭たるべき葛西氏によって支弁されていた(中尊寺文書嘉元三年三月日中尊寺衆徒等重訴状)。本来的には、平泉藤原氏によって支弁されていたものに違いない。

また、中尊寺内に祭られる白山・山王社には、瓱尻《みかじり》・小前沢の両村が、祭料として寄進されていた。同じく、中尊寺総体に関わる仏性燈油の料所として、瀬原・黒沢・白浜の三村が寄進されていた(同建武元年八月日中尊寺衆徒等言上状)。

そのほかにも、さまざまな名目にて、小山・倉沢・辻脇・宇津木祢《うつきね》・北俣・乙部《おとべ》など、北上川の中流域に分散する村々が、中尊寺総体ないしは金堂釈迦堂・二階大堂(大長寿院)・金色堂ほかの堂宇に関わる所領として寄進されていた。

それに対して、骨寺村の「所出物」から文弁されていたのは、経蔵に安置の文殊菩薩像を前にしての「毎月文殊講」のほか、「正月修正・二季彼岸懺法」など、経蔵がらみの若干の仏事(法会)のみに限られていた(同天治三年三月廿五日藤原清衡事書案、この文書そのものは後世の創作なれども、平安末〜鎌倉初における事実が反映されている)。けれども、骨寺村から届けられた「所出物」のうちには、「歳末立木在家別十二束ツヽ」が経蔵別当の厨(台所)の毎月の燃料として山積みされるなど、経蔵がらみの日常的な経費に充てられていた品目もふくまれていたようだ。

4　骨寺村荘園遺跡の顕著な普遍的価値(ＯＵＶ)とは、なにか

これまでに記してきたことを踏まえながら、骨寺村荘園遺跡の顕著な普遍的価値についてまとめるとするならば、どのようなことになるであろうか。

なによりも重要視されるべきは、平泉藤原氏による「仏の理想世界」づくりにおいて、清衡のブレーンたるべき延暦寺僧蓮光により、中尊寺の造営にあわせて、骨寺の村づくりが遂行されたことである。すなわち、中尊寺の造営と骨寺の村づくりは、「仏の理想世界」づくりにおける「車の両輪」だったことである。

蓮光が、中尊寺内における経蔵別当の要職に任命されることになったのは、清衡のブレーンとしての蓮光のそのようなはたらきによるものにほかならない。

蓮光の後継者もまた、経蔵別当として、すなわち基衡・秀衡のブレーンとして、藤原氏による「仏の理想世界」づくりにおける中核的な役割をはたしていた。

そのうえで重視されるべきは、平泉藤原氏による「仏の理想世界」づくりにおける「車の両輪」として、蓮光のリ

ーダーシップによって、中尊寺の造営と骨寺の村づくりが一体的に遂行されたことからする当然の結果として、中尊寺と骨寺村には密接不可分の一体的な関係がかたちづくられることになった。そのことである。

その端的なあらわれが、天台宗の仏堂たるべき「骨寺」の建立にあわせて、山王・白山の両神が勧請されている。すなわち、中尊寺の鎮守神として延暦寺方面から勧請されてきた山王・白山の両神が、骨寺村にも勧請されている。そのことであった。

中尊寺に伝えられた二枚の骨寺村絵図には、蓮光によって遂行された村づくりのありさまが鮮明に描き出されていた。それによって、「仏の理想世界」づくりが、平泉の中心部だけでなく、その周辺の農村部においても、着実に遂行されていたことが具体的に明らかにされていた。すなわち、周辺の農村部における「仏の理想世界づくり」のモデル・ケースが、骨寺村だったのである。

だが、それだけではない。二枚の絵図には、蓮光のリーダーシップになる仏教色にあふれる村づくりによっても、失われることなく息づいている古来の農村景観もまた、しっかりと描き出されていた。

たとえば、湧水や沢水による小規模な水田のありさま、その辺りに点在する五〜六宇の在家、さらには用水の神たるべき宇那根社《うなねしゃ》や農耕の神たるべき「駒形根《こまがたね》」の里宮(六所宮《ろくしょのみや》)、さらには西方に聳え立つ「駒形根(奥宮)」の山容などが、それである。

そのような古代の農村景観がかたちづくられたのは、十和田ａの火山灰が北奥羽の一帯に降り積もった九一五年を過ぎる辺りであった。そのことが、ボーリング調査によるイネ花粉の検出によって確かめられている。

とするならば、二枚の絵図には、古来かつ在来の農村景観にあわせて、蓮光らによってかたちづくられた仏教色にあふれる農村景観が、重層的かつ複合的なかたちにて、共存するという奇跡的な場面が描き出されている。ということにならざるをえない。

さらにいえば、古来の農耕神として里人らによって仰ぎ見られていた「駒形根」の霊峰が、蓮光らによってかたちづくられた中世的な世界にあっては、六所の仏・神がおわす聖なる西山として再解釈され、「駒形根六所大権現」として、西方極楽浄土に対する里人らの憧憬に応える存在に転化させられていた（佐藤弘夫「平泉の文化的領域」二〇一六、入間田「骨寺村絵図に描かれた駒形根と六所宮について」二〇一四ほか）。

あわせて、駒形根の里宮たるべき最寄りの神社にも、「六所宮」の看板が掛けられて、その本地仏には、馬頭観音ほか、六所の仏・神が祀られることになった。すなわち、外来の仏教と在来の自然信仰との合体・融合は、そのようなレベルにまで及んでいたのである。

二枚の骨寺村絵図には、村の中心部から「六所宮」（里宮）を、そして山王山・山王岩屋を、さらには「駒形根」（「六所大権現」奥宮）を仰ぎ見る視線にて、さまざまなランドマークが描き出されていた。そのことは、不思議でもなんでもない。西方極楽浄土への里人らの想いが、それほどまでに深いものであったということの当然のあらわれにほかならない。

そういえば、平泉の中心部においても、人びとの眼差しは、西方に聳え立つ金鶏山や関山（中尊寺）の方に向けられていた。骨寺村に同じく、平泉もまた、西方極楽浄土への人びとの想いによってかたちづくられていたことの、これまた、当然のあらわれにほかならない。

インドから渡来した仏教が、アジアの農村に受容され、在来の自然信仰と溶けあってきたプロセスについて、その決定的な場面について、このようなかたちにて生き生きと描き出した絵図が伝えられている場所は、アジア広しといえども、ほかに見出すことができない。というか、日本のように、通常一般の人びとの暮らしのなかにまで、仏教が受容されて、村ごとに仏寺が造営されるようなレベルにまで及んだエリアは、アジア広しといえども、それほどに多くはない。

たとえば、よく知られているように、中国の村々では、祖先を祀る祠堂や孔子・関帝ほかの聖人を祀る廟が多く造営されていた。同じく、韓国では、孔子を祀る文廟が郷校・書院内に設けられたり、城隍神・土地神などと呼ばれる村の神を祀る神域または神堂が設けられたりすることが多かった。

いずれにしても、インド発の仏教が、最も遅れて到達した日本列島において、最も深いレベルにおいて受容されて、在来の固有信仰と融けあうことによって、重層的かつ複合的な景観をかたちづくられた。そのことには、間違いがない。世界史的にみても、奇蹟的というべき交流・融合のプロセスであった。その奇蹟的なプロセスにおける導入部にあたる決定的な場面が、骨寺村絵図には、生き生きと描き出されていたのである。

そのうえに注目すべきは、一二世紀にかたちづくられた「仏の理想世界」としての農村景観が、すなわち外来の仏教が在来の自然信仰と融けあうかたちにて生み出されたユニークな農村景観が、その後、八〇〇年あまりの歳月を経ているのにもかかわらず、その基本的なありかたを変えることなく、いま現在にまで存続していることである。

5　世界文化遺産登録をめぐる議論をふりかえって(上)

骨寺村荘園遺跡が「平泉―浄土思想を基調とする文化的景観―」を構成する資産候補として認定されたのは、二〇〇三年のことであった。そして、国の史跡として指定されたのは、二〇〇五年のことであった。さらに、国の重要文化的景観に選定されたのは、二〇〇六年のことであった。

それらのプロセスを踏まえて、二〇〇七年二月には、中尊寺・毛越寺・無量光院など、平泉の仏堂と庭園群に、骨寺村荘園遺跡ほかを追加した九カ所の構成資産からなる「平泉―浄土思想を基調とする文化的景観―」の推薦書が、ユネスコ世界遺産委員会（カナダ・ケベック市にて開催）に向けて提出されることになった。

けれども、二〇〇八年七月の世界遺産委員会では、その諮問機関たるべきイコモス（国際記念物遺跡会議）による評価・勧告を踏まえて、登録延期（世界遺産一覧表への「記載審議の延期」）が決議されることになった。

その登録延期の理由として、イコモスによる評価書には、浄土思想との関係を確実に証明しきれない構成資産が含まれていること、および文化的景観としての資産の面的な広がりが不十分であることなどが、指摘されていた。

そのことについて、骨寺村荘園遺跡に即して、立ち入っておさらいしてみるならば、どうか。

二〇〇七年二月に提出の推薦書「平泉―浄土思想を基調とする文化的景観―」においては、「顕著な普遍的な価値の証明」と題する重要な章節において、「荘園遺跡を中心とする農村景観の文化的景観としての価値」と題して、「骨寺村荘園遺跡と農村景観は、一四世紀の『陸奥国骨寺村絵図』に描かれた当時の土地利用との照合が可能であることから、世界的にみて希少性の高い文化的景観である。自然的条件に適応しつつ、近世から近代にかけての約七〇〇年の間に緩やかな発展を遂げた独特の農耕・居住の在り方を小規模ながら簡潔かつ十分に示しており、人間と土地との持続可能な関係を示す文化的景観として、顕著な普遍的価値を示している」。（基準ｖ）

「平泉では、自然の地形を存分に生かしつつ、浄土思想に基づき完成された政治・行政上の諸施設とその周辺の農村が比較的小規模な空間に濃密に展開し、総じて浄土思想に関連する良好で優秀な文化的な景観が形成された」。と指摘されていた。

それに対して、二〇〇八年五月のイコモス評価書には、「提供された物証からは、骨寺村荘園遺跡／一関本寺の農村景観がどの程度に変化を遂げ、どの程度に一二世紀の形態の構成要素を維持してきたのかについて明確でない。それらと浄土思想との関連性は、わずかであるように見える」。「この地域は、中尊寺経蔵に関係してはいるが、その配地と計画に浄土思想の影響を反映していない」。「半都市化した景観が構成資産とその周辺の自然環境との関係を侵害しているため、個々の構成資産の相互の視覚的関係を認知するのは困難」。すなわち、文化的景観として一体的性(「完全性」)が欠けている。と指摘されていた。

そればかりではない。「平泉—浄土思想を基調とする文化的景観—」を構成する九カ所の資産群のうち、骨寺村荘園遺跡に限って、世界遺産委員会の定める「顕著な普遍的に価値の評価基準」のうち(ｖ)を適用して、特別あつかいにしていることに関しても、「基準ｖは、推薦資産の一部よりも、むしろ全体に適用する必要がある場合に、証明すべきものである。さらに何故、荘園(農村景観)が人間とその環境の相互作用の例外的な事例と見なせるのかを表していない以上、基準ｖを荘園(農村景観)に対して証明できるとはいえない」。と指摘されていた。

すなわち、基準ｖには、「あるひとつの文化(又は複数の文化)を特徴づけるような伝統的居住形態若しくは陸上・海上の土地利用形態を代表する顕著な見本である。又は、人類と環境とのふれあいを代表する顕著な見本である。(特に不可逆的な変化によりその存続が危ぶまれているもの)」と記載されていた。それを、推薦遺産の一部たるべき骨寺村に限って適用することはできない。さらには、骨寺村の農村景観そのものをとっても、基準ｖに合致しているとはみなせない。というわけである。

それを受けて、平泉の世界文化遺産登録をめざす再度の取り組みにおいては、「浄土思想との関係を確実に証明しきれない」とされた骨寺村荘園遺跡ほかの資産群を除外して、中尊寺・毛越寺・観自在王院跡・無量光院跡に金鶏山と柳之御所遺跡を加えた六資産に絞って推薦書に記載することになった。あわせて、タイトルにおいても、「文化的景観」の文字をさけて、浄土思想を前面に押し出すことになった。その結果として生み出されたのが、「平泉―仏国土(浄土)を表す建築・庭園及び考古学的遺跡群―」のタイトルにほかならない。

　そのような軌道修正による再度の挑戦によって、平泉の世界文化遺産登録の悲願がかなえられたのは、二〇一一年六月(フランス・パリ市にて開催の世界遺産委員会)。あの東日本大震災から数えて三カ月あまりのことであった。

　そのさいに適用されたのは、評価基準の(ⅱ)と(ⅵ)であった。そのうち、(ⅱ)については、「建築、科学技術、記念碑、都市計画、景観設計の発展に重要な影響を与えた、ある期間にわたる価値観の交流又はある文化圏内での価値観の交流を示すものである」とされている。そして、(ⅵ)については、「顕著な普遍的価値を有する出来事(行事)、生きた伝統、思想、信仰、芸術的作品、あるいは文学的作品と直接または実質的関連がある」とされている。

　それぞれの基準に即して、平泉に即して具体的に記された決議の文章には、

(ⅱ)平泉の寺院と浄土庭園は、仏教とともにアジアからもたらされた作庭の概念が、日本独特の自然信仰である神道に基づきどのように進化を遂げ、結果的にそれが日本に独特の計画の概念及び庭園の意匠設計の概念へとどのように発展を遂げたのかを顕著に明示している。平泉の庭園と仏堂は、その他の都市の庭園・仏堂にも影響を与え、特に鎌倉には中尊寺に基づく仏堂のひとつが存在した。

(ⅵ)平泉の文化遺産は、東南アジアへの仏教の普及、日本に固有の自然信仰の精神及び阿弥陀如来の極楽浄土思想と仏教との明確で、独特の融合を疑いなく反映している。平泉の仏堂と庭園の複合体からなる遺跡群は、現世における仏国土(浄土)の象徴的な顕現である。

と、記されていた。

　ごくごくシンプルなかたちにて表現するならば、「インド発の外来の仏教(浄土思想)と日本に固有の自然信仰の精

神との融合」(基準ⅵ)、ないしは「同じく外来の作庭概念と固有の自然信仰との交流」(基準ⅱ)、こそが肝要。ということであったろうか。

6　世界文化遺産登録をめぐる議論をふりかえって(下)

けれども、喜んでばかりはいられない。たとえば、推薦書に記載の六資産のうち、柳之御所遺跡は、「浄土思想には直接的な関連なし」(基準ⅱに合致せず)として、除外されてしまっている。中尊寺・毛越寺ほかの資産群をかたちづくるうえで、決定的な役割を果たした平泉藤原氏の政庁兼居館跡たるべき柳之御所遺跡である。それなのに、「浄土思想には直接的な関連なし」ということで、除外されてしまったのでは、文化形成における人びとの営みを見失ってしまうことになりかねない。

あわせて、再度の挑戦において、推薦書から除外されてしまっていた骨寺村荘園遺跡ほか、四資産のことも、そのままにしておくわけにはいかない。いずれの資産も、平泉の世界文化遺産を完全ならしめるためには、不可欠の存在である。

それによって、柳之御所遺跡や骨寺村荘園遺跡ほかの資産群の拡張登録をもとめて、新たな推薦書を提出すべく、新たな取り組みが開始されることになった。

そして、二〇一二年九月には、「平泉―仏国土(浄土)を表す建築・庭園及び考古学的遺跡群―(拡張)」が、世界文化遺産暫定一覧表に記載されるレベルにまで到達することになった。

だが、新たな推薦書をしあげるためには、二〇一一年六月パリ市の会議に向けた前回の推薦書のコンセプトを修正しないわけにはいかない。そのままにしておいたのでは、柳之御所遺跡が除外されてしまうことはもちろん、骨寺村荘園遺跡ほかの資産群が検討の対象に上ることさえもかなわないことが必定である。

そのために、推薦書のコンセプトを修正すべく、さまざまな議論がくり返されている現状である。

そのなかで、いくつかのコンセプトの方向性が浮上しつつある。たとえば、「仏の理想世界（仏国土）」づくりの主役たるべき平泉藤原氏の存在に光を当てるとともに、その構想が平泉の中心部のみにはあらず、みちのく世界の全域にわたるものだったことをアピールするような方向性が、それである。

そのような方向性に即して、骨寺村荘園遺跡の顕著な普遍的な価値に関してまとめるとするならば、はじめにも記している通り、平泉藤原氏による仏の理想世界（仏国土）づくりのあらまし　↓　自在房蓮光は、仏の理想世界づくりのブレーンとして　↓　骨寺村における仏の理想世界（仏国土）の建設、と連なる文章のようになるであろうか。


もう一度、振り返ってみるならば、二〇〇八年七月ケベック市の会議に向けた最初の推薦書（二〇〇七年二月に提出）における骨寺村荘園遺跡の記載に対するイコモスの評価書（同年五月）では、骨寺村の農村景観が「人間とその環境の相互作用の例外的な事例」（基準ｖ）と見なすことはできない。あわせて、浄土思想との関連性にも乏しい。と指摘されていた。さらには、「総じて浄土思想に関連する良好で優秀な文化的な景観が形成された」ということで、中尊寺ほかの中心部と骨寺村ほかの周辺農村部を一体的なものとして、「文化的景観」の網を被せようとする試みについても、否定的なコメントが付せられていた。

すなわち、「文化的景観」ということで、骨寺村の景観そのものだけを取り上げたとしても、ないしは「文化的景観」の網を被せることによって中尊寺ほかの中心部との一体的な関係性をアピールしたとしても、平泉の世界文化遺産の構成資産として受け入れてもらうことは、容易ではない。という厳しい現実があらわにされていた。

それならば、中尊寺ほかの中心部と骨寺村との関係性を再定義するのにあわせて、骨寺村そのものの顕著な普遍的な価値(OUV)を見直すほかにはない。ということで、はじめに記しているような文章をまとめることになったのである。

すなわち、平泉藤原氏による「仏の理想世界(仏国土)」づくりにおける「車の両輪」として、中尊寺の造営にならんで、骨寺における村づくりを位置づける。さらには、二枚の絵図に描き出された仏教色豊かな村のたたずまいそのものを、「文化的景観」(基準v)にはあらず、中尊寺の境内にリンクする聖域として、すなわち中心部に肩をならべる「もうひとつの仏の理想世界(仏)国土」として位置づける(基準vi)。ということになったのである。

あわせて、平泉藤原氏による「仏の理想世界(仏国土)」づくりにおけるキーマンとしての役割をはたした自在房蓮光のはたらきに着目する。ということになったのである。すなわち、清衡のブレーンとして中尊寺経蔵別当に任命されることになる自在房蓮光のはたらきがなかったならば、骨寺の村づくりにおける中尊寺との「車の両輪」の関係性も、ないしは「もうひとつの仏の理想世界(仏)国土」のかたちも、いずれともに、生み出されることはなかったのに違いない。そのことである。

そのようなキーマンとしての蓮光のはたらきによって推進された村づくりの結果、中尊寺経蔵別当領として、すなわち経蔵別当の中尊寺内外にわたるリーダーシップを支えるための「荘園」として設定されることになったのは、当然の成り行きであった。

蓮光の世代ばかりではない。その後、蓮光の継承者たるべき代々の経蔵別当によっても、骨寺村の「荘園」は大切に管理・維持されて、数百年の長きに及んだことが知られる。すなわち、骨寺村と中尊寺を結びつける一体的な絆は、一四世紀の後半に及んだことが知られる。

なお、イコモスの評価書(二〇〇八年)にて、「浄土思想との関連性」が乏しいと指摘されていたことに立ち入ってコメントするならば、そのように指摘されたとして文句はいえない理由がなきにしもあらず。すなわち、その評価の対象となった最初の推薦書(二〇〇七年)における、「骨寺村荘園遺跡と農村景観は、一四世紀の『陸奥国骨寺村絵図』に描かれた当時の土地利用との照合が可能であることから、世界的にみて希少性の高い文化的景観である。自然的条件に適応しつつ、近世から近代にかけての約七〇〇年の間に緩やかな発展を遂げた独特の農耕・居住の在り方を小規模ながら簡潔かつ十分に示しており、人間と土地との持続可能な関係を示す文化的景観として、顕著な普遍的価値を示している」(基準v)。とするような書きぶりからすれば、たしかに、文句はいえそうにない。

けれども、同じ『骨寺村絵図』に描き出された「骨寺堂跡」「山王岩屋」「白山」「不動岩屋」ほかの仏教施設にあわせて、「宇那根社」「六所宮」「駒形根」ほかの固有の自然信仰に関わるランドマークが点在する風景に向きあうならば、「もうひとつの仏の理想世界(仏国土」を看取することにならざるをえない。すなわち、「平泉—仏国土(浄土)を表す建築・庭園及び考古学的遺跡群—」を採択の世界遺産委員会(二〇一一年)の決議において、「仏国土(浄土)」を表すうえで肝要な事象と指摘された「インド発の外来の仏教と日本に固有の自然信仰との融合」(基準vi)を、ここ骨寺村においても、看取することにならざるをえない。

そういえば、「平泉の文化遺産」の世界遺産への拡張登録をめざす取り組みの一環として開催されている研究集会にても、骨寺村荘園遺跡の価値づけに関連して、農村景観にはあらず、宗教的な景観として捉えるべし。という提案があいついでいる。高橋慎一朗氏による、中尊寺の「別所」(境内の延長)として捉えるべし(高橋「中世都市と周辺地域」二〇一四)。同じく、佐藤弘夫氏による、平泉の中心部にならんで、もうひとつの「浄土」として捉えるべし(佐藤『平泉』の文化的領域」二〇一六)。とするなどの提案が、それである。

ただし、このように平泉藤原氏による仏の理想世界(仏国土)づくりに関連づける方向性ばかりではない。

たとえば、中尊寺ほかの中心部における「都市」形成との関連にて、骨寺村の「荘園」を位置づける。すなわち、「都市」平泉を支える経済的な基盤として位置づける。というのが、それである。

たしかに、そのような側面がなかったとはいえない。そのような側面の強調によって、骨寺村が世界文化遺産への追加登録をはたすことができるならば、申し分がない。

けれども、それでは、骨寺村のほかにも、十カ所にあまる中尊寺領の村々が存在して、「荘園」としての役割をはたしていたことが見失われてしまうのではあるまいか。さらには、二枚の絵図に描き出されたランドマーク群によってあらわされる「もうひとつの仏の理想世界(仏)国土」としての骨寺村のありかたが見えなくなってしまうのではあるまいか。ないしは、清衡のブレーンたるべき自在房蓮光の取りしきりによって、骨寺の村づくりが、中尊寺の造営と併行して、すなわち、平泉藤原氏による「仏の理想世界(仏国土)」づくりにおける「車の両輪」として、推進されたことが見えなくなってしまうのではあるまいか。そのような心配がないでもない。

さらに、さらに、振り返ってみるならば、二枚の絵図に描き出された「インド発の外来の仏教と日本に固有の自然信仰との融合」(基準vi)をあらわすランドマーク群が、国史跡に指定されたのは、二〇〇五年のことであった。そして、「田越し」灌漑システムやイグネ(屋敷林)・散居集落など、「人間と土地との持続可能な関係を示す文化的景観」(基準v)に関わる骨寺の景観が、国の重要文化的景観に選定されたのは、二〇〇六年のことであった。

けれども、二〇〇七年二月に提出の最初の推薦書「平泉―浄土思想を基調とする文化的景観―」では、後者の「人間と土地との持続可能な関係を示す文化的景観」(基準v)の側面が強調されていたのに対して、前者の「インド発の外来の仏教と日本に固有の自然信仰との融合」(基準vi)の側面には光が当てられないままに止め置かれていた。

すなわち、国重要文化的景観の側面が強調されていたのにたいして、国史跡には関わる側面には光が当てられないままに止め置かれていた。

それならば、イコモスの評価書において、「浄土思想との関連性」に乏しい。と指摘されたとしても、文句はいえない。そういうことでもあった。

したがって、イコモスの指摘に応えるためには、重要文化的景観の側面(基準v)にはあらず、国史跡に関わる側面を強調するほかにはない。それならば、二〇一一年に世界遺産委員会によって採択された「平泉―仏国土(浄土)を表す建築・庭園及び考古学的遺跡群―」に関する評価基準ii・viに合致することにもなって、申し分がない。さらには、骨寺村荘園遺跡が国史跡に指定されていることに、ないしは二枚の絵図をはじめとする中尊寺の文書群が国重要文化財に選定されていることに真正面から向きあうこともできて、ますます好都合である。

いずれにしても、骨寺村荘園遺跡の世界文化遺産登録をめぐる議論の経過に鑑みるならば、本遺跡が国重要文化的景観に選定されていることばかりにはあらず。国史跡に指定されていることに、ないしは二枚の絵図をはじめとする中尊寺の文書群が国重要文化財に指定されていることに真正面から向きあうことが、なににもまして肝要なり。ということにならざるをえない。

付記、小論は、「平泉の文化遺産」拡張登録にかかわる、わけても骨寺村荘園遺跡の追加登録にかかわる取り組みのなかで、すなわち一関市博物館小岩弘明・鈴木弘太・岡陽一郎、一関市教育委員会佐藤正彦・菅原孝明ほかのメンバーとの話しあいのなかで、構想・執筆に及んだものである。したがって、できあがった原稿については、すべてのメンバーに目を通していただいている。みなさんのおかげです。記して、感謝の意を表します。

また、平泉の世界文化遺産そのものの普遍的価値については、入間田「平泉の世界文化遺産の価値づけをめぐって」［二〇一六］、ならびに「平泉・世界文化遺産の現場にて」［二〇一八］を参照してください。

二章　荘園遺跡の文化的景観——骨寺から田染へ——

1　骨寺村荘園遺跡と二枚の絵図

骨寺村は、平泉の西方、一五キロメートル、奥羽山系の山あいに開かれた荘園村落である。磐井川の絶壁を見下ろすように横たわる小さな平場とそれを抱きかかえるように展開する里山の広がりによってかたちづくられている。いまは、岩手県一関市厳美町本寺地区に属する。

骨寺村が、平泉中尊寺経蔵別当の所領、すなわち中尊寺領の荘園として姿をあらわしたのは、一二世紀の前葉であった。都市平泉の建設が始められ、中尊寺金色堂が造営されてから間もなくのことである。

それ以来、骨寺の村人らは、中尊寺経蔵別当のもとに、所当(年貢)・公事の奉仕を怠ることなく、一五世紀の前葉、すなわち室町初期にいたるまでの長期間に及んだ。

二枚の絵図

その間に、経蔵別当のもとには、骨寺村のありさまについて記した多数の絵図・文書類が蓄えられることになった。それらの絵図・文書類は、東北地方における寺院や中世村落のありさまを伝える貴重な資料として、一九九五年に、国重要文化財に指定されている。

なかでも、一三世紀後葉〜一四世紀前葉、いいかえれば鎌倉後期に作成されたとみられる二枚の絵図には、すなわち「在家絵図」（詳細絵図とも）ならびに「仏神絵図」（簡略絵図とも）と呼ばれる二枚の絵図には、山あいの小盆地に開かれた中世村落のありさまが、生き生きと描き出されていて、貴重のうえに、貴重である。そのために、早くから、学界に注目されてきている。

それればかりではない。その中世村落のありさまが、ほとんど変わりのない姿で、いまに伝えられているのである。

国史跡と重要文化的景観

そのために、二〇〇五年には、「骨寺村荘園遺跡」として、国史跡に指定されることになった。山王窟《いわや》・不動窟・白山社・駒形根神社・伝ミタケ堂跡・若神子《わかみこ》社・慈慧塚・大師堂・梅木田遺跡・遠西《とにし》遺跡・要害館跡など、九か所に散在する文化財群に指定の網がかぶせられて、関連づけられることによって、中世村落のありさまが鮮明にされ、さらには未来に継承されるべく、期待が寄せられている。

そのうえに、二〇〇六年には、「一関本寺の農村景観」として、国の重要文化的景観に選定されることになった。それ主として、絵図に描かれた平場の領域に、すなわち水田と屋敷の散在する領域に選定の網がかぶせられている。それによって、中世以来の土地利用のありさまが鮮明にされている。

骨寺の由来

この村の名前は、骨寺という寺院が建てられていたことに由来する。二枚の絵図にも、それぞれ、「骨寺堂跡」「骨寺跡」の文字がみえていた。そのうえに、「在家絵図」の方には、梁間二間×桁行三間の本格的な寺院跡を想わせる礎石のような並びが描きこまれていた。

一間×一間そこいらの小規模な村堂の類であったとは、とても考えられない。現在、その遺構の探索が続けられている。

そこに祀られたのは、この荘園村落を開いたとされる中尊寺経蔵別当の初代、自在房蓮光その人の遺骨だったかもしれない。当時にあっては、高僧の業績を慕って、その遺骨を納める堂宇を造営して、本来の寺院に付属せしめることが珍しくなかった。それならば、本来の寺院や付属の高僧の遺骨堂が荒廃した後においても、ないしは本来の寺院の名称が忘れ去られた後においても、高僧の遺骨堂の記憶ばかりは失われることがなく、「骨寺堂跡」「骨寺跡」のネーミングばかりが伝承されることになった。としても、不思議でも、何でもない。

ただし、そのように考えるためには、蓮光その人が書き残したとされる文書、そのほかに、「往古私領」「骨寺」の文字がみえているのが、気障りである。だが、それらの文書は、いずれも、正本にはあらず、写本なのであった。内容的にみても、後の世代における所伝にもとづくものであった。恐らくは、一二世紀後葉、中尊寺は「鳥羽院御願」なりとする言説がかたちづくられる辺りになって、蓮光の開村伝説にあわせて、骨寺のネーミングが用いられるようになった。そのことによるものだったのではあるまいか。

それに対して、天台宗のスーパースター、慈覚大師の遺骨であった。ないしは近隣の村々の住人が持ち寄った身内の遺骨(分骨)の集積であった。とするような所伝・所説がないではない。だが、前者に関しては根拠不明を、後者に関しては中世後期における事象を前期にまで遡及させる時代錯誤を、それぞれ指摘することにならざるをえない。

2　散在する田屋敷と後背に広がる里山の風景

はじめに、「在家絵図」（詳細絵図とも）の方を見ていただきたい。北側の山際の辺りに、小規模な水田と家屋（屋敷）のセットが、数か所にわたって散在している。それらは、里山から流れ下る沢水によって潤される入り江のような空間に位置している。そこならば、稲作ができる。寒風が当たらない。山続きのしっかりとした地盤でもある。そして、宇那根社《うなねしゃ》の傍らにある湧水の辺りには、同じく、小規模な水田と大きめの家屋のセットが存在している。その湧水から流れ出す小流（いまは中沢《なかのさわ》）の辺りにも、そのようなセットがあったらしく、小規模な水田にあわせて「在家跡」の文字がみえている。

それらの小規模な水田には、沢水・湧水が利用されていた。そのほかに、人工の用水などに頼ることのない原初の土地利用のかたちであった。

それに対して、村の平場を貫通した後に、絶壁を落下して、磐井川に合流してしまう檜山河《ひやま》（中川、本寺川とも）の小河川の辺りには、川水を塞き上げたとみられる小規模な水田と家屋のセットが散在している。

こちらの方は、小規模なりとはいえども、人工的な用水に頼る二次的な土地利用のかたちであった。

いまに継承される絵図の景観

そのような新旧ふたつの土地利用のかたちは、いまに継承されて、しっかりと観察することができる。山裾における入り江のような空間に構えられた家屋にしても、その前面にしつらえられた小規模水田にしても、絵図の面影を正しく伝えてくれている。かつては、屋敷墓も祀られていた。里山に抱かれるようにして育まれた小宇宙（ミクロ・コスモス）において、生まれ、そして死んでいった人びとのくらしぶりを鮮明に浮かびあがらせていてくれる。

ただし、小規模水田の一部は、沢水懸りの湿田のために、近年までは苗代田として利用されていたものの、いま現在では耕作が放棄されてしまっている。

同じく、湧水に恵まれた宇那根社の辺りにしても、小規模な湿田として、絵図の面影を伝えてくれている。近辺には「宇南屋敷《うんなん》」の地名も残されていた。

さらには、本寺川の小河川の辺りにしても、板材などを用いて、臨時に用水を塞き上げる「揚場《あげば》」の地名が残されている。小規模水田の名残も確認される。

原野と里山の広がり

けれども、そのような新旧ふたつの土地利用のかたちが存在していたとはいえども、村の平場の大部分は、原野のままに放置されていた。絵図の大部分を占める空白が、その証拠である。空白部分にみえている「田」の文字は、後世の書き込みである。もう一枚の絵図や後に紹介する文書によって、「野畠」や「桑畠」「麻畠」「秣場《まぐさ》」などの存在が察知されるものの、その多くは手つかずのままになっていたらしい。新旧二つの用水だけでは、広大な面積を潤すことができなかったのである。

そのうえに、里山の広がりである。絵図には、尾根筋の近くに、針葉樹らしい木々が描かれている。いま現在でも、その辺りに残されている赤松の林が、それであろうか。

里山の山腹から麓近くには、何も描かれていない。空白のままである。実際には、その辺りの多くは、草地になっていて、「秣場」などとして、利用されていたらしい。その状態が、近世にいたるまで続いていたらしい。また、相当の面積の「栗所」(栗林)があったらしい。「山畠」(栗をつくる)などもあったようだ。同じく、後に紹介する文書によって察知される通りである。

このような原野と里山における土地利用のかたちは、そのまま、いまに継承されることが叶わず、相当な変化を被ることになった。たとえば、その山岸から離れた「沖」の方に横たわる広大な原野には、近世に及んで、はるか上流で取り込まれた磐井の川水（下り《さが》松用水）が注入されることによって流量を増した本寺川の川水によって、広大な水田が開かれることになった。

里山に関しても、近代に及んで、多くの草地に、杉が植えられるなどして、かなりの変容を被っている。炭焼きのためにナラ類の林が利用されることにもなった。それでも、多くの栗林が残されている。

3　所出物日記にみる村人のくらし

鎌倉後期、文保二年（一三一八）に記された「骨寺村所出物《しょしゅつもつ》日記」には、その当時における村人らが中尊寺経蔵別当のもとに差し出した所当（年貢）・公事の詳細が書きあげられていた。

村人らのうち、戸主に相当する人数は、一三名。絵図に描かれている家数に相応しい人数である。

そのうち、「田屋《たや》敷分《しきぶん》」在家のグループに属するのは、四郎五郎・平三太郎・平三二郎ほか五名。かれらは、所当籾のほか、折々に白米・鰹などを平泉まで持参していたらしい。

ただし、かれらのうち、伝統的な首長とみられる「首人」（おびと）には、所当・公事の負担にはあらず、「地絹一切」の貢物が課せられるだけであった。そして、一人は不在であった。欠落ないしは逃亡によるものかもしれない。

かれらの住まいする在家は、北側山際の沢水や宇那根社の湧水が流れ下る辺りにあったようだ。そして「首人」のそれは、宇那根社の傍ら、大きめの家屋であったらしい。そのうえに、「首人」は宇那根社の水神の祭を取りしきってもいたらしい。

それに対して、「作田分《さくだぶん》」在家のグループに属するのは、佐藤五・佐藤二郎・三河房・蓮明房ほか八名。かれらは、所当籾ほかを平泉に持参する名誉には預かることが叶わず、代銭納で済ませることを余儀なくされていた。

かれの住まいする在家は、檜山河から塞き上げた用水によって潤される小規模水田が散在する辺りにあったらしい。

歳末立木の運上には馬を連ねて

それらの所当籾・白米・鰹ほかの所出物ばかりではない。歳末には、門松の足下に立てならべる立木《たてぎ》に用いるためとして、薪が在家別に一二束宛賦課されていた。実質は、一年一二か月分の燃料に供するものである。馬一頭に立木四束を振り分け荷物にして、三頭宛。この時ばかりは、「田屋敷分」「作田分」の区別なく、馬を連ねて、平泉に参向したのに違いない。「馬坂新道」の峠を越えて、一二×三頭の馬列が進んでゆく風景が忍ばれる。

その門松の立木には、栗の割材(わっつぁき)が用いられていたらしい。門松の支柱にも、栗の丸太が用いられていたらしい。それならば、門松にはあらず、門栗といっても、差支えがない。

それだけではない。「栗所干栗《ほしぐり》」も、差し出されていた。「栗所」とは栗の人工林にほかならない。里山のかなりの部分を占めていたのではなかろうか。さらには、「山畠栗」も差し出されていた。

どうやら、栗や粟が、村人らの日常食だったらしい。水田の稲は、所当籾・白米として差し出すほかには、祭りの餅用に宛てられるのに止まっていたのではあるまいか。

いずれにしても、平場における稲作にはあらず、里山の恵みに大きく依存した、山あいの村落ならではのくらしを想定することにならざるをえない。

4　仏教以後と仏教以前

この村を中尊寺領の荘園として開発するにあたっては、経蔵別当のもとに組織された僧衆(天台聖《ひじり》)のはたらきがあった。大石直正氏によって注意されている通りである(大石「中尊寺領骨寺村の成立」一九八四ほか)。二枚の絵図によって、具体的に、トレースしてみたい。

たとえば、山王山・山王岩屋(窟)や白山社、さらには峠の入り口の慈慧塚《じえい》(実は経塚)ほかが配備されて、天台仏教の色彩に村全体が染め上げられることになった。

馬を連ねて平泉方面に向かうための峠越えのハイウエー、すなわち「馬坂新道」が開削されることにもなった。

そのうえに、平場の辺りには、大型の建物が設営されて、「荘政所」の看板が掛けられることになった。付近には、一二の区画からなる大型の水田が造成されている。

ここからは、私見になるが、「作田分」在家の八名の戸主らが、その大型の水田の耕作を割り当てられていたようだ。文書に記される「佃《つくだ》」の文字、そして地元に伝えられる「割田《わった》」の地名は、それに相当するものだったのに違いない。

さらにいえば、檜山河を塞き上げる人工灌漑が始められたのも、かれらのはたらきによったものに違いない。もしかすると、佐藤五・蓮明房ほか、「作田分」在家のグループに属する八名は、それにともなって、外部から招き寄せられた新住人の子孫だったかもしれない。

宇那根社や鎰懸・古道に目を向ければ

けれども、すべてが経蔵別当によって創出されたものとは限らない。たとえば、「馬坂新道」に対比して、「古道」の文字が書き込まれている。それによって、人間だけが、徒歩で、やっとのことで通れる古い道が、渓谷沿いの危険なルートに開かれていたことが察知される。

そのうえに、「古道」が村に入る辺りには、鎰懸《かぎかけ》(鍵懸)の霊木が祭られていて、恋占いの神や道祖神のような役割を果たしていた。「馬坂新道」の入り口に配備されていた「慈慧塚」(実は経塚)などにはない仏教以前の風情である。

そして、宇那根社もまた、万葉の昔から列島の各地に祭られる水神であった。原初の水田を潤す湧水の神として、首人によって祭られていたのに違いない。

村を見晴らす里山の先端に鎮座する「六所宮《ろくしょのみや》」（いまは「駒形根」神社）にしても、また然り。それは「駒形根《こまがたね》（峯）」の里宮、すなわち古くから駒形の残雪によって田植えの時期を教えてくれてきた「駒形根」（須川岳《すかわだけ》・栗駒山とも）の里宮だったのに違いない。堂々たる体軀の石造の駒（神馬）が境内に祭られているのが、そのなによりもの証拠である。

同じく、水田の広がりのなかに浮かぶ鎮守の森ともいうべき風情に恵まれた「若御子《わかみこ》」社にしても、「駒形根」の第二の里宮だったらしい。

いずれにしても、寺領荘園として開発される以前に、「駒形根」の神を仰ぎ、宇那根社の水神ほかを祭る古い村落が、すなわち首人をリーダーとする、「田屋敷」在家のグループに属する旧住人の先祖によってかたちづくられる原初の村落が存在していたことには間違いがない。その仏教以前の村落が開かれたのは、胆沢城が設営され、この辺りに南方からの移民がやってきた九世紀を過ぎる辺りにまで遡ることになるのかもしれない。

たくさんの仏神に見守られて

いずれにしても、それらのたくさんの仏神に見守られて、村人らのくらしが存続させられてきた。そのことには間違いがない。

鎌倉後期に記された「所出物日記」には、「宮々御祭立物用途随年不同」の文字がみえていた。それによって、村人らが差し出すべき貢租のうち、宮々の祭りに関わる用途（費用）に相当する部分については、荘園の存立に資する必要経費として免除されていたことが察知される。

南北朝後期、永和二年（一三七六）のあたりに記された「骨寺村在家日記」には、「まつり田之事」として、「山王田七百かり(刈)」「うなね田五百かり」「六所田三反」「若みこ千かり」ほかの文字がみえていた。それによって、宮々の祭りの用途を支弁すべき財源(ファンド)が設定されていたことが察知される。

二枚の絵図にしても、また然り。たくさんの仏堂にあわせて、たくさんの宮々が描き出されていた。そのうえに、「宇那根田」「若御子神田」ほかの文字も書き込まれていた。なかでも、「仏神絵図」の方には、その傾向がよくあらわれている。在家や水田のありさまを詳細に描き出している「在家絵図」とは、好対照をなしている。そのために、「仏神絵図」と呼ばれているのだ。

神仏習合の世界

村人らにとっては、仏と神、さらには仏教にともなって入来の神と仏教以前の在来の神、それらを区別して、どちらかに偏るようなことは、想いも寄らないことであった。仏教とともに入来の新住人の子孫にとっても、仏教以前から在来の旧住人の子孫にとっても、それらのたくさんの仏神は、分け隔てなく、ひとしく、日々のくらしを見守ってくれる、ありがたい存在として受け止められていた。

5　世界遺産への追加登録をめざして

そのようにして、仏教以前の原初の風景のうえに、仏教的コスモロジー(宇宙観)を重ねあわせることによってかたちづくられた中世骨寺村の風景には、日本農村の原風景ともいうべき、さらには東アジア農村の原風景ともいうべき性質が付与されることになった。すなわち、仏教以前と仏教以後の二要素からなる重層的かつ複合的な風景として、日本の農村を代表する。さらには東アジアの農村を代表する。そのような性質が付与されることになった。

しかも、その重層的かつ複合的な景観が、いま現在に伝えられているのである。貴重このうえもない。「仏国土(浄土)」を看板とする平泉の世界文化遺産の構成要素として、骨寺の荘園遺跡が追加登録されるべき所以でもある。

中世村落のありかたを垣間見せてくれるフィールドとして、豊後国宇佐神宮領の田染(たしぶ)荘(いまは大分県豊後高田市)が注目されるようになってから久しい。それに対して、骨寺村が注目されるようになったのは、すなわち、「西の田染」に対して、「東の骨寺」と称されるようになったのは、ごくごく最近のことである。

田染と骨寺。たしかに、その両者には、日本農村の原風景ともいうべき佇まいが、色濃く維持されている。両者ともに、国の重要文化的景観に選定されているのは、伊達ではない。たとえば、飯沼賢司・入間田・赤坂憲雄「日本の村の原風景をさぐる―西の田染と東の骨寺―」(座談会記録、二〇〇九)によっても、それと知られるであろうか。

けれども、田染には、中世における絵図が残されていない。そのためもあって、仏教以前の古い村落のありさまえを垣間見ることができない。

そのような絵図によって、仏教以前と仏教以後のそれが重層的かつ複合的に重ねあわせになった景観に恵まれたフィールドは、日本列島はもちろんのこと、東アジア広しといえども、存在しない。田染といえども、それほどの条件には恵まれていない。骨寺だけを取りあげても、世界遺産に登録されるべき価値あり。と評価される所以である。

したがって、これからは、骨寺からの発信を受け止めて、田染の歴史像を、そして日本農村の歴史像を、さらには東アジア農村の歴史像を、より豊かなものにするという方向性がもとめられることになるであろうか。もちろん、その逆もある。東アジア、日本、さらには田染からの発信を受け止めて、骨寺の研究をより深いものにするという方向性もが、あわせて、もとめられることになるであろうか。

さいごに、本章は、二〇一一年七月、早稲田大学にて開催のシンポジウム「重要文化的景観と農村の未来―田染荘小崎から二一世紀を考える―」（大分県豊後高田市・早稲田大学水稲文化研究所主催）における基調講演の内容を文章化したものである。正確には、海老澤衷ほか編『重要文化的景観への道―エコ・サイトミュージアム田染荘―』〔二〇一二〕に掲載していただいた文章に、若干の補訂を施したものである。そのさいには、文中にも記したように、既発表の小論に加えて、本書Ⅱ・Ⅲ・Ⅳに収録のそれによって、文章を整えている。したがって、具体的には、それらの小論に拠っていただきたい。

あわせて、海老澤氏ほか、シンポジウムの関係者には改めて、御礼を申上げる。このような貴重な機会をいただきましたこと、本当にありがとうございました。

Ⅱ　骨寺村成立の二段階

一章　骨寺村の成立は、いつまで遡るのか（上）

1　幕開けは大石直正・吉田敏弘の両氏によって

この問題についての本格的な研究の幕開けが告げられたのは、大石直正・吉田敏弘の両氏によるものであった。具体的には、大石「中尊寺領骨寺村の成立」〔一九八四〕、ならびに吉田「骨寺村絵図の地域像」〔一九八九〕という両論文によるものであった。

そのうち、大石論文では、二枚の骨寺村絵図（「在家絵図」「仏神絵図」）のいずれもが鎌倉後期の作成になる。具体的には、中尊寺と磐井郡地頭葛西氏との相論にさいして作成されたものだった。とする判断が示されている。そのうえで、「在家絵図」に描き出された「方形の水田」「馬坂新道」「慈慧大師」「山王窟《いわや》」ほかについて、臨場感にあふれる考察が展開されている。

それによって導き出されたのは、「首人（おびと）という共同体首長に代表されるような村落」が、「天台、山王の信仰の流入、それをもたらした聖（ひじり）などの主導する水田の開発と神田の設定」を契機として、具体的には中尊寺経蔵別当「蓮光によって組織されていた人びと」による開発を契機として、中尊寺経蔵別当領の村として再編成される。というダイナミックな歴史過程であった。

村人の側に即してみるならば、「村の人びとはこの聖なる水田(「方形の水田」「直営田(佃)」)の開鑿や新道の開発に参加することによって、新しい生産力を自らのものとし、原始的共同体を脱却すると同時に、新たな山王の神、直接的には中尊寺への従属を強いられることになったのであろう」と記されているようなプロセスであった。

骨寺村成立の二段階説ともいうべき斬新かつ衝撃的な学説の提起であった。けれども、それは一朝一夕にして生み出されたものではない。そこに至るまでには、長期にわたる現地調査の積み重ねがあった。

わけても、水田の水がかりの調査は、興味深い。それによって、絵図に描き出された中世骨寺村の灌漑水系は、(1)周囲とくに北側の山からの沢水、(2)本寺川(絵図では檜山河《ひやまがわ》)南岸における本寺川からの引水(小規模な堰による)、(3)中沢《なかのさわ》の水(湧水を源頭とする)、(4)堰(大規模)による本寺川からの引水、という四つの種類からなる。

そのうち、(1)〜(3)は、小経営農民の手による、比較的個別的な開発にふさわしいものだが、(4)は相対的には大規模な共同労働によらねばならないものであり、それによって灌漑・開発された方形かつ特大の水田のあり方に対応している。

このように、二種類の灌漑用水系の存在が浮かびあがってきた。すなわち、方形かつ特大の水田に付与された「特殊な位置」づけが浮びあがってきた。

具体的には、「天台、山王の信仰の流入、それをもたらした聖などの主導する水田の開発と神田の設定」を物語るものとしての、方形かつ特大の水田の「特殊な位置」づけが浮びあがってきた。

それならば、(1)〜(3)のような、小経営農民の手による、比較的個別的な開発は、「天台、山王の信仰の流入」を契機とする中尊寺領化よりも古い段階における開発、すなわち「原始的共同体」の段階における開発ということにならざるをえない。これが、大石論文の出発点であり、肝(きも)であった。

つぎには、その天台「聖」などの主導する水田の開発と神田の設定にリンクするかたちで、「馬坂新道」「山王窟」ほかの存在が位置づけられることになる。

それに対して、用水の神たるべき「宇那根神《うなね》」や、「村共同体の首長」たるべき「首人」（おびと）の存在は、さらには「若神(御)子神《みこ》」などは、「土俗的・共同体的な性格が強い」として、「原始的共同体」の段階における開発にリンクされることになる。

骨太かつ説得力にあふれる学説の提起であった。その大筋については、いまにいたるも研究者を魅了して止まない。

そして、吉田論文である。そこでは、「本格的な骨寺村絵図研究の端緒」として大石論文を評価しながらも、二枚の絵図は「堺相論」に関わるものとする大石論文の理解にはあらず。「四至牓示を模式化して表現した立券絵図」の系列に属する。すなわち荘園内部におけるランドマークのそれぞれのありかを鮮明にすることによって荘園経営の円滑を期するために作成された絵図の系列に属する。という認識を示している。

そのうえで、さまざまなランドマークのうち、「在家絵図」に描き出された建物については、「仏神絵図」に「経蔵別当御休所」として描き出された建物に「比定し得る公算が大きい」とされる特大の一宇を別として、「屋根や壁面に装飾が施され」「堅牢なイメージ」の大型建物が四宇、「一切装飾をもたない」小型建物が六宇。すなわち、住人らの「在家」には、「二階層構造」が存在していたことを鮮明にしている。

さらには、その二階層のうち、大型建物の方は、鎌倉後期は文保二年（一三一八）、「骨寺村所出物日記《しょしゅつもつにっき》」（中尊寺文書）に書きだされた「田屋敷分《たやしき》」在家四宇（「首人分田屋敷分」を含む）に相当することを鮮明にしている。

そして、小型建物の方は、同じく「所出物日記」に書きあげられた「作田分《さくだ》」八宇のうち、六宇に相当することを鮮明にしている。

あわせて、「田屋敷分」に関わる水田については「いずれも天水灌漑」(湧水や沢水がかり)であるのに対して、「作田分」に関わる水田については「概ね中川(本寺川)添いの用水路灌漑」になっている。そのことを鮮明にしている。

それによって、「天水灌漑の水田の開発が先行し、その後中川添いの用水路が開発された」という「本村の開発過程」を、「如実に示す」とする判断が示されることになった。

それならば、「田屋敷分」在家は、「おそらくは中尊寺支配以前から村内に定着していた草分け百姓の系譜を引くものと見なしうる。とりわけ中川右岸の湧水地点に鎮座する水神宇那根社は村内における開発・定着のシンボルであって、その傍らに位置する田屋敷も宇那根社の祭祀を司る、村内の草分け農民と見られよう」とすることにならざるをえない。これが、吉田論文の肝であった。

これまた、骨太かつ説得力にあふれる学説の提起であった。その大筋については、いまにいたるも研究者を魅了して止まない。

大石・吉田、二つの論文があい携えるようにして、中尊寺領化する以前の段階において、稲作に従事する「原初の共同体」が存在していた。その可能性を鮮明にすることになった。すなわち、骨寺村成立の二段階説ともいうべき斬新かつ衝撃的な学説を提起することになった。その研究史上での意義は限りなく大きい。

あわせて、二つの論文によって、方形かつ特大の水田ならびに「経蔵別当御休所」(「仏神絵図」)に比定されるべき特大の建物が、いずれも中尊寺に連なる勢力の関与によって開発・設営されたものだった。すなわち、骨寺村成立の第二段階に即応して開発・設営されたものだった。そのことが鮮明にされている。これまた、大事な問題提起であった。

ただし、二つの論文の間に、微妙なズレがなきにしもあらず。たとえば、(2)本寺川南岸における本寺川からの引水(小規模な堰による)による小規模水田が、大石論文では、小規模なるが故に「古い段階における開発」とされたのに対して、吉田論文では、その本寺川からの引水による小規模水田の開発は、すなわち「作田分」在家に付属するとみられる水田の開発は、天水灌漑にはあらざるが故に、「中尊寺支配」の段階にまで下るとされている。

さらには、方形かつ特大の水田「三反」について、大石論文では「佃《つくだ》」（経蔵別当の直営田）かとするのに対して、吉田論文では「六所神田二段」（「仏神絵図」）に比定して、「佃ではない」としている。

また、「経蔵別当御休所」（この文字そのものは後筆）に比定されるべき特大の建物についても、大石は「荘政所《まんどころ》」（経蔵別当の荘園管理事務所）かとするのに対して、吉田は「下司的な機能をもった村落領主クラスの有力在家」の住いかとしている。

さらにいえば、吉田は、「田屋敷分」在家によって稲作が開始される以前に、「山野を場とする粗放な畑作」に立脚する「古代的共同体」が存在していた。その「古代的共同体」の首長が、首人だったのだ。とする独自の認識があらわにされていた。

そのうえで、「鎌倉期を中心とする田屋敷・作田支配には、こうした古代的な農村構造が残存しており」、と記されてもいた。

それに対して、大石論文には、首人は、「原始的共同体」（稲作に従事する「原初の共同体」）の首長にして、「村落祭祀を主宰するもの」でもある。と記されていた。稲作以前か、はたまた稲作以後なのか。大きな違いである。

いずれにしても、大石・吉田両氏の問題提起によって、中尊寺領化する以前の段階において、「原初の稲作共同体」が存在していた。その可能性が鮮明にされることになった。すなわち、骨寺村成立の二段階説が押し出されることになった。そのことには、間違いがない。

2　骨寺村所出物日記と「田屋敷分」在家の住人

それでは、鎌倉後期は、文保二年(一三一八)に書きあげられた「骨寺村所出物日記」に即して、大石・吉田、二つの論文を参照しながら、村人らのくらしについて、具体的に観察してみることにしたい。

骨寺村所出物日記事

合

四郎五郎田屋敷分

所当籾一石八斗　口物三斗

節料早初合六升 白米 鰹四　細々小成物五百十文

平三太郎入道田屋敷分

所当籾一石八斗　口物三斗

節料早初合六升 白米 鰹四　細々小成物五百十文

平三二郎田屋敷分

所当籾一石二斗　口物三斗

節料早初合六升 白米 鰹四　細々小成物四百文

首人分田屋敷分　地絹一切 代七百文

手子四郎跡田屋敷 是ハ先立限年記令沽却之間、除之、

佐藤五作田分　二貫文
佐藤二郎作田分　二貫文
十郎太郎父作田分四段田　一貫文
北俣田　代一貫文
佃分　代一貫文
三河房作田分馬坂　一貫文
藤平太入道作田分　七百文
蓮明房作田分　六百文
四郎太郎作田分　五百文
弥平太作田分　二百文
已上
定銭拾二貫百二十文
籾五石漆斗　白米一斗八升
宮々御祭立(直)物用途随年不同　山畠粟同前
栗所干栗同前　歳末立木在家別十二束ツヽ
右、大概注文如件、
文保二年三月　日　（ただし、後筆・合点などは省略）

ここには、五字の「田屋敷分」の在家が記載されている。かれらに課せられた所当籾・口物《くちもつ》・節料《せちりょう》・細々小成物《こなりもの》などの負担が、「作田分」の在家（銭貨の負担だけに止まっている）に対する優位のあらわれと見られることについては、これまでも多くの研究者によって指摘されてきた。

吉田論文でも、「田屋敷分」のかれらこそが、上層農民にして、骨寺村における本来的かつ基幹的な住人（「草分け百姓の系譜を引く」）であったことが明らかにされていた。

ところで、かれらのうち、「首人分田屋敷分」「手子四郎跡田屋敷」については、負担の記載が異なるか、欠けるかしている。何故であろうか。

後者については、「年記（期）」を限って沽却したとする記載があって疑問が解ける。この在家が負担する所出物については、別の領主に差し出されることになっていたので、記載されることがなかったのである。ただし、「手子四郎跡」の記載からすれば、実際には、当主が逃亡していて、所出物の負担には耐えない状態になっていたようだ。「在家絵図」には、二か所の「在家跡」が見えていた。そのうちの一か所が、「手子四郎跡」に相当するのかもしれない。

前者について、首人の負担が「地絹一切代七百文」に止まっている理由については、首人に対する優遇措置のあらわれだったのではあるまいか。除田として、「首人分二段」の免税措置が講じられていたこと（「仏神絵図」）にも関連する事態だったのではあるまいか。

「地絹一切」は、村共同体の服属の証として上位権力に差し出された貢ぎ物の一種だったと考えられる。首人は、「村共同体の首長」としての本来的な地位からして、村人らを束ねて、貢納の衝に当たっていたものと見られる。そのうえに、村落の祭祀を主宰するものでもあった。大石論文に記されている通りである。それならば、首人には、百姓なみの負担を課せられることは、そもそも、なかったのではあるまいか。

吉田は、「地絹一切代七百文」が特別の優遇措置のあらわれとは見ていない。具体的には、「山野を場とする粗放な畑作が広く展開していた」こと、すなわち「古代的農村構造」が残存していたことのあらわれだとしていた。

首人の在家そのものについても、「仏神絵図」に、段丘平野の西側の河谷に「首人分三（二が正しい）段」の免田がみえることから、平野部でなく、「代銭納」に相応しい山野に位置していた公算が高い。と記されている。

けれども、それらは当たらない。「地絹一切代七百文」の負担については、やはり、「首人分三（二）段」の免田に同じく、首人の職務に対する優遇措置だったとするべきなのではあるまいか。

その「首人分三（二）段」の免田が、段丘平野の西側の河谷にあったことについても、それだけをもってして、首人の在家も、その辺りにあったと、速断することはできないのではあるまいか。

首人の在家そのものについていえば、やはり、中沢の源頭の辺り、宇那根社に並び建つ大型の建物（「在家絵図」）に相当するのではあるまいか。

ふり返ってみれば、吉田論文においては、中沢源頭の水田を耕す大型の建物の住人について、「宇那根社の祭祀を司る、村内の中心的な草分け農民と見られよう」と記されていた。その「村内の中心的な草分け農民」こそが、首人だったのではあるまいか。

ついでにいえば、「経蔵別当御休所」に比定されるべき特大の建物についても、大石論文は「荘政所」（経蔵別当の荘園管理事務所）かとするのに対して、吉田は「下司的な機能をもった村落領主クラスの有力在家」の住いかとしていた。けれども、その「下司的な機能をもった村落領主クラスの有力在家」についても、よく分からない。

それよりは、むしろ、大石を始めとする荘園史研究者による多数意見にしたがって、「荘政所」的な建物とする方が、穏当なのではあるまいか。

吉田論文における首人は、この村に稲作が開始される以前に存在していた「古代的共同体の首長」とされていた。逆にいえば、「田屋敷分」在家によって、稲作が開始されて以後においては、この村のリーダーシップは、首人にはあらず。「下司的な機能をもった村落領主クラスの有力在家」、ならびに「宇那根社の祭祀を司る、村内の中心的な草分け農民」によって担われる。ということにならざるをえない。

それならば、方形かつ特大の水田の傍らにある特大の建物や宇那根社の傍らにある大型の建物に関わる住人についても、首人にはあらず。「下司的な機能をもった村落領主クラスの有力在家」なり。同じく、中沢源頭の水田を耕す大型の建物の住人についても、「宇那根社の祭祀を司る、村内の中心的な草分け農民」なり。ということにならざるをえない。

けれども、百歩を譲って、その可能性を認めようとしても、「田屋敷分」の五名の住人から、首人その人と「手子四郎跡」を除いた三人のうち、すなわち四郎五郎・平三太郎入道・平三二郎らのうち、だれが「下司的な機能をもった村落領主クラスの有力在家」だったのか、ならびにだれが「宇那根社の祭祀を司る、村内の中心的な草分け農民」だったのか。という難題に逢着することにならざるをえない。

さらには、この村に稲作が開始される以前に、「広く展開していた」「山野を場とする粗放な畑作」に依拠する「古代的共同体」が存在していたこと。それ自体が、論証されていない。「山野を場とする粗放な畑作」が「広く展開する景観ならば、中世村落において、普通に存在していたのである。

やはり、大石論文のように、首人については、稲作の水神たるべき宇那根社の信仰に即応する「原始的共同体（「原初の稲作共同体）」における唯一のリーダーだった。だからこそ、「首人分二段」の免田が設定されていたのだ。と、改めて考えることにならざるをえない。

その唯一のリーダーたるべき首人を差し置いて、「下司的な機能をもった村落領主クラスの有力在家」や「宇那根社の祭祀を司る、村内の中心的な草分け農民」が存在していた。などとは、想定することができないのである。

3　「作田分」在家の登場は、中尊寺領への編入にともなって

つづいて、八字の「作田分」在家の住人について。かれらの耕す水田は、「概ね中川(本寺川＝檜山河)沿いの用水路灌漑」によっている。吉田による指摘の通りである。

それらの本寺川(中川)沿いの人工灌漑に依拠する水田は、中尊寺経蔵別当による大々的な開発の一環として、新しく切り開かれたものだったのに違いない。これまた、吉田論文の通りである。

大石論文には、本寺川(中川)沿い(南岸)の水田について、「本寺川(中川)からの小規模な引水が容易である。また、本寺川はすこし大きな沢の如きのものであるから、そこからの引水は土地の傾斜に逆らうことさえなければ、小規模な施設によっても可能であったと考えられる」。と記されていた。それによって、本寺川(中川)沿い(南岸)の水田は、「切り添え式の百姓の手になる開発」になる。すなわち、中尊寺領に編入される以前にまで遡る古い段階に属する。ということにされていた。

けれども、「小規模な施設」の実際のありかたからすれば、すなわち「堰」ないしは「揚場」(あげば)とよばれる施設の現在のありかたからすれば、「切り添え式の百姓の手になる」ものとは考えられない。やはり、本寺川(中川)北岸における方形かつ特大の水田(佃)に同じく、経蔵別当による大々的な開発の一環として、多数の「堰」「揚場」が一斉に設営されたものとしか考えられない。すなわち、吉田の解釈に従うことにならざるをえない。

それならば、かれら「作田分」在家の住人らは、中尊寺経蔵別当による大々的な開発にあわせて、余所から招き寄せられてきた新入りの住人だった。とするほかにはない。

かれらのうち、中心的な地位を占める佐藤五・佐藤二郎は兄弟だったかもしれない。それに対して、「田屋敷分」在家では、平三太郎入道と平三二郎が、平三を父とする兄弟を想わせながら優越的な地位を占めていた。すなわち、平姓の名乗りが目立っていた。そのうえに、かれらのリーダーたるべき首人そのものも、平姓を名乗っていたらしい。II四章にて詳しく記す通りである。

これによって、佐藤姓を名乗る「作田分」在家の新入りの住人らに対して、平姓を名乗る「田屋敷分」在家の草分けの百姓らが対峙するという基本的な構図を想定することができようか。

近世以降の東北農村が、いくつかの「同族団」によって成り立っていたことは、周知の通りである。たとえば、有賀喜左衛門・中村吉治・福武直・細谷昂ほかの名前をあげるまでもない。とするならば、骨寺村における新旧ふたつの「同族団」の登場は、東北農村の始まりを印象づける画期的な事態にほかならない。とすることができるのではあるまいか。ただし、藤平太入道など、どちらともつかない人名があり、弥平太など、平姓かと想われる人名があったりするが、大雑把な見通しとしては、当を得ていると考えたい。

三河房・蓮明房の法名は、仏教の浸透を物語る端的な証明であろうか。なかでも、三河房に関しては、「馬坂」の注記が付されている。馬坂の新道が、天台系の聖集団によって開鑿されたことは、大石による推定の通りである。ひょっとすると、三河房は、その天台系聖の系列に属する人物だったのではあるまいか。いずれにしても、中世村落の住人に普通に見られる法名の登場は、当村における古代的な色彩が払拭されて、中世的な色彩に塗り替えられつつある。そのなによりもの反映であったものと考えられる。

同じく、「作田分」在家八宇のうち、一宇については、「在家絵図」に「在家跡」として見えている二か所のうち、一か所に相当するものか。とするならば、「在家絵図」の作成は、その一宇が没落ないしは逃亡した後になる。すなわち一宇の在家跡（「手子四郎跡」）だけを記す「所出物日記」のそれよりも若干遅くなることが察知されようか。伊藤信「辺境在家の成立」〔一九五七〕による見立ての通りである。

「所出物日記」が記されたのは、鎌倉後期、文保二年（一三一八）のことであった。その時点では、「手子四郎跡」の一か所があるだけだった。それなのに、「在家絵図」の時点では、「在家跡」が二か所に増えている。その分だけ、生活が厳しくなって、逃亡を余儀なくされる村人が発生している。ということであったろうか。

かれら「作田分」の在家の住人らが負担するのは、二貫文以下の銭貨である。村落における伝統的な年貢・公事収取の枠組みに包摂されることがなかったのは、すなわち「作田分」在家の住人らに、年貢・公事を経蔵別当のもとに直接持参して、接待に預かるという栄誉に浴する機会が付与されることがなかったのは、かれらが新入りの人間集団だったが故であろうか。

かれらの耕作地は、新しく開発された本寺川（中川）用水によって養われ、居住域も本寺川（中川）の辺りに設定されて、在来の住人のそれと区別される状態であった。吉田による指摘の通りである。

ただし、本寺川（中川）の辺りには限らず、「馬坂新道」が開鑿された東方山際の辺りにも、かれらの耕作地が存在していたようだ。「在家絵図」に描き出された建物の位置関係、ならびに「所出物日記」における「三河房作田分」に付与された「馬坂」の注記などによって、それが察知される。

しかし、その反面において、かれらには、経蔵別当による直接的な支配の枠組みが及ぼされていたと考えられる。具体的には、経蔵別当の直営田である佃（方形かつ特大の水田）の耕作が割り当てられていたと考えられる。かれらの耕す小規模な水田は、経蔵別当の直営田たるべき佃に同じく、本寺川（中川）からの用水に依存するものであつた。その何よりもの反映が、かれらに対する佃耕作の割り当てだったのではないだろうか。「佃分 代一貫文」の記載が、かれら「作田分」在家関連の並びに位置づけられていることは、そのような関連性の裏づけと見られるのではないだろうか。とするならば、同じ並びに位置づけられている「北俣田 代一貫文」の記載についても、経蔵別当の直営田的な地目(手作地)のそれと考えることができるのではないだろうか。南北朝期における「手作《てづくり》北俣五百苅」の記載が示唆してくれる通りである(永和二年二月廿五日経蔵別当行栄譲状)。

ただし、伊藤信「辺境在家の成立」〔一九五七〕から大石〔一九八四〕に至る従来の解釈では、方形かつ特大の水田、すなわち佃が、一二の区画に分かれて描かれていることに着目して、「所出物日記」に記載されたすべての在家一二宇(「首人分田屋敷分」を除いて)に、耕作が割り当てられたと推測している。たしかに、首人にまで割り当てられたとは考えられない。けれども、「田屋敷分」在家と「作田分」在家との成り立ちの違いを見れば、一在家―一区画の形で均等に割り当てられたとも考えられない。新入りの「作田分」在家にだけ割り当てられたかとする自分なりの解釈に、こだわってみたい。

また、吉田論文では、これまでに佃とされてきた方形かつ特大の水田が、「六所神田二反」(仏神絵図)に比定されているが、従い難い。方形かつ特大の水田の傍らに記された文字は、「二反」にはあらず。「三反」なのであった(在家絵図)。これをもってしても、そのような比定が成り立ち難いことが分かる。

このようにして、大石・吉田の二論文によって提示された歴史像を参照しながら、自分なりの解釈を交えることによって、当村における「田屋敷分」在家と「作田分」在家とのくらしぶりの違いについて、自分なりのアウトラインを描き出すことができた。

そのような作業を通じて、大石・吉田の両氏によって提起された骨寺村の成立に関する二段階説が、その大筋において支持されるべきことを、改めて、確かめることができた。

4　農業経営の現場から

けれども、大石・吉田論文のように絵図を主要な手がかりとする研究とは違って、農業経営の現場に密着することによって、具体的には地理学・農学などの方面からする直接的なアプローチによって、独自の見解を打ち出した研究成果があげられてもいる。そのことを、忘れてはいけない。

たとえば、岡村光展「中世骨寺村在家絵図に描かれた小村落(一・二・三)」[二〇一〇・一一・一三]では、絵図に描かれた一三の在家、その一宇当たりの水田経営面積は数反程度となる。一個の在家が普通の家族規模から成立していたことを示す経営規模である。あわせて、近世にいたっても、畑が多かったことに着目しながら、主食を粟・稗などの雑穀や麦に頼るならば、現在の農業生産力では、水田の三倍の面積の畑が必要になる。と指摘されている。かれらの住まいする家屋の多くが、掘立柱式で開口部が少ない土壁の小規模なものであった。その屋根も、板葺きや檜葺きなどの軽量なものであったろう。と指摘されてもいる。それによっても、小規模な家族構成説が裏づけられている。すなわち、多数の眷属や被官名子を擁する大家族経営ではなかったことが裏づけられている。ただし、少数の大形の家屋については、土壁にはあらず。寒冷地に適した草壁(茅壁)ではなかったか。と記して、いわゆる網代壁説を批判している。

さらには、いま現在において、村内に存在する一〇個の「親類付き合い集団」(同族的紐帯)による耕地の保有状況を辿ってゆくと、その淵源は、絵図に描かれたそれぞれの在家による耕地の保有状況に根差していた。ないしは、その継承・拡大(切り添え式開田)によるものであった。いいかえれば、在家絵図に描かれている在家は、その後分家による戸数増加により、緩やかな同族集団を形成した。また、戸数増加とともに残されていた土地もほぼ開墾された。と記されていた。いずれも、示唆的な指摘の数々であった。

すなわち、大石論文における「切添え式の百姓の手になる開発」「小経営農民の手による比較的には個別的な開発」や、吉田論文における「天水灌漑の水田開発」（田屋敷分）、「中川（本寺川）沿いの用水路灌漑」（作田分）による開発。それらの開発を推進するためのエンジンたるべき農業経営の実態にまで踏み込んだ具体的かつ有益な情報の数々であった。

ただし、「作田分在家」と「田屋敷分在家」のうち、前者の方が水田の割合が高い場所で水田経営をした在家で、一〜二貫文もの地子銭を上納していたので、上層に属していた。すなわち、骨寺村における中核的在家である。それに対して、後者の方は、畑地の割合が高い場所における在家だったので、水田のみの課税には飽き足らず、屋敷地にも課税することを余儀なくされた。と記されていることについては、賛成できない。2節にも、記しているように、「田屋敷分」在家に課せられる所当籾以下の負担が、「作田分」在家の代銭納のみの負担に比して、領主側との関係性において、重要かつ格上のものとされていた。そのことが、すべての荘園史家による共通理解になっているからである。ならびに、本書Ⅲ一・二章にて詳述するような具体的な事情が存在しているからである。

もっとも、岡村論文においても、畠地経営を主にする在家が先ず成立し、その後水田開発をおこなった可能性も考えておくべであろう。と記されていて、一筋縄にはいかない難しさを看取せざるをえない。

また、飯村均「中世奥州の村」［二〇〇二］、同「中世のムラとマチ」［二〇一四］では、大型の家屋三宇について、「草葺き＋網代壁」、「板葺き＋網代壁」の二種類に分類している。あわせて、多数派の家屋については、「草葺き＋板壁」、「板葺き＋板壁」の二種類に分類している。そのうえで、東日本では、「板葺板壁」が主であると指摘することも可能である。としている。すなわち、岡村論文のように、「土壁」説は採らない。

飯村・岡村説のうち、どちらを採るべきものか。いまのところ、判断がつかない。多くの民俗事例からすれば、「土壁」説の方がよいのかもしれない。けれども、これからの宿題ということで、保留にさせていただきたい。

もう一つ、農業経営の現場に密着するといえば、広田純一・菅原麻美「骨寺村荘園遺跡における田越《たご》し灌漑システムの実態と骨寺村絵図(詳細絵図)に描かれた水田の推定」[二〇一七]、同「骨寺村絵図(詳細絵図)に描かれた水田の現地比定(続)」[二〇一八]の研究成果もあった。時期的にいえば、次章4節「新たなる研究段階の訪れ」に適合する成果なれども、その内容からして、岡村論文に続けて紹介することにさせていただきたい。

田越し灌漑システムとは、用水路による通常の灌漑にはあらず、上下・左右の水田における湛水の融通によって、すなわち田越しの湛水授受によって、稲作を可能とするシステムである。そのためには、隣接の水田との畦畔に、通水のための取り入れ口(水口)ならびに差し出し口(水尻)として、二本の溝ないしは土管類を設けておきさえすれば、よい。

そのような簡便かつ古来のシステムは、かつては広く分布していたが、いまでは失われてしまい、骨寺村のそれが、貴重なケースになっている。

二〇〇五年、「一関市本寺の農村景観」が、国の重要文化的景観に指定されるに際しても、田越し灌漑システムの存在が大きく評価されることになったことは、記憶に新しい。

その灌漑システムの実態を解明すべく、一枚一枚の水田について、水口と水尻を確かめるという気の遠くなるような作業がくりかえされた。

そのなかで、それぞれの水田における湛水の大元になる水源は、(1)周囲とくに北側の山からの沢水、(2)本寺川南岸における本寺川からの引水（小規模な堰による）、(3)中沢の水（湧水を源頭とする）、(4)堰（大規模）による本寺川からの引水、という四つの種類からなる。という大石・吉田論文以来の認識が、再確認されることになった。

具体的には、それらの大元になる水源から最初の水田に引き入れた湛水を、隣接の水田に、二枚目、三枚目というように、つぎつぎに落として行くのである。

そのうえで、その最初の水田や二枚目・三枚目の水田が、なんと、絵図に描かれた小規模不整形の水田に一致する。という驚くべき発見である。

それればかりではない。(4)堰（大規模）による本寺川からの引水によって養われる方形かつ特大の水田についても、すなわち「佃」（経蔵別当の直営田）についても、その在所が、一枚一枚の水田のレベルにおいて特定されることになった。それによって、「小字名ヤシキ田、梅木田あたり」かとする大石論文の見立てを裏づけている。これまた、大事の発見である（二九四頁・図1）。

広田・菅原論文において、「佃」（経蔵別当の直営田）の在所が特定されたことによって、その傍らに描かれている特大の建物（「経蔵別当御休所」、実態は荘政所か）の在所についても、推測の手がかりが得られることになった。広田・菅原論文には、それと明記されてはいないが、その「佃」の在所の東北辺に隣接する島状の畑地が、すなわち周囲の水田群に囲まれて突出する島状の畑地が、その特大の建物の在所に相当するのではあるまいか。ただし、これは、入間田の直観によるに過ぎない。これからの検討の素材となれば、さいわいである。

ところで、「佃」（直営田）の在所といえば、その比定地とされる「小字名ヤシキ田、梅木田あたり」には、「割田（わった）屋敷」の地名も存在していた。もしかすると、「割田」は、百姓らに耕作が割り当てられた田地、すなわち「佃」（領主の直営田ないしは手作地）を意味するものだったのではあるまいか。

たとえば、「所出物日記」にて、「佃分　代一貫文」にならんで記されている「北俣分　代一貫文」の田地が、「手作北俣五百苅」と表記される一方で（永和二年二月廿五日経蔵別当行栄譲状）、「わつた分、北俣七百かり」（「在家」日記）と表記されることもあったからである。

同じく、南北朝期は比内郡において、公田を耕す百姓らに、「わんた百かり」が割り当てられていたことが想起される（新渡戸文書。文和三年十二月廿四日沙弥浄光譲状。くわしくは入間田「北奥における地頭領主制の展開」二〇〇五を参照）。そのほかにも、鎌倉後期、津軽平賀郡大平賀郷においても、「平二太郎つくりのわたのふん一反、同ゆいきやうつくりのわたのふん一反」の文字が見えていた（遠野南部文書、嘉元二年五月廿四日曽我泰光譲状）。さらには、室町期の文安元年、相馬高胤譲状にも、「かます内のわつたはたけ」のそれが見えていた（相馬岡田新出文書）。

大石・吉田論文においても、長年にわたる聞き取り調査ほかの積み重ねがあったとはいえども、その成果の取りまとめにおいては、一枚一枚の水田のレベルにまで及んだものにはなっていなかった。具体的には、絵図に描かれた一枚一枚の水田との突合せのレベルにまで及んだものにはなっていなかった。あくまでも、概括的な指摘に止まるものであった。

同じく、絵図に描かれた方形かつ特大水田の在所に関しても、大石論文においては、概括的な指摘に止まっていて、一枚一枚の水田のレベルにまで及んではいない。

吉田「本寺平野部の水利」［二〇〇四］においては、一枚一枚の水田の水がかりに関するそれなりの精度の図面が掲載されていた（「水利系統概略図」）。それによって、「畦越し」（田越し）の灌漑が、この地域における伝統であったこと。旧本家筋の所有になる一まとまりの「水田団地」をかたちづくる一枚一枚の零細な水田群が、それに該当すること。その一まとまりの「水田団地」は、旧本家筋の屋敷に近接していて、絵図に描かれている中世「田屋敷」の景観を今に伝えるものとみなされる。など、重要な考察が展開されていた。ある意味では、岡村そして広田・菅原論文に先行する大事の仕事であった。けれども、絵図に描かれた一枚一枚の水田との突合せのレベルにまで及んだものにはなっていなかった。これまた、概括的な指摘に止まるものであった。

同じく、岡村論文においては、いま現在における耕地の保有状況から絵図に描かれた在家による保有状況にまで遡及するというプロセスにおいて、一枚一枚の水田のレベルにまで及んだ考察がこころみられていた。けれども、そこには、一枚一枚の水田の形状(「狭小ながら規則的な形」「細長い勾玉状の区画」ほか)には着目されているが、一枚一枚の水田における水がかりの問題には言及されていない。

それらの大石・吉田・岡村論文における取り組みに比べれば、広田・菅原論文におけるそれには、一枚一枚の水田に関する水がかりの調査に根差した驚くべき精度が具えられていた。さすがに、圃場整備事業の展開にさいして、伝統的灌漑システムの基本的な枠組みを保存すべく、地元住民の側に立って、ねばり強い活動を積み重ねてきた農学者ならでは。と感嘆しないわけにはいかない。

列島各地における中世荘園絵図に描かれた水田は数多しといえども、その一枚一枚の在所を特定できるようなケースは、骨寺をおいてはない。そのことを明らかにしただけでも、大発見の名前に値しようか。

そのうえで、広田・菅原論文には、大元になる水源から、すなわち⑴⑵⑶⑷の水源から、一枚一枚の水田に引水するに際して必要とされる「水田造成・用水開発の技術的な難易度」は、「⑶が一番容易で、次が⑴、少し難易度があがって⑵、そして⑷は飛躍的に難しくなる」。とする大事の指摘がおこなわれている。

具体的には、⑶中沢の水(湧水を源頭とする)を利用するばあいには、常に水が滞留していることもあって、さほどに手間取ることはない。用水路の必要はなく、畦畔を造成して、水口・水尻の施設を整えるだけでよい。

同じく、(1)周囲とくに北側の山からの沢水を利用するばあいには、すなわち最初の水田に導水するためには、沢水を堰き止めるなど、それなりの手間が必要であった。けれども、本格的な用水路を設営する必要性はない。

それに対して、(2)のように、本寺川から取水するためには、川水を堰き上げるための揚場を造成する。そのうえに、一枚目の水田まで引水するための用水路が必要になる。洪水の度に、堰を造り直さなければならない。用水路の管理のためにも、人手がかかる。

そして、(4)のような方形かつ特大の水田で、かつ河川の上流部で堰き止めて、そこから用水路を引いて灌漑するような水田では、水田の土工だけでなく、取水堰や用水路の建設にも多大な労働力が必要となる。と、いうわけである。

その大事な指摘を踏まえて導き出されているのが、「骨寺村開発の二段階論は、技術的にも合理的な仮説といえる」。とする結論であった。

すなわち、(3)・(1)のように沢水や湧水がかりの灌漑システムの方が、難易度が低く、早期における造成が予想される。それに対して、(2)・(4)のように本寺川からの取水による灌漑システムは、難易度が高く、遅れて造営された可能性がある。と、いうわけである。

それならば、(3)・(1)を天水灌漑として、(2)・(4)の本寺川沿いの用水路灌漑から峻別して、水田開発の二段階論を導き出している吉田論文に、それに倣った入間田の見立てに、ぴたりと符合することになるではないか。

ただし、大石論文のばあいには、若干のズレあり。具体的には、その論文では、(3)・(1)・(2)を小規模なるが故に、難易度は低いので、早期の開発に属する。それに対して、(4)は、大規模なるが故に、難易度が高く、中尊寺側による遅れての開発に属する。ということになっている。けれども、開発の二段階論という大枠においては、大石論文といえども、変わるところがない。

5　いわゆる在家の進化論をかえりみて

大石・吉田論文の登場によって、すなわち絵図を主要な手がかりとするアプローチによって、いいかえれば骨寺村成立の二段階説が鮮明にされることによって、研究史上の一大画期がかたちづくられることになった。けれども、それに先行する段階においても、それなりに貴重な成果が積み重ねられてきた。そのことについても、いうまでもない。

たとえば、伊藤信「辺境在家の成立―中尊寺領陸奥国骨寺村について―」[一九五七]が、それである。大石論文にも、「東北地方の中世村落を語る場合、在家研究の成果を無視することができない。骨寺村絵図についての重要な先行研究である伊藤信氏の論文も、やはり在家研究という視角からのものであった」と記されている通りである。けれども、それに続けて、「しかし、本稿では、それに関説するだけの用意がない。他日を期することを、お許しいただきたい」と記されてもいた。

大石氏その人は、慎重を期して、在家の進化論に言及することを避けている。それだけではない。その後においても、在家の進化論に言及する研究者はなく、いまに至っている。

在家の進化論がある種の行きづまりに逢着していた。それに対して、研究の新局面を切り開くためには、思い切って、荘園絵図研究の新しい潮流に掉さすほかにはない。というような切実な状況にあったことからすれば、賢明な選択だったのかもしれない。

だが、いつまでも、その問題に言及しないでいられるわけがない。そのために、本書では、あえて、そのような断絶状態を乗り越えて、在家研究の過去にまで遡って、簡単におさらいして見ることにしたい。

伊藤論文の冒頭には、「奴隷制から農奴制への進化の過程で、隷属的生産者が解放され、独立農民に上昇する動きの一として、在家の進化が問題となっている」とする、いまとなっては懐かしい一節が据えられていた。

その一世を風靡したシェーマに従うならば、在家農民は、奴隷制から農奴制への進化の途上にある。ないしは隷属的生産者から独立農民への上昇の途上にある。そのような存在として位置づけられることにならざるをえない。

それに対して、中尊寺の領主側には、奴隷制的な経営の当事者として出発したという位置づけを付与されることにならざるをえない。

たとえば、当初の骨寺村には、中尊寺経蔵別当が君臨していて、寺家による「直接経営」がおこなわれていた。とされている。

ところが、直接経営内の農民の自立化にともなって、「骨寺村所出物日記」や「在家絵図」が作成されるあたりには、在家別収取に切り替えられることになった。

具体的には、「所出物日記」（鎌倉末期）に記載された「田屋敷分」在家は、中尊寺の奴隷制的経営から脱して、その耕地に関する保有権を確立した段階の在家であった。それに対して、「作田分」在家は、依然として寺家の奴隷制的な束縛の下にあるとはいえ、実質的には独立の経営を持つに至った名子被官的半独立農民か、あるいは鎌倉初以来活発に進行した入作《いりさく》農民の定住した在家かと思われる。と記されている。

あわせて、「田屋敷分」在家が荘園制的貢納の形をとり、「作田分」在家が地子的銭納の形をとる差は、以前における両者の領主への隷属度の差を意味している。と記されてもいた。

さらには、「入作農民の系譜を引くと思われる佐藤五以下の農民（作田分在家）」とするような記載が、見えてもいた。

けれども、いまにして、落ちついてみるならば、寺家による「直接経営」「奴隷制的経営」が存在していたとする大前提そのものが、実証的な裏づけを欠いている。

骨寺村が経蔵別当の一円的な支配下にあったこと。具体的には、「経蔵別当御休所」の文字によって示唆されるような荘政所（荘園管理事務所）が設営されていたこと。などが、指摘されているものの、どうして、それらが「直接経営」「奴隷制的経営」の存在を裏づけることになるのか。分からない。

いいかえるならば、在家農民が独立的生産者として認められるようになる前段階においては、領主による「直接経営」「奴隷制的経営」のもとに包摂された隷属的な存在だったことが、ないしは耕地に対する保有権が正式に認められないような存在だったことが、どうして、裏づけられることになるのか。分からない。

さらには、「田屋敷分」在家がすでに独立生産者として認められるようになった「日記」の段階にいたっても、在家農民の領主への隷属性は完全には払拭されていなかった。そのことの裏づけとして、「宮々御祭立物用途」「山畠栗」の負担に関して、「随年不同」と記されていることがあげられている。その文言によって、「領主の恣意的な収奪を許す古さ」を導き出している。けれども、それだけの文言から、どうして、そのようなことが言えるのか、分からない。年貢・公事の大部分は定量化されているのである。文字通りに素直に解釈するだけで、十分なのではあるまいか。

ただし、「田屋敷分」在家と「作田分」在家との間に横たわる階層差に着目されていることの意味あいは、小さくない。在家の進化論からする、その理解のしかたには、問題があるとしても、大石・吉田論文ほか、その後の研究によって踏襲される大事の着眼点たるを失わない。

「所出物日記」における在家の記載を分析するのに際して、「在家絵図」との突合せを試みていることについても、また然り。

そのプロセスにおいて、たとえば、「絵図」に描かれた在家数一三宇が（「在家跡」二宇もふくめて）、「所出物日記」

に記載の在家数一三宇に符合することからして、「絵図」の作成年代は、「日記」のそれ(文保二年)から間もない時期になる。とするような見立てがおこなわれていて、示唆的である。

「絵図」に描かれた方形かつ特大の水田について、「佃(領主直営田)」なりとする見立てもおこなわれている。そのうえで、方形かつ特大の水田が「縦横の線で十二に限られた田地」であることからして、「日記」に記載の在家一三(二か)宇の住人の「賦役奉仕」によって耕作されている。と記されてもいた。これまた、示唆的である。

けれども、その佃(直営田)が、「田屋敷分」「作田分」をふくめた在家住人の賦役による耕作と想定されていることに関しては、疑問なきにしもあらず。どちらかといえば、「作田分」だけの賦役による耕作だったのではあるまいか。前節にも記している通りである。

そして、二〇年近くのタイムラグを隔て、誉田慶恩『東国在家の研究』[一九七七]の登場である。

ここにおいては、その間における学界動向の推移を踏まえて、「在家は特殊な隷属農民などでなく、律令国家の班田農民の系譜をひく一般農民」である。とする見通しがかたちづくられていた。

そのうえで、「在家は、農耕具等の生産手段をもち、屋敷地や畠等の土地所有を媒介としている点からして、農奴の範疇に入れてよいと思うが、日本農業の最重要部である水田に請作《うけさく》権をもたない古典的在家は、やはり農奴としても地位が低いとみなければならない」、と記されていた。

あわせて、「一般在家農民の身分は『百姓』で、彼らには土地緊縛の強制はなかった」。けれども、「莫大な雑公事や夫役を徴収されて隷属し、強固な在家支配を受けていたと思われる」、とも記されていた。

そして、骨寺村における「田屋敷分」在家については、「請作権の強い田を持っていた本在家だった」。それに対して、「作田分」在家は、「脇在家に相当し、請作権は確立しておらず、したがって、その耕作していた田は、領主の一色田ではなかったかと思われる」。と記されていた。

伊藤論文に比べるならば、「奴隷制的な経営」からの自立、それでもなお継続する「奴隷制的な束縛」などの表記が見られなくなっている。その代わりに、「一般農民」「百姓」などの表現があらわれている。その間における学界動向の推移がはっきりと見て取れる。

だが、「古典的在家」が水田の「請作権」がなかったのに対して、骨寺村の「田屋敷分」在家は「請作権」の強い田を持っていた。けれども、「作田分」在家には、「請作権」が確立していない。などと記されるように、「請作権」の有無・強弱によって、在家進化の度合いを計測するという方向性においては、ないしは在家の隷属性を過度に強調するという姿勢においては、従来の議論の大枠から出ていない。

そのような在家の進化論の大枠こそが、問題だったのではあるまいか。具体的なレベルにおいても、たとえば、「田屋敷分」在家が「強い請作権」を持っていたとされる根拠はなにか。それに対して、「作田分在家」には「請作権」が確立していないとされる根拠はなにか。同じく、「作田分」在家の耕作していたとされる田が、領主の一色田《いっしきでん》だったとされる根拠はなにか。落ちついて考えて見れば、分からないことばかりである。

だからこそ、大石・吉田論文においては、水田の所有権・請作権・耕作権などの有無・強弱に関わる抽象的かつ難解な議論に拘ることなく、二枚の絵図に即して、ないしは現地の状況に即して、灌漑システムや描かれた建物の階層差ほかを解明するという具体的かつ明快なアプローチが採用されることになったのではあるまいか。

あるいは、また、岡村、広田・菅原論文のように、農業経営の現場に密着して、その経営のありかたを復元したり、一枚一枚の水田にかかる灌漑システム(水がかり)のありかたを確かめたりするというような取り組みが必要とされることになったのではあるまいか。

そのなかで、水田の所有権・請作権・耕作権などの有無・強弱に関わる、ないしは農業経営の独立性・隷属性に関わる論点が、岡村論文によって厳しくも具体的な検証にさらされることになった。そのことについても、また然りである。

二章　骨寺村の成立は、いつまで遡るのか(下)

1　平泉以前における「原始的共同体」説の撤回

いずれにしても、大石・吉田両氏の問題提起によって、骨寺研究のあゆみが本格化した。それによって、中尊寺領化する以前の段階において稲作に従事する原初の共同体が存在していた。その可能性が鮮明にされることになった。すなわち、骨寺村成立の二段階説が押し出されることになった。そのことには、間違いがない。

ところが、一九九〇年、その大石氏が「東北中世村落の成立—中尊寺領骨寺村—」を公表されるに及んで、事態は一変する。

すなわち、その大石[一九九〇]では、本寺川右岸の湧水地点に鎮座する水神たるべき宇那根社は、「原始的共同体」(原初の稲作共同体)の段階における開発にはあらず、「一一・一二世紀に、平泉を中心」として進められた水田開発にリンクして、中央方面から勧請されてきたものだった。いいかえれば、「奥州藤原氏の存在」と「深い関係」がある勧請神だったと判断されることになった。

そのような重大な変更の根拠は、いま現在におけるウンナン神(宇那根社)の分布を見るに、「平泉周辺にきわめて稠密」である。「分布形態の中心は平泉をさしている」。「そこから、平泉すなわち奥州藤原氏の存在とウンナン神すなわち宇那根社の信仰の間には、何らかの深い関係があるのではないか」とするものであった。

それならば、骨寺村におけるウンナン神に象徴されるような小規模な水田にみられる「比較的個別的な開発」と、中尊寺経蔵別当による方形かつ特大の水田にみられる大規模な開発との間には、「さほどの大きな段階差はない」。すなわち、「百姓的な開発」と「領主的な開発」、その両者の開発は、「それほど時をおかずに複合的に進行するような形のものであった」。「一個の中世村落としての骨寺村は、その結果として成立した」のだった。いいかえれば、骨寺村の成立は、平泉時代より以前にまで遡ることはありえない。すなわち、中尊寺領化する以前の段階において、「原始的共同体」ないしは稲作に従事する原初共同体が存在したことはありえない。ということにならざるをえない。


そのような大石［一九九〇］による骨寺村成立の一段階説への変更は、すなわち平泉時代に先駆ける「原始的共同体」説の撤回は、吉田氏に対しても重大な影響を及ぼすことになる。

すなわち、一九九七年、吉田氏によって公表された「荘園絵図にみる東国中世村落成立過程と古代寺院」においては、「東北地方におけるウンナン＝宇那根の分布域が、十一・十二世紀における活発な水田開発の進行域と合致し、荘園制的な開発・信仰と位置づけうる、とする大石第二論文の所論は示唆に富む」として、宇那根社は平泉時代における荘園制的な開発にリンクする勧請神だったとする大石論文の根幹が、あっさりと受け入れられてしまっている。

それならば、大石論文に同じく、天台勢力の流入→中尊寺支配以前から村内に定着していた草分け百姓（「田屋敷分」在家に相当）からなる村落は存在していなかったのだ、ということにならざるをえない。

ただし、吉田［一九九七］のばあいには、天水灌漑／人工灌漑によってかたちづくられる水田開発の二段階説が放棄されるまでには至らず。そのために、中尊寺領への編入にあわせて成立したのは、天水灌漑のみに依存した「田屋敷分」在家に相当する住人のみからなる村落だった、とする解釈がかたちづくられることになる。それに対して、「人工灌漑に依存する」「中川沿いの水田開発はさほど古くまで遡るものではなく、せいぜい鎌倉期に入ってからの開発と見られるのであり、骨寺の中尊寺領化の段階にまで遡らせる必要はないように思われる」と記されることになる。すなわち、「作田分」在家は、方形かつ特大の水田もろともに、鎌倉期に入ってからの開発ということになる。そこのところが、大石[一九九〇]とは違っている。

そもそも、吉田[一九八九]にあっては、「田屋敷分」在家／「作田分」在家の階層差に、天水灌漑／人工灌漑の段階差を相関させることによって、骨寺村成立の二段階説を見通す。ということに主眼が置かれていた。けれども、その二段階のうち、二段階目が天台勢力→中尊寺側によってかたちづくられたとする認識そのものは、方形かつ特大の水田が天台勢力→中尊寺側によって開発されたとする大石[一九八四]に依拠するものであった。具体的には、その天台勢力→中尊寺側による方形かつ特大の水田の開発に連動して、中川(本寺川)からの人工灌漑が周辺にも及ぼされるようになって、「作田分」在家の住人らが新たに登場することになった。と想定するものであった。それならば、天水灌漑に依拠する「田屋敷分」在家の登場は、天台勢力→中尊寺以前だったのに違いない。とするような想定になっていた。

したがって、大石[一九九〇]によって、その天台勢力→中尊寺側による方形かつ特大の水田開発にあわせて、天水灌漑による「田屋敷分」在家の成立も、平泉時代に属するとするような変更が提起されるということになってしまえば、わけても宇那根社が平泉時代の勧請だとするような変更が提起されるというようなことになってしまえば、かつまた、そのような変更をあっさりと受け入れるということになってしまえば、吉田[一九九七]にあっても、天水灌漑による「田屋敷分」在家の成立については、天台→中尊寺の時期に属することにせざるをえない。それにともなって、人工灌漑による「中川沿いの水田開発」については、遅れて「鎌倉期に入ってからの開発」という想定に変更することにならざるをえない。水田開発における天水灌漑／人工灌漑の二段階説にこだわる限り、そのようなことにならざるをえない。ということだったのである。

ただし、吉田［一九九七］のばあいには、天台勢力流入の以前における「古代的共同体」そのものの否定までには至らず、稲作村落形成の前提となるようなかたちで、なんとなく存在していたかのような見立てがおこなわれている。そこのところも、大石［一九九〇］とは、微妙に違っている。

「いまだ山野を場とする粗放な農業生産や狩猟採集を主たる生業としていた土俗的共同体が、天台修験勢力の流入を契機に水田開発と定着を進行させ、山王岩屋、骨寺、宇那根社という聖なる信仰軸を形成したものと推定される。この段階は一二世紀初の骨寺の中尊寺領化の時期に連続するが、このののち鎌倉時代以降も第二段階の開発が進行し、来るべき『作田分』農民の定着を促進していったものと思われる」と記されることになる所以である。

一見すると、吉田［一九八九］における、「古代的な共同体」（今回は「土俗的共同体」）↓稲作に従事する一次的共同体（「田屋敷分」在家）↓「作田分」在家の流入、という基本的なイメージは、否定されていないかのようである。けれども、吉田［一九八九］において、稲作に従事する原初の共同体の住人とみなされたのは、自力のみをもってする天水灌漑に依拠する人びとなのであった。

「田屋敷分」在家は、「おそらくは中尊寺支配以前から村内に定着していた草分け百姓の系譜を引くものと見なしうる。とりわけ中川右岸の湧水地点に鎮座する水神宇那根社は村内における開発・定着のシンボルであって、その傍らに位置する田屋敷も宇那根社の祭祀を司る、村内の草分け農民と見られよう」とするような記述を振り返ってみるまでもない。

それなのに、吉田［一九九七］においては、「田屋敷分」在家に相当する人びとが、天水灌漑に依存する水田開発を始めることができたのは、自力によるのみにはあらず、天台勢力の流入を契機とするものだった。ということになってしまっている。自力のみをもってする天水灌漑の開始なのか。天台勢力の流入を契機とする荘園制的開発の一環としての天水灌漑の開始なのか。真逆の筋書きである。

それでもなお、吉田[一九九七]によれば、天台修験勢力の流入を契機に水田開発と定着を進行させる前段階において、「いまだ山野を場とする粗放な農業生産や狩猟採集を主たる生業としていた「土俗的共同体」(吉田[一九八九]では「古代的共同体」)が存在していたのだ」、ということになっている。

その「土俗的共同体」(「古代的共同体」)が、「天台修験勢力の流入を契機に水田開発と定着を進行させ」ることによって、「一二世紀初の骨寺の中尊寺領化の時期に連続する」とされていることからすれば、そのような「土俗的共同体」の残存形態が、荘園制的開発の一環として開始された天水灌漑の水田を耕す「田屋敷分」在家の住人らの小村についても確かめられる。ということなのであろうか。

けれども、その残存形態とは、いかに。絵図に描きだされた「田屋敷分在家」の風情からは、それを見いだすことは難しい。

「土俗的共同体」(「古代的共同体」)の残存形態のアイディアは、さらには「土俗的共同体」(「古代的共同体」)そのものアイディアは、抽象的かつ希薄にして論理的要請の範囲を出ることのないものであった。と、いわざるをえない。

いずれにしても、大石[一九九〇]、ならびに吉田[一九九七]によって、「百姓的開発」の主体によって構成される稲作共同体が、ないしは自力をもってする天水灌漑に依存する在家によって構成される稲作共同体が、天台勢力流入の以前から、ないしは中尊寺領化する以前から存在していたとする見通しは、すなわち何らかのタイプにおける原初の稲作共同体が存在していたとする見通しは、きれいさっぱりと、否定されることになってしまった。そのことに、間違いはない。

2　大石・吉田氏による新旧両説のあらまし

あらためて、痛感せざるをえない。大石〔一九九〇〕によって、骨寺村成立の二段階説が撤回されたことは、大きなショックであった。それに対して、吉田〔一九九七〕だけは、果敢に反応して、水田開発における天水灌漑／人工灌漑の二段階説を、ないしは「田屋敷分」在家／「作田分」在家成立の二段階説を守り通すことができたように見えるものの、「田屋敷分」在家や宇那根社の成立に関わる基本的な部分においては、大石説に追随して、大幅な変更を余儀なくされることになった。そのために、天水灌漑に依存する「田屋敷分」在家に相当する人びとの定着を、天台勢力の流入＝中尊寺領化の段階にまで繰り下げるのやむなきに及んだ。すなわち、天台勢力の流入＝中尊寺領化の以前における原初稲作共同体の存在を否定するのやむなきに及んだ。それにあわせて、中川(本寺川)沿いの水田開発や「作田分」在家の定着を、鎌倉期以降に繰り下げるのやむなきにも及んだ。

そのほかの研究者にいたっては、入間田もふくめて、茫然自失の状態であった。それほどまでに、骨寺村成立の二段階説に魅了されていた。そのために、その説の撤回によるショックが大きかった。ということであったろうか。

その間にも、大石氏は、「奥州藤原氏の北奥開発」〔一九九七〕によって、大石〔一九九〇〕の趣旨を敷衍して、津軽や糠部にまでいたる宇那根社の分布を確かめている。そのうえに立って、奥州の全域にわたって、「村ごとに宇那祢社があるという整然とした形は」、「奥州藤原氏の主導下の、あるいはそれに結びつく」水田の開発か、「あるいは奥州藤原氏の政権そのものによる制度的な神祇の編成」にリンクするものか。とするような想定に及んでいる。

具体的には、「弘前市中崎館の館主のような在地勢力が、奥州藤原氏の後楯のもとに水田を開発し、それが制度的に編成されて、村ごとに宇那祢社ありというような形になることが想定される」とする指摘に及んでいる。ただし、北奥地域におけるウナネ社の分布においては、大石[一九九〇]においても、すでに端緒的なコメントが記されていた。すなわち、その「分布の時期は、糠部郡設置の一二世紀をそれほど遡ることはないであろう。東北地方全体のウナネ社の創建期を推定する根拠の一つである」と記されていた。

それらの大石[一九九〇・九七]、吉田[一九九七]の発表によって、骨寺村には平泉時代より以前における原初の稲作共同体は存在しなかったのだとする学説が一挙に拡散されることになった。

そのような大石・吉田両氏の旧説から新説に至るプロセスのあらましを図示するならば、あらまし、次ページの表のようになるであろうか。

そのような学説の劇的な転換がもたらされた原因は、ほかでもない、宇那根社の存在にあった。すなわち、大石旧説においては、平泉以前の段階に位置づけられていた宇那根社が、中尊寺によって中央方面から勧請されてきた神として位置づけ直されたことにあった。それに、吉田氏までもが追随したから堪らない。平泉以前における原初の稲作共同体の存在を想定する学説は、一挙に勢いを失うことになってしまった。

けれども、本当に、そうなのか。そもそもの出発点ともいうべき宇那根社の位置づけの見直しには、どれほどの根拠があったのか。あらためて、考え直してみる必要があるのではないか。

具体的には、大石[一九九〇]のように、宇那根社は平泉時代における荘園制的な開発にリンクして、中央方面から勧請されてきたものだったとする判断に、すなわち平泉以前の稲作共同体説の否定をもたらすことになった、議論の出発点をかたちづくる判断に、間違いはないのか。

	天台・中尊寺以前	天台・中尊寺期（〜12世紀）	鎌倉期
大石（旧）	小規模水田(1)(2)(3)　農民的開発	方形・特大水田(4)　領主的開発	
	田屋敷分＋作田分在家	田屋敷分＋作田分在家	
	宇奈根社	宇奈根社	
	原始的共同体　首人	首人	
吉田（旧）	小規模水田(1)(3)　天水灌漑	方形・特大水田(4)　人工灌漑	
		小規模水田(2)　人工灌漑	
	田屋敷分在家	田屋敷分在家＋作田分在家	
	宇奈根社	宇奈根社	
	（稲作以前の古代的共同体の残存形態　首人）	（稲作以前の古代的共同体の残存形態　首人）	
大石（新）		方形・特大水田(4)　領主的開発	
		小規模水田(1)(2)(3)　農民的開発	
		田屋敷分＋作田分在家	
		宇奈根社	
		首人	
吉田（新）			方形・特大水田(4)　人工灌漑
		小規模水田(1)(3)　天水灌漑	小規模水田(2)　人工灌漑
		田屋敷分在家	田屋敷分在家＋作田分在家
		宇奈根社	宇奈根社
	（稲作以前の土俗的共同体　首人）	（稲作以前の土俗的共同体の残存形態　首人）	（稲作以前の土俗的共同体の残存形態　首人）

あわせて、宇那根社は平泉時代の勧請になるとするならば、大石［一九八四］によって「原始的共同体」（原初の稲作共同体）の「首長」とされていた首人は、すなわち「村落の祭祀を主宰するもの」とされていた首人は、なにの神を祭っていたということになるのか。分からない。いいかえれば、宇那根社と首人の間に存在していたとされるセット関係を、簡単に切り離してよいものであろうか。

というか、「原始的共同体」そのものが存在していなかったのだとすれば、ないしは宇那根社そのものが存在していなかったのだとすれば、首人が骨寺村に登場してくることもまた、ありえなかったのではあるまいか。

それとも、首人そのものも、平泉時代における宇那根社の勧請にあわせて、どこからか新たに導入されてきたということになるのか。判然としない。

同じく、天水灌漑に依存する小経営農民＝「田屋敷分在家」の手による「比較的個別的な開発」「切添え式の百姓の手になる開発」とするような根本の判断を、すなわち長年にわたる水がかり調査の積み重ねによる大事の判断を、宇那根社の見直しに連動するようなかたちで、荘園制的開発の一環とするような判断にいきなり変更してしまうことに、問題はないのか。

ないしは、吉田［一九九七］のように、水田開発における天水灌漑／人工灌漑の二段階説を、ないしは「田屋敷分在家／「作田分」在家成立の二段階説を大事にするのはよいとしても、その二段階目の人工灌漑に依存する方形かつ特大の水田や「作田分」在家の登場を、鎌倉期にまで遅らせてしまうことには、なんの根拠があるのか。すなわち、単なる推測を超える具体的な根拠があるのか。ほかの疑問が湧きあがってきた。

さらには、大石［一九九七］のように、「村ごとに宇那祢社があるという整然とした形」というのは、本当なのか。ないしは、「奥州藤原氏の政権そのものによる制度的な神祇の編成」、「奥州藤原氏の後楯」による水田開発が北奥まで及んだ、とされるのは、誇大に過ぎるのではないか。すなわち、奥州藤原氏の政権に、東北全域にわたる水田開発を主導したり、「制度的な神祇の編成」に関与したりできるような権能が具わっていたとは考えにくいのではあるまいか。同じく、中世における公武の政治権力のありかたに徴しても、そのような権能が奥州世界における在地の隅々にまで及ぼされていたとは考えにくいのではないか。などなどである。

そのために、今回は、仏神絵図・在家絵図を前にして、落ち着いて考え直してみることにしたい。入間田「中尊寺領の村々の歴史的性格について」［二〇〇一］においても、自分なりのささやかな検討を試みる機会があった。けれども、自然科学の方面から花粉・プラントオパール分析による新しい知見などがもたらされることになったいま、さらには宇那根社そのほかについても、新しい知見がもたらされることになったいま、あらためて、みなで検討し直してみることが必要なのではあるまいか。

3　宇那根社は本当に平泉時代における勧請神だったのか

なにはともあれ、宇那根社が平泉時代における荘園制的な開発にリンクする、中央方面からの勧請神だったとする判断について。その肝心要の判断についての検証から始めなければならない。

一一・一二世紀の地方における荘園制的な開発にリンクして、伊勢・石清水・加茂・春日・日吉（山王）・熊野ほか、荘園領主側によって信仰される中央神が、神人・寄人らによって、荘園の鎮守神として勧請され、各地に祭られることになった。

大石〔一九九〇〕では、そのような荘園制的な勧請神として、骨寺村における宇那根社が位置づけられている。けれども、それらの荘園制的な勧請神は、いずれも、中央方面に本社があり、荘園領主＝権門勢家によって祭られる本格的な大社に住いする神々であった。

骨寺村でいえば、絵図に描き出された「山王山」「山王岩屋」の祭神や、「白山」の神などが、それに相当する。当村における荘園制的な開発にリンクして、天台「聖」らによって勧請された神々として、始めに想定されるべきだったのは、それらの神々にほかならない。それらの神々は、中尊寺の鎮守として、さらには都市平泉の東方鎮守として勧請されてもいた（「寺塔已下注文」、『吾妻鏡』文治五年九月十七日条）。あらためて、確認するまでもない。

それに対して、宇那根社については、中央方面において、荘園領主＝権門勢家によって祭られる本格的な大社が存在していたことを物語る史料には欠けている。あわせて、荘園制的な開発にリンクして、神人・寄人・「聖」ほかのエージェントにより、各地に勧請されたことを物語る史料にも欠けている。平泉方面において鎮守として勧請されていたとする記録にも欠けている。

それなのに、どうして、宇那根社が、荘園制的な勧請神だったとすることができるであろうか。

たとえば、中尊寺には、経蔵別当領たるべき骨寺村のほかに、惣寺別当領たるべき伊沢郡黒沢村・同郡宇津木根《うつきね》村・江刺郡辻脇村などに関わる史料が伝えられていた。その記載内容については本書Ⅱ三章2節を参照されたい。

そのうち、鎌倉期は建長四年(一二五二)に記された「惣検取帳」には、黒沢・辻脇両村における「除田」(貢租が免除される田地)として、それぞれ、「宇那祢神田三段」「首人免一町」「熊野神田三丁四段七合」「地頭分一丁一段」ほか(黒沢村)、「宇那祢神田三段」「首人免一町」「名主分一丁」ほか(辻脇)が、「特別扱いを受ける田地」として設定されていた。

それに対して、骨寺村における「除田」に相当する田地は、「仏神絵図」の記載によって、「宇那根田二段」「首人分二段」「山王田三段」「六所神田二段」「若御子神田二段」「霊田二段」であった。

そのうち、「山王田三段」は、天台「聖」らによる荘園制的開発にリンクして勧請されてきた山王(日吉)神を祭る料地(ファンド)として設定されたことは、いうまでもない。

ところが、黒沢・辻脇村においては、「山王田」の文字を見いだすことができない。それならば、両村においては、山王神の信仰を将来したとされる天台「聖」らの活動はなかったのだ。ということにならざるをえない。ただし、黒沢村においては、「熊野神田」の文字からして、熊野神人らの活動があったのだ。ということになるのかもしれない。けれども、「山王田」「熊野神田」などの文字を欠く辻脇村においては、荘園領主側に連なるエージェントの活動が、さらには荘園制的開発そのものが存在していなかった。ということになるのかもしれない。

落ちついて考えてみれば、骨寺村において、天台「聖」の活動が展開されたのは、中尊寺経蔵別当蓮光に連なる人脈があればこそのことであった。だからこそ、開発の成果は、経蔵別当の「私領」として、さらには経蔵の管理・運営をサポートする公的な所領(荘園)として認定されることになったのだ。とするならば、経蔵別当の「私領」にはあらざる通常の村々においては、「山王田」が設定されることがなかったとしても、不思議でも、何でもない。

いずれにしても、骨寺村・黒沢村・辻脇村の三村には、荘園制的開発の有無をふくめて、それぞれに異なる成立事情が存在していた。そのことには、間違いがない。


それなのに、それらの三村には、共通して、「宇那祢神田」、「首人分」(「首人免」)の存在が確かめられる。ということは、それぞれの村の中尊寺領としての成立事情にリンクするのにはあらず、具体的には天台「聖」の活動などにリンクするのにはあらず、中尊寺領化する以前にまで遡るような三村共通の事情にリンクしていたのではあるまいか。すなわち、宇那根社の信仰と首人による取りしきりがセットになって機能していた「原始的共同体」の存在(大石)、ないしは「原初の稲作共同体」の存在(入間田)という歴史的な背景にリンクしていたのではあるまいか。

それならば、大石[一九八四]、吉田[一九八九]における二段階説の大枠そのものは、いまなお生命力を失わず。ということにならざるをえない。


ただし、それらの三村に共通して宇那根(祢)社の存在を確かめられることをもって、大石[一九九〇・九七]のように、いずれの三村の開発についても、「奥州藤原氏による後楯」があったがためなり、と論理的に想定することが、まったく不可能というわけではない。

黒沢・辻脇村のばあい、大石論文ではそこまで踏み込んではいないものの、開発の直接的な担当者は、それぞれに「地頭分一丁一段」、「名主分一丁」の記載からして、地頭・名主とよばれる人びとだったのに違いない。地頭は通例からして名主職が没収されてから補任された職制だったのに違いない。したがって、それらの村々における開発の直接的な担当者は、名主と呼ばれる人びとだったのに違いない。すなわち、古くからのリーダーたるべき「首人」にならぶような存在として台頭してきた新しいリーダーだったのに違いない。骨寺村でいえば、天台「聖」の統率者か、具体的には経蔵別当蓮光その人か、彼に連なる人物か、いずれかの人物に相当するような存在だったのに違いない。

彼ら新しいリーダーによる開発が、「奥州藤原氏による後楯」によって推進されたがために、宇那根社が勧請されたのだと論理的に想定することは、確かに形式的には不可能とはいえないかもしれない。

けれども、肝心要の宇那根社が、どのように考えても、荘園制的な開発にリンクする中央方面からの勧請神ではありえないという根本の判断を覆すだけの具体的な説得力には欠けている。そのうえに、三村の開発が、いずれも中尊寺領なるが故に、中尊寺側による後楯ありとするならばまだしも、そのレベルを飛び越して、いきなり、奥州藤原氏による後楯ありとすることには、無理筋を看取することにならざるをえない。たとえば、骨寺村に即していうならば、経蔵別当蓮光に連なる天台「聖」らによる開発を飛び越えたレベルにおいて、奥州藤原氏による後楯（宇那根社の勧請）があったとするようなことができるであろうか。大石［一九七二・八四・九〇・九七ほか］を、どれほど読み直しても、そのような後楯があっとする具体的な根拠を見いだすことはできない。

それよりは、いずれの村々においても、宇那根（祢）社の存在が、首人とセットになって確かめられるということに重きをおいて、宇那根社の古くからの存在を想定する。という方が、すなわち大石［一九八四］における考えかたの方が、はるかに素直で説得力あり。ということになるのではあるまいか。

それなのに、どうして、首人とのセット関係が片隅に追いやられて、ないしは「古代の姓（かばね）にみえる」「村共同体の首長的な地位の人」「村落の祭祀を主催する」［大石　一九八四］、とするような記載が忘れ去られて、宇那根（祢）社の分布形態だけに注意が向けられることになってしまったのか。分からない。

さらにいえば、宇那根社の分布が「平泉周辺にきわめて稠密」、「分布形態の中心は平泉」とされることについても、問題なしとはしない。

大石［一九九〇］によれば、「ウンナン神が、岩手県南部、宮城県北部の地域に集中的に分布」していた。それを受け止めて、「平泉周辺にきわめて稠密」、「分布形態の中心は平泉」と言いかえることによって、論文の筋書きがかたちづくられていた。

けれども、「岩手県南部、宮城県北部の地域に集中的に分布」を受け止めるのに、「分布形態の中心は平泉」にはあらず、古代国家によって設置された胆沢城が分布の中心なり、とする判断をもってすることも不可能ではない。その辺りの諸郡には、胆沢城設置の以降、すなわち九世紀以降に、関東方面から、さらには白河など、南東北方面から多数の移民が入植してきて、新しい村々を形成することになった。考古学方面において、明らかにされている通りである。そのようにして入植してきた人びとのリーダーが、首人なり。そして、かれらによって、関東や南東北方面から将来されたのが、水田耕作の守護神たるべき宇那根社なり。というようなことだったのではあるまいか。

首人といい、宇那根（祢）社といい、記紀・万葉の時代から存在が確かめられるうえに、畿内から九州方面にまでいたる分布も確かめられる。それらの分布がかたちづくられたのは、荘園制的勧請神が全国各地に分布範囲を広げることになる平安後期よりも古い時代に属する。と考えなければならない所以である。

あれや、これやで、宇那根（祢）社は、荘園制的な勧請神にはあらず。大石［一九八四］に記されたように「原始的共同体」、ないしは「原初の稲作共同体」（入間田）の祭神として、そのリーダーたるべき首人とセットになるものとして理解されるべきものだった。ということにならざるをえない。

4　新たなる研究段階の訪れ

入間田「中尊寺領の村々の歴史的性格について」[二〇〇二]においては、これまでに記してきたような趣旨をもって、骨寺村成立二段階説の再構築に向けて、冗長かつ難渋さらには錯誤のある文章を書き連ねることになった。そのためもあってか、大きな反響を呼ぶこともなく、打ち過ぎることになった。

したがって、本書Ⅱ一・二章の拠って立つ直接的な土台たるべき入間田「骨寺村の成立は、いつまで遡るのか」[二〇一六]においては、入間田[二〇〇二]における文章の組み立てを改めるのにあわせて、シンプルな流れに載せきれない部分を余所に移す。ないしは削除する。舌足らずの部分を拡充する。あわせて錯誤を訂正する。その間における研究動向についてコメントする。などの変更を及ぼすことによって、再度のチャレンジを試みることになった次第である。

さらには、その入間田[二〇一六]を、本書に再録するにさいしても、同じく、文章の改変に及んでいる部分が少なからず。「原初稲作共同体」などの表現を新たに採用する。などのこともあった。

すなわち、本書におけるⅡ一・二章の文章にいたるまでには、骨寺村成立二段階説の再構築という方向性には変わりがないけれども、紆余曲折の経過が少なからず。そのために、無用の戸惑いをお掛けすることになってしまった。ごめんなさい。

その間において、吉田氏によって、『絵図と景観が語る骨寺村の歴史―中世の風景が残る村とその魅力―』[二〇〇八]がまとめられる。というような経過がなかったわけではない。けれども、骨寺村の成立に関わる吉田[一九九七]に記されたような新しい見解が積極的に盛り込まれることはなく、さればといって、吉田〔一九八九〕の旧説に戻ることもなく、あいまいな文脈に終始していた。

たとえば、鎌倉後期から南北朝期にかけての住民構成は、大括りにして、「この村の正式な構成員と認められた田屋敷・在家と、未だ定着農民とは認められない作田分農民、という階層差」からなる。あわせて、そのような階層差は、天水灌漑と人工灌漑という「開発の新旧の段階」と「必ず対応するはずである」。などとする表現に止められていた。そのために、なんとなく、厳密な時代判定に踏み込むことが避けられている印象を拭い難い。

そのうえに、「宇那根神社に象徴される水田開発が一体いつの段階を示しているのか？　それが藤原氏以前の開発なのか、藤原氏以後にもたらされた開発であったのか、今これを即断することはできません」とする表現もみえていた。これまた、吉田〔一九九七〕とも、吉田〔一九八九〕とも、どちらともつかない曖昧な姿勢に後退してしまっている。あれといい、これといい、それほどまでに、大石〔一九九〇〕によるショックが大きかったことによるものであったろうか。

ところが、想いもかけない方面から、膠着状態を打破してくれる新しい知見がもたらされることになった。すなわち、二〇一一年、骨寺村荘園遺跡村落景観調査研究（一関市博物館）の一環として企画された「本寺地区磐井川左岸の旧河道における花粉分析」によって、骨寺村における稲作・栗栽培の始まりに関する画期的な知見がもたらされることになった。

それによれば、九一五年、十和田カルデラを生み出した巨大噴火による火山灰が東北一円にわたって降り注いでいる。なんと、その火山灰（十和田ａテフラ、To-a）の直上の地層から、イネとクリの花粉が検出されたというのである。

それによって、「To-a の上部でイネ型花粉が出現し、サジオモダカ属やオモダカ属などの抽水植物（花粉）を伴うことから、周辺で水稲耕作が行われていたらしい。この付近での水田の開始は堆積速度から一〇世紀頃と推定される」

ことが明らかになった。あわせて、「一〇～一三世紀頃の周囲（調査地点の）にはクリが優勢な林が広がっていたのだろう」、「クリは風媒から虫媒に進化した種と考えられている」、と記されることになった。

その調査の詳細については、平塚明ほか「本寺地区磐井川左岸の旧河道における花粉分析」［二〇一三］にあわせて、平塚「一関市厳美町本寺地区の植生変遷」［二〇一七］、さらには神谷美和「中世骨寺村の開発と公事―厳美町本寺「カイコン」における出土花粉・イネ科プラントオパール分析から」［二〇一三］をも参照されたい。

これにて、一件落着である。すなわち、中尊寺経蔵別当蓮光に組織された天台「聖」らによる開発を、さもなければ、一一・一二世紀における平泉藤原氏の主導になる開発を待つことなくして、九一五年、十和田噴火を過ぎる辺りから、「原初の稲作共同体」が存在していたことが明らかになった。それによって、大石［一九八四］・吉田［一九八九］によってかたちづくられた骨寺村成立の二段階説ともいうべき大筋の見通しの妥当性が、疑いの余地なく明らかになった。あわせて、二段階説の再構築を目指した自分なりの試みについても、見当違いではなかったことが明らかになった。

その自然科学方面における衝撃的な研究成果を踏まえつつ、ならびに考古学方面における移民の入来に関する最近の研究成果を踏まえつつ、あわせて自分なりの見解を交えつつ、骨寺村の成立史をおさらいするならば、つぎのようなことになるであろうか。

九一五年、十和田噴火を過ぎる辺りから、この山間の小盆地に定住することになったのは、首人に率いられた「平」姓を名乗る人びとであった。かれらの出身地は、関東・南東北方面だったらしい。そして、かれら「原初の稲作共同体」をかたちづくる人びとによって祭られる農業用水の神たるべき宇那根社もまた、同じく、関東・南東北方面からの将来であったらしい。

鎌倉後期における「骨寺村所出物日記」に登場する「田屋敷分」在家の住人、すなわち「首人」「四郎五郎」「平三太郎入道」「平三二郎」に、「手子四郎」（いまは不在）を加えた五人は、その「原初の稲作共同体」の住人の子孫だったのに違いない。そして、「在家絵図」に描き出された宇那根社は、かれらの先祖によって将来された古代的な農業神だったのに違いない。

つぎには、中尊寺経蔵別当蓮光に連なる天台「聖」らの登場である。かれらによって、山王・白山の神が勧請され、「馬坂新道」が開鑿されるなどにあわせて、本寺川からの人工灌漑によって、新住人が招き寄せられ、川南の平坦部における新田が開発されることになる。あわせて、方形かつ特大の水田（「佃」）が開発され、経蔵別当による荘政所（管理事務所）らしい特大の建物が設営されることにもなる。

「骨寺村所出物日記」に登場する「作田分」在家の住人らは、かれら新住人の子孫だったのに違いない。なかでも、「佐藤五（郎）」「佐藤二郎」は、すなわち佐藤姓を名乗る人びとは、中心的な位置を占めていたようだ。

いま現在では、そのような骨寺村成立の二段階説による歴史像が地元に受け入れられて、大勢を占めているかのようである。

そのような流れに掉さして、入間田「骨寺村・本寺地区における中心の変遷について」［二〇一二］では、「原初の稲作共同体」における村の中心が、中沢源頭部における湧水、ならびに宇那根社・首人の在家の辺りにあったのに対して、天台「聖」らによる大々的な開発、そして中尊寺領化によって形成され中世的な村落の中心は、方形かつ特大の水田（「佃」）や、経蔵別当による荘政所（管理事務所）らしい特大の建物が設営された辺りにあった。すなわち、古代から中世への転換にともなって、村の中心も移動したことを、鮮明にすることができた。その趣旨は、東北芸術工科大学東北文化研究センター『本寺―山間に息づくむらの暮らし―』［二〇一四］によって受け止められ、内外に向けて情報発信されることになってもいる。

さらには、入間田「骨寺村絵図に描かれた駒形根《こまがたね》と六所宮《ろくしょのみや》(覚書)」［二〇一四］によって、「駒形」の残雪によって田植えの時期を教えてくれる霊峰「駒形根」(いまは栗駒山、須川岳とも)の神によせる古来の信仰が、中世はもとより、近世・近代にまで維持されてきた。絵図に描かれた「駒形根」の山容、ならびにその里宮たるべき「六所宮」の尊容によって、それが象徴的にあらわされている。すなわち、「原初の稲作共同体」に由来する神は、宇那根社ばかりではなかった。それらのことを鮮明にすることができた。

そのうえで、入間田「骨寺村絵図に描かれた駒形根と六所宮(覚書・続)」［二〇一五］によって、宇那根社・駒形根の神のような古代的かつ在来の農業神にあわせて中世以降の勧請になる荘園制的な外来神が祭られる。という「村落信仰における二重構造」が骨寺村のみにはあらず、同じく近隣の村落たるべき磐井郡蝦島《えびしま》村においても存在していた。そのことを鮮明にすることができた。ひいては、日本農村の深奥には、そのような二重構造が押しなべて存在していたと見られる。とする見通しを提示することができた。

ならびに、神谷美和「ウナネ社・駒形根神社の調査研究」［二〇一四］、同「ウナネ社再考」［二〇一五］では、ウナネ社が、水田用水路を指す古語「溝(ウナデ)」の元「根(ネ)」(水源)に関する神であり、骨寺村が中尊寺の荘園となる前から人々に奉祭されていたことを踏まえたうえで、近隣村落のウナネ社のありかたの調査に及んでいる。それによって、ウナネ社の多くが、近世になって、神仏習合を宗とする修験者らによって、ウナネ「権現」として祀られることになった。さらには、神仏分離後には、「権現」が剝奪されることになった。また、その間に、ウナネにはあらず、「雷神《らいじん》」として祭られるケースがすくなくなかった。などのことが、明らかにされることになった。すなわち、宇那根社の研究に、新たな広がりと深みがもたらされることになった。あわせて、神谷美和「骨寺村絵図に描かれた宇那根社について」〔二〇一三〕ほかについても、参照されたい。

同じく、菊池勇夫「神仏のいる『林』」〔二〇一二〕によって、津軽方面にまでいたる宇那根社の分布ならびに存在形態が解明されている。また、鈴木弘太「出土遺物からみた骨寺村荘園遺跡の変遷」「馬坂新道に関する研究ノート」「遠西遺跡から出土したかわらけ」〔二〇一七〕ほかによって、考古学方面からの検討が開始されている。それによって、遺物の出土状況からしても、平泉時代を遡る九〜一〇世紀のあたりにおける稲作共同体の暮らしがあったことが確かめられている。

さらには、広田純一・菅原麻美「骨寺村荘園遺跡における田越し灌漑システムの実態と骨寺村絵図(詳細絵図)に描かれた水田の推定」〔二〇一七〕ほかによって、絵図に描かれた田屋敷分・作田分在家の耕す一枚一枚の水田の在所、ならびに方形かつ特大の佃とみられる水田の在所が、双方ともに特定されつつある。

そういえば、糠部四戸は島守《しまもり》郷(いまは八戸市南郷区島守)においても、水がかりほかの調査によって、一枚一枚の水田に即して、中世水田の復元をめざす取り組みが進められていた。佐藤健治「中世の水田と水系—島守の事例から—」〔二〇一七〕ほかによるものである。

骨寺村と島守郷、二つの調査がより一層の進展をみせるなかで、列島における中世水田の復元作業における指針がかたちづくられる。そのことが期待される。

5　その後における大石説の行方

だが、一筋縄にはいかない。たとえば、大石「延久蝦夷合戦の実像」〔二〇一〇〕では、「宇那根社勧請の意義」なる項目を設定して、「在家絵図」「仏神絵図」の解釈レベルにまで踏み込んだコメントが記されている。

たとえば、宇那根社は、湧水のほとりにあるといっても、「村の中心」に位置しているのだから、河川や池からの用水路（人工灌漑）を含めた全体的な神だったとする、すなわち「田屋敷分」「作田分」在家の双方によって祭られる神だったとする立場を再確認している。それによって、宇那根社の本来は天水灌漑のみによる「田屋敷分」在家によって祭られる神だったとする吉田［一九八九］ならびに入間田［二〇〇二］による見立てを批判している。

あわせて、首人についても、鎌倉後期の「所出物日記」（文保二年：一三一八）における「首人分田屋敷分　地絹一切代七百文」の記載によって、該当水田の一色田化、すなわち首人の不在を推測して、「おそくとも鎌倉時代の末には、首人はこの村にとって欠くことのできない存在ではなくなっていた」、「中世前期の中尊寺領の村々は、いわれるほど原始的・共同体的ではなかったと考えられる」と記されている。それによって、入間田［二〇〇二］による見立て（首人と宇那根社のセットならびに原初の稲作共同体説）が批判されている。そうとは明記されていないが、その批判が大石［一九八四］における見立て（首人と宇那根社のセットならびに「原始的共同体説）にも向けられるべきことは、もちろんである。

けれども、大石氏その人によって「鎌倉時代後半」の作成とされる「仏神絵図」には、「首人分二段」の水田が確実に書き込まれていた。それによって、少なくとも、鎌倉中期にいたるまでは、「首人はこの村にとって欠くことのできない存在」だったことが、明らかである。

同じく、大石氏によって、くりかえし引用されている中尊寺領村々の「惣検取帳」（建長四年：一二五二）においても、「宇那祢神田三段」の文字にあわせて、「首人免一町」のそれがしっかりと書きこまれていた。それによって、少なくとも、鎌倉中期にいたるまでは、中世前期の中尊寺領の村々には、いわれるような「原始的・共同体的」な色彩が濃厚に残されていた。ということにならざるをえない。

さらにいえば、「所出物日記」における「首人分田屋敷分　地絹一切代七百文」の記載によって、該当水田の一色田化、すなわち首人の不在を推測すること、そのこと自体についても、問題なきにしもあらず。「田屋敷分」在家のうち、「首人分」だけが、「所当籾」ほか、通常の貢納を免除されて、「地絹一切代七百文」のそれに止まっていた。大石〔二〇一〇〕では、それをもって、「首人が村の正規の構成員(田屋敷分)としての地位を失っていることを意味する」と記している。逆にいえば、首人も、本来的には「村の正規の構成員」として、「所当籾」ほかの貢納すべき義務を負わされていたのだ、とする見立てを記している。

けれども、その見立てによっては、中尊寺領村々の「惣検取帳」における「首人免一町」の文字を、ないしは「仏神絵図」における「首人分二段」の文字を、うまく解釈することができない。それよりは、むしろ、首人は、「村の正規の村落構成員」(「田屋敷分」)を超えた地位にあって、村の取りしきりを担うべき存在として位置づけられていた。それ故に、首人には、「所当籾」ほかを貢納すべき義務を免除されて、さらには役料(優遇措置)として「首人免」「首人分」の水田からの貢納額に相当する収益を給与されることによって、古くからの共同体「首長」としての面目を維持していた。このように考えた方が、素直なのではあるまいか。

その首人による「地絹一切代七百文」の貢納に関しても、荘園制的な年貢・公事にはあらず。古くからの共同体「首長」ならではの貢物(みつぎもの)として、把握することができるのではあるまいか。すなわち、「地絹一切代七百文」の文字から、該当水田の「一色化」を想定し、さらには首人の不在を想定するよりも、はるかに素直に考えることができるのではあるまいか。

そのうえに、大石〔二〇一〇〕では、「在家絵図」に描き出された在家農民の耕作する水田についても、すなわち「本寺川に接して描かれている水田や、山寄りの沢水がかりの水田は小さくても用水路を必要としたに違いない」として、「領主的開発による水田は水路灌漑で」、「農民的開発は湧水で」というように「截然と区別されているものではない」。すなわち、領主的開発と農民的開発の段階差を否定した大石〔一九九〇〕以来の見立てを繰り返している。

たしかに、沢水がかりや湧水による水田開発にも、それなりの用水路があったのかもしれない。けれども、方形かつ特大の水田開発に必要とされた「相対的には大規模な共同労働によらねばならない」本格的な用水路とは、似ても似つかないものに違いない。であればこそ、大石〔一九八四〕では、方形かつ特大の水田について、「やはり中世の骨寺村のなかでは、特殊な位置を占めていたといえよう」と記されることになったのではないか。さらには、そのような用水路におる大小の格差によって、領主的開発と農民的開発（「小経営農民の手による、比較的に個別的な開発」）という段階差を導き出し、さらには骨寺村開発の二段階説をかたちづくることになったのではないか。

それなのに、水田開発には、大なり小なり、用水路が必要だった。ということで、大石氏その人による積年にわたる水がかり調査の蓄積を、それによる用水路における大小の格差→領主的開発と農民的開発の段階差に関わる認識を、水に流してしまうような論旨の変更には、ついて行くことが難しい。


そして、大石「膝下荘園としての骨寺村」〔二〇一二〕では、「一〇～一三世紀頃の周囲（調査地点の）には、クリが優占する林が広がっていた」とする花粉分析の成果を受け止めて、「九一五年降灰の十和田aテフラの上の層準で、ということであるから、十世紀といっても後半以降のこととみられるが、本稿で述べたところ（「十一・二世紀における、天台宗・法華経の聖（ひじり）の主導」による骨寺村の開発」）を補強する事実であるように思う」と記されている。

けれども、大石〔一九八四〕では、骨寺村における荘園制的な再開発を主導した天台「聖」らの具体像は、一二世紀は天治三年（一一二六）に中尊寺経蔵別当に任命された蓮光によって組織された人びととなり、と想定されていた。大石氏による「在家絵図」の解説〔一九九七〕も参照されたい。同じく大石〔一九九〇〕では、奥州藤原氏によって主導される奥州全域にわたる一一・一二世紀における(「一二世紀をそれほどに遡ることはない」)荘園制的な開発にリンクするものとして、骨寺村の水田開発が位置づけられていた。それなのに、今回の大石〔二〇一二〕では、さらに遡って、一〇世紀後半にまで引き上げられている。

どうしてなのか、分からない。簡単には、ついて行けそうにない。たとえば、一〇世紀後半にまで、東北地方における荘園制的な開発を、すなわち天台聖ないしは奥州藤原氏の主導する開発を、遡らせるようなことは可能なのであろうか。そのようなことを記す論考は存在しているのだろうか。

あらためて、平塚氏ほかによる報告を振り返ってみたい。そこには、「一〇～一三世紀頃の周囲(調査地点の)には、クリが優占する林が広がっていた」、「低地では十和田aよりも上位の層準でイネ科(イネ型)が出現し、ヒルムシロ属やサジオモダカ属、ミズアオイ属などの水生植物を伴っている。水田耕作がおこなわれており、その開始は堆積速度から一〇世紀頃と推定される。また、周辺ではアサやソバも栽培されていたらしい。アサの出現はイネやソバよりも早く、十和田a直下ですでに検出されている」。などなどと記されている。

それらの記載から、大石論文のように、「九一五年降灰の十和田aテフラの上の層準で、ということであるから、十世紀といっても後半以降のこととみられる」とする判断を引き出そうとすることには、そもそも、無理があったのではないのか。

それよりは、むしろ、「アサの出現はイネやソバよりも早く、十和田a直下ですでに検出されている」とするような記述からして、「十和田a直下」、すなわち九一五年をわずかに遡る辺りには、農耕が開始され、古代村落がかたちづくられつつあった。そのように受け止めることの方が、素直なのではあるまいか。

そういえば、骨寺村では、近世～近代にいたるまで、アサが栽培されつづけていた。たとえば、東北芸術工科大学東北文化研究センター編『本寺　山間に息づくむらのくらし』を参照するまでもない。さらには、「在家絵図」そのものにも、アサの葉を想わせるマークが、本寺川右岸平坦部の九か所に書き込まれていて、鎌倉後期におけるアサの栽培を示唆してくれていた。神谷美和「中世骨寺村の開発と公事」［二〇一三］による指摘の通りである。

いずれにしても、大石・入間田の間に横たわる見解の相違については、当事者同士のやりとりだけではなく、もう一人のキーパーソンたるべき吉田氏による踏み込んだコメントを、さらには大勢の研究者による慎重な検討を俟たなければ、すなわち今後における研究の活性化を俟たなければ、解消することを得ない。そのことだけは、確実であろうか。

さらにいえば、大石「中尊寺領骨寺村の構成」［二〇一三］にいたっては、骨寺村にかかわる絵図の二枚のうち、「在家絵図」は「鎌倉後期の堺相論」に関わって描かれたとする大石［一九八四］以来の持論を放擲して、南北朝期は永和年間に（一三七五〜七九）作成の「在家日記」に関わるものとする新説の公表に及んでいる。

これまた、大胆かつ衝撃的そのものの問題提起であった。大石［一九八四］以来の持説に対する自己批判という学問的な手続きを欠如した問題提起でもあった。そのうえに、これまでの議論を根底から覆すことになりかねない、いわゆる「ちゃぶ台返し」に類するような問題提起でもあった。各方面から批判の声があがるのに違いない。けれども、今回は、自分なりの検討に踏み込む余地がない。ごめんなさい。

三章　中尊寺領の通常・一般の村々では

はじめに

中尊寺領の村々のうち、骨寺村については、絵図・文書類に恵まれていることから、大石直正「陸奥国中尊寺領の構成」〔一九七二〕、同「中尊寺領骨寺村の成立」〔一九八四〕、同「東北中世村落の成立」〔一九九〇〕、吉田敏弘「骨寺村絵図の地域像」〔一九八九〕を始めとする数多くの論考があらわされ、豊かな成果が積み重ねられてきた。

しかし、中尊寺領のそのほかの通常・一般の村々については、史料に恵まれず、真っ向から取り上げられないままに推移してきた。

そのために、骨寺村から得られた歴史像をもって、すべてを推し量るという志向性が卓越することになった。骨寺村の側から、中尊寺領のそのほかの通常・一般の村々へ、さらには奥羽における通常・一般の村々へ。という単一の方向性が卓越することになった。やむをえないことではある。

だが、それで十分かといえば、決して、そうではない。注意すれば、中尊寺領のそのほかの村々にも、若干ながら、史料が存在していた。それについて真剣に考えてみなければ、簡単に単一の方向性に身を任せるわけにはいかない。

そのうえに、骨寺村の性格が、中尊寺領のそのほかの村々に完全に一致するものであったのかどうか。疑問がないわけではない。骨寺村は、経蔵別当の私領として、特別の性格をもっていたようだ。そこから得られた歴史像をもって、そのほかの村々のそれを推し量ることには、相当に問題がありそうだ。

小論では、中尊寺領のそのほかの通常・一般の村々に関する若干の史料の分析から始めて、骨寺村に付与された特別の位置づけに関する自分なりの考察に及ぶことによって、これまでに不足しがちであった双方向の取り組みに寄与することを目指したい。

中尊寺領は、平泉のある北上川流域（岩手県）から、迫川《はざまがわ》流域（宮城県）、最上川流域（山形県）、雄物川流域（秋田県）に分布する奥羽の村々によって構成されていた。それらの村々は、一二世紀、陸奥守や平泉藤原氏などから経蔵別当蓮光らの寺僧にいたる各レベルの人びとによって寄進されたものと見られる。大石直正［一九七二］によって指摘されている通りである。

すなわち高橋富雄「中尊寺領の歴史的性格」［一九六〇］に対する批判的なコメントに、中尊寺の所領は、「多くは村規模のまとまりをもったもので、単なる耕地片の集積体ではなかった」とする指摘に、とりわけ注目したい。

それればかりではない。平泉藤原氏の奥羽統治においても、村々がベースになっていたようだ。平泉初代藤原清衡が、治世三三年間に、奥羽両国一万余の村ごとに、伽藍を建て仏性燈油田を寄付したと物語られているのが（『吾妻鏡』文治五年九月廿三日条）、そのなによりものあらわれである。

最近では、平泉柳之御所遺跡、すなわち平泉藤原氏の政庁跡から、「磐前村印《いわさき》」が出土して、話題になっている。入間田「平泉柳之御所出土の磐前村印をめぐって」［二〇一三］ほかを参照されたい。

それにしても、なぜ、村なのか。中尊寺領といい、藤原氏の統治組織といい、なぜに、それほどまでに、村に依存したあり方を見せているのであろうか。

中尊寺領が村をベースにしていることに関しては、大石［一九七二］において、中央国家レベルの寄進ではなく、地方レベルの寄進によって、寺領が形成されたが故に、とする見解が示されている。中央国家レベルの寄進によって形成された奥羽の荘園が郡規模の領有形態を特色としていることに比較しながらの興味深い指摘である。

しかし、それだけでは、不十分である。単なる耕地片の集積体ではなかったことが説明できていない。さらにいえば、藤原氏の統治組識における村々のベーシックな位置づけに関する説明もできていない。それらのことを統一的に説明しようとするならば、寄進のありかたにこだわるのではなく、当時の村々、それ自体のなかに、そのようなベーシックな位置づけを必然ならしめる歴史的な性格があったと想定して、そのありかたを追究することを目指さなければならない。そのためには、村々の成立にまで遡って考えることが求められる。

小論では、その問題に答えられるだけの準備には不足している。けれども、中尊寺領の通常・一般の村々について、あわせて同じく中尊寺の経蔵別当領たるべき骨寺村について、それらの成立のありかたを復元的に明らかにするなかで、問題解決のための方向性を模索するだけならば、なんとかして、できそうだ。今回は、それだけで、満足しなければならない。

1　建長四年惣検取帳

中尊寺領の通常・一般の村々に関する若干の史料のなかで最も重要な史料が、大石「中尊寺領骨寺村の成立」〔一九八四〕によって紹介されている。三浦澄応編『中尊寺宝物手鑑』〔一九〇四〕に収録された文書で、今では原本を確かめられないものである。同じく、それを紹介させていただく（『手鑑』の閲覧ができたのは菅野成寛氏のお陰である。厚く御礼を申し上げる）。ただし、文書の後半（破線以降）は、岩手県教育委員会編『奥州平泉文書』〔一九五八〕、『平泉町史』史料編一〔一九八五〕にも、収録されていた。（　）内の文字は、そちらの読みを示したものである。

注進建長三年辛亥十一月卅日惣検取帳

合

已上田代十五町八段六合

除田七丁四段七合

宇那祢神田三段　法霊神田三段

熊野神田三丁四段七合　白山講田一丁

地頭分一町一段　散口免三段

首人免一丁

惣公田数八丁三段九合

河成二段　不作三丁四段九合

寺役数田一丁四段

定田三丁三段

右注進之状如件

建長四年壬子正月　日　僧長弁

法府入信

宇津木根村

注進建長三年辛亥十二月八日惣検取帳

定田一丁四段七合（但□広十郎配）□□□□□金色堂募畢

右注進状如件

建長四年壬子正月　日　　僧長弁

法橋入信

辻脇村　（尭林房）

注進建長三年辛亥十一月五日惣検取帳

合

已上田代六丁一合

除田二丁三段

宇那祢神田三段　　名主分一丁

首人免一丁　寺役田除之

公田数三丁七段一合

岡威（成）五段　　不作一段（反）九合

定田三丁二合

右注進状如件

建長四年壬子正月　日　　僧長弁（栄）

法橋入信（信□）

大石論文には、この文書の紹介に続けて、「建長三年（一二五一）十一、二月のころ中尊寺領の村々の惣検注が行われ、その結果が翌建長四年正月にいっせいに注進されたこと、そのさいに村々の除田も書き上げられたこと、などが明らかである。骨寺村においても当然この時に惣検が行われ、除田の注進も行われたであろう」と記されている。それに加えて、「除田のあり方は村々によってそれぞれ異なるが、宇那祢神田、首人免などは骨寺村にも見られ、共通性がうかがわれる」と記されている。

その頃、中尊寺領の村々では、中尊寺別当(惣別当)による検注が度々おこなわれて、寺僧(衆徒)らとの間に対立が生じていた。文永元年(一二六四)には、惣別当一代の間に、検注は一度たるべしという幕府の裁定が下されている(中尊寺経蔵文書、文永九年六月廿三日関東下知状)。

当時の惣別当は、宰相法印最信。建治三年(一二七七)に、寺僧(衆徒)らの訴訟によって改易の憂き目に遭った人物である。遠藤巌「平泉惣別当譜考」[一九七四]によって、それが明らかである。大石論文でも指摘されているように、その惣別当最信による惣検の実施を裏づける貴重な史料として、建長三年の惣検関係文書を意義づけることができるかもしれない。

問題は、大石論文によって指摘された「共通性」の内実である。すなわち、大石[一九八四]では、宇那祢神田・首人免などの記載に関して、それ以上に踏み込んだ考察は及ぼされていない。課題設定のありかたからして、当然の成り行きである。

しかし、同じく、大石[一九七二]では、この文書の後半部分(破線以降)が紹介されるのに止まっているが、宇那祢神田・首人免に関しては、「中尊寺領の共通の制度」(「村落支配の環」)とする明快な指摘がなされたうえに、後にも見るように、「名主分」ほかに関わる重要な指摘がなされていた。そのほかの村々の側からする取り組みを進めるためのガイドラインともいうべき記述の数々である。骨寺村の側からする取り組みが卓越しているとはいっても、それぱかりではなかったのである。小論では、それらの指摘に学びながら、文書に示された除田のありかたに関して、もう一歩、踏み込んで考えてみることにしたい。それによって、骨寺村とそのほかの村との双方向からの取り組みを前進させることを目指したい。多少の無理は承知の上である。

2　惣検取帳に記された通常・一般の村々のすがた

この文書には、三か村分の田数が記されている。ただし、最初の分については、村名の記載が明らかに欠落している。『中尊寺宝物手鑑』に収録されるさいに欠落したものであろうか。それとも、原本そのものの破損によるものであろうか。分からない。

また、宇津木根《うつきね》村の分については、「注進……惣取帳」のタイトルの直後における紙継ぎ目を挟んで、いきなり「定田一丁……」の記載が続いている。すなわち、除田の記載が見当たらない。

これまた、『中尊寺宝物手鑑』に収録されるさいの欠落か、それとも原本そのものの破損によるものか、さもなければ、原本そのものに記載がなかったのか。分からない。さらにいえば、欠落または破損の範囲が、当村の記載を超えた広がりを示していた可能性もないではない。すなわち、もういくつかの村の記載が含まれていた可能性もないではない。そのばあいには、宇津木根村の定田は、一丁四段七合にあらず、ということにならざるをえない。困惑せざるをえない。原本に当たることが叶わない今は、『中尊寺宝物手鑑』に収録された文書の姿をそのままに受け止めるしかない。

ただし、中尊寺光《ひかり》堂文書正和二年三月七日別当法印権大僧正補任状には、中尊寺学頭職免田壱町・屋敷壱所が、宇津木根村にあったことが記されている。したがって、現実には、宇津木根村にも、免田(除田のうち)が存在していたのである。そもそも、定田があれば、除田もあるものなのである。大石「奥州藤原氏の北奥開発」〔一九九七〕では、「宇津木根村の場合には、定田だけが記されていて、検注目録として不完全なものであるから、この村にも宇那祢神田があった可能性が高い」と補足的に指摘されている。その通りかもしれない。

くりかえしていえば、原本そのものには、三か村分に止まらず、もういくつかの中尊寺領の村々分の田数が記載されていた可能性もないではない。そのうちの三村分だけが破損を免れた可能性もないではない。大石〔一九九七〕に、「いまわれわれが見ているのは断簡で、本来は中尊寺領の村々を網羅する、もっと大きいものだったと推定される」と補足的に指摘されている通りである。しかし、そうだとする根拠にも欠けている。これまた、『中尊寺宝物手鑑』に収録された姿をそのままに受け止めて、三か村分だけの記載しかなかったものと、暫定的に判断するしかない。

ところで、最初の分の欠落した村名については、推測のための若干の手がかりが存在していた。南北朝期、康永三年（一三四四）に、中尊寺別当に打渡（安堵）された村々として、伊沢郡内黒沢村、同郡宇津木根村、同郡北俣《きたまた》村、江刺郡内辻脇村、同郡倉沢村、斯波郡内乙部《おとべ》村等が記載されていた。中尊寺光堂文書、すなわち金色堂別当家に伝来した文書によるものである。ただし、黒沢村の文字については、『奥州平泉文書』に集約された伝統的な読みに従っている。東京大学史料編纂所影写本では、字画が欠けていて、判然としない。それらの村々のうち、宇津木根村・辻脇村は、問題の検注関連文書にも見えていた。もしかすると、それらの一連の村々の田数が検注され、関連文書に記載されていたのではあるまいか。それならば、最初の欠落した村名として、黒沢村などが記載されていたのではあるまいか。

大石〔一九七二〕によれば、寺領の村々には、宇那祢神田・首人免などのほか、寺僧（衆徒）らの知行地として、さまざまな名目の供田・講田が配分され、除田のなかに組み込まれていた。すなわち、寺僧らが知行する村内の断片的な所領と、別当が多く管轄する村レベルの所領とが、セットになって存在していた。

とするならば、具体的に、最初の村名が欠落した部分における「地頭分一丁一段」「白山講田一丁」などは、だれによって知行されていたのであろうか。

たとえば、光堂文書には、金色堂別当が鎌倉期から相伝する所領として、「黒沢村地頭職胆沢郡内在之、同白山講田壱町同村在之」の文字が記載され続けていた(弘安九年十月廿五日勝弁契状、正安二年三月廿日法眼頼賢譲状、建武二年八月廿二日法眼頼勝譲状ほか)。

ただし、下って、応永廿八年十一月十九日法眼頼栄譲状(経蔵文書)では、建武二年八月廿三日法眼頼勝譲状における「黒沢村地頭職伊沢郡内之、同白山講田一町一宇同」の文字に代わって、「黒沢□三町伊沢郡内在之」の文字が記載されている。同じく、「光勝寺免田捌段」に代わって、「光勝寺免田一町二段」の文字が記載されている。それらの記載変更については、コメントしがたい。

時代を遡った久寿元年三月八日経蔵別当蓮光譲状(同文書)にも、「金色堂免田参町伊沢郡黒沢村在之」の文字が見えていた(この文書は中世における創作か)。これまた、コメントしがたい。

なお、建武・応永の両文書に見える「金色堂寺役田七町三段寺家御領四個村在之」「寺役田七町三□別当領四ヶ村在之」の文字は、惣検関係文書の最初の部分における「寺役数田一丁」「寺役田除之」の文字に関わるものであった可能性が高い。そのことに注意しておきたい。

それならば、問題の惣検取帳の最初の部分における「地頭分一町一段」「白山講田一丁」は、光堂文書における「黒沢村地頭職伊沢郡内在之、同白山講田壱町同村在之」のそれにぴったりということからして、光堂(金色堂)の別当家によって知行されていた。ということにならざるをえない。

だからこそ、康永三年、中尊寺別当に打渡(安堵)された黒沢・宇津木根・北俣・辻脇ほかの村々に関する文書が、光堂による断片的な所領の知行を保障する文書でもありとして、光堂(金色堂)の別当家によって相伝されることになったのではあるまいか。さらにいえば、惣検取帳そのものでさえも、光堂(金色堂)の別当家によって相伝されることになったとする可能性がないではない。

その康永三年の文書における村々の並びに、すなわち黒沢村に始まるそれに比べても、惣検取帳における村々の並びの冒頭に、黒沢村が記されていた可能性が濃厚である(もし、万一に、それが黒沢村でなかったとしても、惣別当が管轄する村レベルの所領であったことに変わりがない)。

したがって、これ以降は、文書に記された村名を、黒沢・宇津木根・辻脇の三村とする暫定的な判断に従って、考察を進めることにしたい。

これらの村々のうち、『奥州平泉文書』に解説があるように、伊沢郡宇津木根村の在所は、旧白山村の宇津橙根(いまは前沢町内)に当たると見られる。江刺郡辻脇村は、旧西根村の辻脇(いまは金ケ崎町内)に当たると見られる。そして、伊沢郡黒沢村の在所についても、胆沢川の支流、黒沢川の辺りと見られる。いずれも、北上川右岸に位置する平地の村々である。

3　同じく、通常・一般の村々の除田について

惣検取帳に記された村々の除田のうち、辻脇村の「名主分一丁」については、「中尊寺領においては村が進未沙汰の単位であり」、「その責任者が名主であった」ことの証明である、すなわち名主は荘官的・村役人的な役割を果たしていたことの証明であるとする重要な指摘が、大石［一九七二］によってなされている。確かに、その通りかもしれない。「名主分一丁」の記載は、名主の職務遂行に対する給付(免税措置)を意味するものであったかもしれない。ただ

し、名主に関する記載が黒沢・宇津木根の二村には見られないのは何故か。それについては、大石論文に言及がないので、自分なりに考えてみるしかない。

黒沢・宇津木根の二村のうち、後者に関しては除田の記載がなく、考えようがない。前者に関しては、除田の記載があれども、名主分の記載がない。しかし、その代わりに、辻脇村には見られない「地頭分一町一段」の記載が存在している。この記載が、金色堂別当の所領として相伝された「黒沢村地頭職伊沢郡内在之」に相当することは既に記した通りである。鎌倉期には、この田地が金色堂別当の所領に宛てられて、その得分が金色堂に上納されていた。そのことが明らかである。

それでは、鎌倉期以前には、どうか。その頃には、「名主分一町」などとして存在していたのではあるまいか。すなわち、名主が存在して、荘官的・村役人的な役割を果たしていたのではあるまいか。その名主が、地位を奪われ、得分を没収され、別人に宛てられることによって、「地頭分一町一段」の記載が成立することになったのではあるまいか。没収地における地頭職の成立という一般的な傾向に照らしても、そのような可能性が高いものと考えられる。ただし、黒沢村の現地においては、金色堂別当によって任命された代官などとして、近在の有力者が取りしきりにあたっていたのに違いない。

したがって、黒沢村に、名主分に関する記載が見えないからといって、惣別当の管轄する中尊寺領の通常・一般の村々に、名主が存在しなかったということにはならない。荘官的・村役人的な役割を果たす名主の一般的な存在に関する大石論文の想定が、大筋において、外れていないことを改めて認識させられる次第である。

つぎには、白山講田・寺役田である。これらについては、中尊寺惣別当（または、その前身）によって設定され、諸法会の運営費用ほかに充当する名目で、寺僧(衆徒)らに配分されたものであることが、大石論文によって、余すところなく、明らかにされている。

具体的には、黒沢村における「白山講田一丁」は、「地頭分一町一段」にあわせて、金色堂別当に配分され相伝されていた可能性が高い。

同じく、黒沢村における「寺役数(ママ)田一丁」は、「金色堂寺役田七町三段」の一部分を構成するものであった確率が高い。いずれも、前述している通りである。

辻脇村においては、「寺役田除之」の記載に示されているように、これらの田数が配分されていない。当村の田数が少なく、田代数から除田数を差し引いた公田数が三丁余という状態が勘案されたことによるものであろうか。

ただし、厳密にいえば、寺役田は、除田の内に含まれていない。白山講田ほかの田数が除田として差し引かれて、公田数が確定された後に、その公田数に即応するかたちで、寺役田の賦課がおこなわれた経過が明らかである。したがって、同じく、惣別当による設定・配分といっても、寺役田のばあいには、役職に応じた高次元の配慮にもとづくものであったことが察知される。

通常・一般の村々が、中尊寺領に編入されるにさいしては、惣別当(または、その前身)によって、名主が取り立てられ、徴税の実務を担当させられることになった。そのうえで、検注がおこなわれ、白山講田ほかの除田が設定され、公田数が確定されるにあわせて、寺役田などが設定され、寺僧(衆徒)らに配分されることになった。公田数に対応した年貢・公事が、百姓の負担であったことはもちろんである。

それによって、大石論文に指摘されている通り、村全体のレベルにおける百姓支配は惣別当の管轄下に、個別の講田・寺役田などのレベルにおける断片的な所領は寺僧(衆徒)らの進止下に、という二重支配のシステムがかたちづくられることになった。そのように考えられるのではないか。

つづいて、黒沢村の熊野神田三丁四段七合について。この熊野神田の田数には微細な端数がついている。白山講田一丁、名主分一丁などの記載とは大きな違いである。そのような違いが生じた理由は、熊野神田が当村だけにしか当てはまらない特殊な事情によって設定されたことにあると考えられる。白山講田ほかが、村々を超える一般的な事情によって、すなわち村々が中尊寺領に編入されるのにあわせて、一斉に設定されたと見られるのと好対照をなす事態である。

具体的にいえば、中尊寺領に編入される以前から、熊野社が当村内に勧請されており、それにたいする優遇措置として、神田の設定がおこなわれていたものと考えられる。だからこそ、微妙な端数を避けることができなかったのではあるまいか。

さらには、宇那祢神田・法霊《ほうりょう》神田である。黒沢村には、宇那祢神田三段・法霊神田三段の文字が見えていた。辻脇村にも、宇那祢神田三段が見えていた。

宇那祢社・法霊社そのものは、稲作が始められて以来、人びとの信仰を集めてきた。けれども、これまた、熊野神田三丁四段七合とは違って、これらの神田は、三段とキリのよい数字に統一されている。これまた、白山講田ほかに同じく、通常・一般の村々が中尊寺領に編入されるのにあわせて、一斉に設定されたものかもしれない。

すなわち、宇那祢社・法霊社は古来、村人の信仰の対象だったのにもかかわらず、その祭料を支弁するファンドとして神田が設定されるためには、中尊寺領への編入という画期を待たなければならなかったのかもしれない。

さいごに、「首人免一丁」である。黒沢村にも、辻脇村にも、その記載が見えている。

首人もまた、すでに見てきた通り、稲作が始められて以来、村人らのリーダーとして存在感を維持してきた。けれども、これまた、熊野神田三丁四段七合とは違って、「首人免」は一丁とキリのよい数字になっている。これまた、白山講田ほかに同じく、通常・一般の村々が中尊寺領に編入されるのにあわせて、一斉に設定されたものかもしれない。

すなわち、首人は古来、村人らのリーダーだったのにもかかわらず、その存在感を維持するためのファンドとして免田が設定されるためには、中尊寺領への編入という画期を待たなければならなかったのかもしれない。

大石論文では、これらの「宇那祢神田」「首人免」などが、「中尊寺領の共通の制度として設けられていたもの」と推定されている。そのさいに、骨寺村における「宇那根田二段」「首人分二段」の存在があわせ考えられていることは、もちろんである。

そのうえで、宇那祢社については、「おそらく灌漑用水にかかわりをもつ村落の神社だったのであり、中尊寺領ではその神田を除田として設定することによって、村落支配の環としていたのではないか」と、指摘されている。その通りである。

それらの除田が設定されたのは、それぞれの村々が寺領に編入される以前から一般的に存在していた社会的な原因によるものであったに違いない。具体的にいえば、寺領に編入される以前から存在していた宇那祢社に対する村人の信仰ならびに首人に対する村人の声望によるものであったに違いない。

いいかえれば、それらの除田を設定することによって、旧来の勢力との折り合いをつけることなくして、それらの村々の中尊寺領への編入は、不可能であったのに違いない。

さらには、建長四年惣検取帳に記載された村々の除田数が確定されるにさいしても、新旧勢力の間で折衝がおこなわれて、ある種の社会的な合意がかたちづくられることになったのに違いない。

それならば、寺家側の意志についても、百姓側のそれについても、より一層に踏み込んだ考察がもとめられることにならざるをえない。

たとえば、鎌倉後期、文永九年(一二七二)の頃、中尊寺衆徒らが惣別当を訴えた鎌倉の法廷においては、「百姓之訴訟」による「損亡検見」の実施が取り沙汰されていた(『中尊寺文書』当年六月廿三日関東裁許状)。すなわち、荘園制社会における通例に違わず、奥州の地においても、百姓らによる粘り強い意思表示がおこなわれていた可能性が明らかである。この辺りから踏み込んで、考えてみることにしたい。

そういえば、同じく、奥州に位置する好島荘でも、預所と地頭との間に、「給田設定をめぐる交渉、契約や合意の過程が」進行していたことが、鎌倉佐保「鎌倉期における荘園制支配の実態と秩序」[二〇〇三]によって解明されている。関連して、考えるべき事例であろうか。

4　経蔵別当領としての骨寺村の特別な位置づけ

骨寺村は、経蔵別当の開祖、自在房蓮光の「往古私領」であった。「永代を限り、蓮光の相伝に任せて、御経蔵別当ならびに骨寺にいたっては、他人の妨げあるべからず」と標榜された文言に違わない特別扱いの村であった(中尊寺経蔵文書、天治三年三月廿五日経蔵別当補任状案、読み下し文。この文書そのものは中世における創作か)。大石[一九七二]において、経蔵別当の骨寺村支配について、「佃、手作地の存在から想像されるように、かなり在地性の強いものであった」と指摘されている通りである。

それならば、骨寺村では、同じく、中尊寺領とはいっても、惣別当(ないしはその前身)が取りしきる通常・一般の村々とは違って、名主や地頭が徴税の役割を果たす余地はなかったのではないか。いいかえれば、骨寺村では、経蔵別当その人が、名主や地頭の役割を果たしていたのではあるまいか。そのために、骨寺村の関連文書類には、名主や地頭の文字が見当たらないのではあるまいか。

あわせていえば、骨寺村には、惣別当による検注がおこなわれた形跡も見当たらない。検注によって計上された田代の田数から除田数を差し引いて、公田数を確定する。さらには公田数から河成・岡成・不作・寺役田数などを差し引いて定田数を確定する。という通常の措置が採用された形跡が見当たらない。経蔵別当の私領なるが故に、「他人の妨げ」を排除して、別当みずからによる検注がおこなわれたのではあるまいか。

骨寺村においては、講田・寺役田の類が存在していた形跡も見当たらない。骨寺村では、惣別当による検注によって、それらの田地が設定・配分されるプロセスがなかったことによる当然の結果であろうか。

いいかえるならば、建長三年惣検取帳には、骨寺村は、そもそも、記載の対象にさえなっていなかったのではあるまいか。そのために、惣検取帳そのものについても、経蔵別当の相伝にはあらず。別のルートによって相伝されてきたのではあるまいか。経蔵別当によって相伝されてきた骨寺村関連の文書・記録・絵図類のセットのなかに、惣検取帳が含まれていない所以である。

逆にいうならば、建長三年惣検取帳には、惣別当の管轄する通常・一般の村々だけしか、具体的には、南北朝期に惣別当領として確認された黒沢・宇津木根・辻脇ほかの村々だけしか、記載されていなかったのではあるまいか。

すなわち、惣別当の側では、同じく中尊寺領とはいいながら、経蔵別当の膝下にある骨寺村に対しては、検注はもちろんのこと、何ごとに関わらず、干渉がましいことはできなかったのに違いない。骨寺村においては、それほどまでに、経蔵別当による排他的な支配が貫徹していたということであろうか。

大石[一九八四]では、「建長三年(一二五一)十一、二月のころ中尊寺領の村々の惣検注が行われ、その結果が翌建長四年正月にいっせいに注進されたこと、そのさいに村々の除田も書き上げられたこと、などが明らかである。骨寺村においても当然この時に惣検が行われ、除田の注進も行われたであろう」と記されていた。基本的には、異論がない。けれども、骨寺村の部分については、訂正を要するのではあるまいか。

同じく、大石〔一九八四〕では、佃・手作地の存在に象徴されるような大規模な水田の開発・経営は、天台・山王の信仰の流入、具体的には、天台系の聖に体現された信仰・技術の流入によって可能にされたことが明らかにされている。「まつり田」(除田)として設定された「山王田七百かり」(骨寺村在家日記に見える。絵図には「山王田三段」の記載がある)は、山王窟の信仰を物語る、ひいては天台系の聖が関わる大規模水田開発を物語る、何よりもの証拠であると説明されている。その重要な「山王田」に関する記載が、通常の村々には見当たらないのである。佃・手作地に関する記載が見当たらないだけではない。

逆にいうならば、惣別当(ないしはその前身)によって取りしきられる通常・一般の村々においては、骨寺村のような大規模水田開発がおこなわれることはなかったのではあるまいか。どちらかといえば、従来の村落景観に大きな変更がもたらされることなく、中尊寺領への編入が進められたものではあるまいか。

とするならば、骨寺村のように、「作田分」在家のような新入りの住人が流入してきて、人口が倍増することもなかったのに違いない。いいかえれば、「田屋敷分」在家の旧住人と「作田分」在家の新住人によってかたちづくられる村落の二重構造が生み出されることもなかったのに違いない。

あれや、これやで、通常・一般の村々においては、首人や宇那祢社に象徴されるような古代的な小村落の景観が、大きな変更を加えられることなく、そのままに、維持されてきたように思われる。

けれども、小さな変更は、なきにしもあらず。たとえば、名主の存在である。古代村落においては、すべてが首人の取りしきりのもとに置かれていた。それなのに、中尊寺領に編入されることになったいまは、名主の役職が設定されて、徴税の取りしきりを担わせられることになっている。

すなわち、首人による全一的な取りしきりのなかから、新しく徴税の取りしきりを分離・独立させて、新興のリーダーに担わせる。その役職を、荘園制の通則に即して、名主とよぶ。というような中世的な統治方式に切り替えられている。

そのような新興のリーダーが、村人のなかから台頭してきたのか。それとも、中尊寺側からのイニシアチブによって他所から赴任してきたのか。いずれにしても、首人による全一的な取りしきりの旧体制に、寺家―名主による荘園制的な統治方式が、新しく付加されることになった。そのことには、変わりがない。

確かに、村落景観のうえでは、大きな変更ではなかったのかもしれない。けれども、社会構成体史のうえでは、古代から中世への転換を物語る重要な変更だった。とすることも、できるかもしれない。

さらにいえば、中尊寺領の通常・一般の村々にはとどまらない。奥州における通常・一般の村々でも、そのような古代から中世への転換があったのかもしれない。

もう一つ、中世的といえば、黒沢村における「熊野神田三丁四段七合」のこともあった。この神田が、中尊寺による除田の設定とは次元を異にして、特別の事情によって設定されていた。

当村に熊野社が勧請されるのにさいして、熊野社に連なる人脈によって、その優遇措置として、神田の設定がはたらきかけられていたであろうことには間違いがない。

奥州だけではない、列島の各地において、熊野社が勧請されて、その人脈が中世荘園制社会に張りめぐらされていた。その一端が当村にも、及ぼされていたのだ。

これによっても、古代から中世への転換という大きなうねりが、中尊寺領の通常・一般の村々にも、確実に到来してきたことを痛感せずにはいられない。

これまでは、骨寺村のような大規模開発が、すなわち村落景観の大規模な変更が、そのほかの村々においても、同様に推進されたかのごとき印象がかたちづくられてきた。そのような印象をもって、大石［一九七二・八四・一九九〇・九七］ほかを受け止める姿勢がかたちづくられてきた。骨寺村の史料が圧倒的な存在感を誇る一方で、そのほかの村々との違いが明確に意識されてこなかった経過に鑑みれば、やむをえない。

しかし、通常・一般の村々との違いが明確に意識されるようになったからには、それではいけない。これからは、確実な史料によって、具体的に確かめることから始めなければならない。

たとえば、宇那祢神田・首人免(分)について。これまでは、通常・一般の村々においても、骨寺村においても、共通して設定されていることを踏まえて、大石［一九七二］のように、それらの除田は「中尊寺領の共通の制度として設けられていたもの」と理解されてきた。すなわち、それ以上に詮索されることなく、打ち過ぎてきた。

けれども、詳細にまで踏み込んでみれば、通常・一般の村々と骨寺村との間には、微妙な違いが存在していた。すなわち、通常・一般の村々では、黒沢村に関して、「宇那祢神田三段」「首人免一丁」の文字が見えていた。辻脇村に関しても「宇那祢神田三段」が見えていた。それに対して、骨寺村では、「宇那根田二段」「首人分二段」の文字が見えていた(仏神絵図)。南北朝期にも、「まつり田」のなかに、「うなね田五百かり」の文字が見えている。

通常・一般の村々が、宇那祢神田三段・首人免一丁なのに対して、骨寺村のばあいには、宇那根田二段・首人分二段に減じられてしまっている。それは、なぜであろうか。

それらの除田が、中尊寺領に編入される以前から存在していた宇那祢(根)社に対する村人の信仰ならびに首人に対する村人の信頼をベースに、寺家側と村人側との折衝のなかで設定された。という共通かつ根本の事情については、変わることがない。にも関わらず、なぜに、骨寺村のばあいには、田数が減じられてしまっているのか。それが、問題である。

それには、経蔵別当による大規模開発が推進されるなかで、寺領に編入されたという骨寺村の成り立ちが関わっているのかもしれない。すなわち、経蔵別当が主導する村の大々的な再開発によって、具体的には本寺川に依拠する人工灌漑施設や直営田(佃)の設営、そして作田分在家の新住人の呼び寄せ、さらには馬坂新道の開削、山王岩屋の設営などによって、湧水や沢水に依拠する旧来の小村落の暮らしぶりを一変させるような新しい景観がかたちづくられるなかで、宇那根社・首人の存在感が減じられる。そのために、経蔵別当＝寺家側と村人側との折衝においても、通常・一般の村々に同じく、三段・一町の田数を確保することは難しく、結局のところ、二段・二段のレベルで我慢しなければならない。そういうことになったのではあるまいか。

ただし、骨寺村における「仏神絵図」より遅れて作成の「在家絵図」には、「宇那根」「三反」の文字が見えていた。その間に、二段から三反に増加したものか。それとも、誤記によるものか。分からない。

むすびにかえて

もしかすると、磐井川を遡った山間部の骨寺村の小盆地が、すなわち隠れ里ともいうべき小盆地が、近隣の村々を押しのけるようにして、経蔵別当による大々的な開発事業の舞台として選ばれることになったのは、山王岩屋と山王山の存在によるものだったのではあるまいか。

いいかえるならば、その山王岩屋と山王山との存在を、すなわち天台仏教の聖地たる両者のセットを護持するためにこそ、その膝下たるべき骨寺村が特別に選ばれて、経蔵別当による大々的な開発事業が推進されることになったの

写真１　山王山と山王岩屋（一関市博物館提供）

写真２　山王岩屋（一関市博物館提供）

ではあるまいか。すなわち、経蔵別当への奉仕もさることながら、第一義的には、山王権現への奉仕こそが、村人らに期待されていたのではあるまいか。

骨寺村における山王岩屋と山王山のセットは、比叡山延暦寺の麓に祭られる日吉山王社（西宮）とその神体山たるべき霊峰八王子山のそれに倣うことによって、かたちづくられたものであった。

さらに遡ってみれば、霊峰八王子山に対する信仰は、大和の霊峰たるべき三輪山の神体山にたいするそれに倣ったものであった。その証拠に、絵図に描かれた山王山の姿をみるがよい。なんと、あの三輪山の秀麗な姿そのものではないか。そのうえに、近世における「山王大権現守護所」の御札には、「𑖥𑖾」の種子が、すなわち三輪山の本地仏たるべき釈迦如来をあらわすそれが、はっきりと押されているではないか。しかも、それが伝えられているのは、中尊寺経蔵別当の継承者たるべき大長寿院にではないか。

これすなわち、霊峰三輪山の神体山に対する古来の信仰が、霊峰八王子山に対するそれを仲立ちにして、骨寺村の霊峰山王山に対するそれにまで継承されてきた。そのあらわれにほかならない。

なにから、なにまで、神谷美和「骨寺村荘園遺跡の宗教施設に関する調査研究―山王窟、馬頭観音堂・駒形根神社と羽黒派修験明覚院、ウナネ社―」［二〇一五］に記されている通りではないか。

ただし、霊峰三輪山の祭神は、大物主の神であった。それなのに、霊峰八王子山の祭神は山王の神に読み替えられている。すなわち、中国浙江省は天台山国清寺の伽藍神たるべき「山王真君」（本来は道教の神）に由来する神名に読み替えられている。それが、天台宗延暦寺側による作為によるものであったことは、いうまでもない。それによって、骨寺村における霊峰もまた、山王山とよばれることになった。それについても、いうまでもない。けれども、その本地仏たるべき釈迦如来の信仰は、三輪山に始まる伝統が失われることなく、継承されてきたのであった。

そういえば、『宝暦風土記』には、「山王窟」に関して、「嘉祥三年、慈覚大師の開基の由、申伝候、本尊木像有之候処、何仏共見分無御座」と記されていた。けれども、『厳美村史』（大正六年）では、「山王社」に関して「往古三美女神を奉斎し其後、厳宮大明神とも、麗美宮とも云う」とする傍らで、その「三間の巌窟」に関して「嘉承三年、釈円仁（慈覚大師）、東国平治の為、修行の際、中尊寺に於いて、釈迦仏の化身、山王権現数相の木像を自作して、此窟に安置せり」とする記載に及んでいた。慈覚大師云々の言説はともかくとして、その巌窟（岩屋）に、「釈迦の化身たるべき「山王権現数相の木像」が主神として安置されていたことは確実とみられる。さらにいえば、中尊寺の境内に祭られる山王社のばあいにも、その北西の山には「山王岳」の呼び名がつけられていた。ここにおいても、山王社とその神体山とのセット関係が維持されているのである。これまた、神谷論文に記されている通りである。

これまでの絵図研究においては、山王岩屋（窟）に、すなわち山王神を祭る堂社を内包する岩屋（窟）に注意されることはあれども、その神体山たるべき山王山にはあまり注意されないまま打ち過ぎてきた。またまた、神谷論文に記されている通りである。

たとえば、「山王窟」は国史跡に指定されているが、山王山は指定されていない。そのようなことでは、いけない。これからは、霊峰山王山あってのこその山王岩屋。そして山王岩屋と山王山とのセットとあってこその骨寺村。という根本の関係性を見据えることによって、考察を深めてゆかなければならない。

さらにいえば、これまでは、何故に、山あいの骨寺村が選ばれて、経蔵別当による大々的な開発事業が推進されることになったのか。という根本的な設問がおこなわれることなく、うち過ぎてきた。そのようなことであっては、いけない。これからは、その根本的な設問に正面から向かいあってゆかなければならない。

いずれにしても、骨寺村は、中尊寺領のなかでも、特別の存在だった。すなわち、経蔵別当によって取りしきられる仏教色に満ちあふれる特別の存在だった。そのことには間違いがない。

しかも、その仏教色にあふれる景観の基層には、中尊寺領の通常・一般の村々に共通する仏教以前の古代的な景観が横たわっていて、仏教色にあふれる表層を下支えするベースとしての役割をはたしていた。いいかえれば、仏教色にあふれる景観と仏教以前の古代的な景観との二層が重ねあわせになって、他に類例を見ないユニークな重層的かつ複合的な景観をかたちづくっていた。

アジアに伝来した仏教が、村のなかに受け入れられてくるありさまを、もっとも鮮明にものがたってくれる、世界でも稀有な貴重なケースとして、世界文化遺産に相応しい。とする評価が、骨寺村に与えられるべき所以である。

ただし、骨寺村が経蔵別当によって取りしきられる特別の存在だからといって、そのコントロールから外れるような信仰の流入がシャットアウトされていたというわけではない。

たとえば、「金峯山」「ミたけたう(御岳堂)」「象(蔵)王窟」の辺りを訪れる行者(修験者)の姿がみられたことは、黒田日出男「描かれた東国の村と境相論」〔一九九五〕、菅野成寛「陸奥国骨寺村絵図の宗教史—窟信仰と村の成り立ち—」〔二〇〇九〕、大石直正「『僧妙達蘇生記』と十一・二世紀の奥羽社会」〔二〇〇五〕ほかによって記されている通りである。斉藤利男『平泉　北方王国の夢』〔二〇一四〕では、そのような行者の道が、平泉金鶏山から発して「栗駒山」(正しくは万徳山＝烏帽子形山)に向かっていたことが想定されている。その聖なる道の途上に、骨寺村は位置づけられていたのだ。というわけである。そして、ごくごく最近では、誉田慶信「中世骨寺村の生業と祈り—不動岩屋を再考する—」〔二〇一八〕によって、「象王窟」のみにはあらず。「不動岩屋」もまた、その聖なる道にリンクするものだったことが明らかにされている。

けれども、そのような窟(岩屋)の信仰に、納骨の風習が随伴していたとする菅野・大石論文のような想定にしたがうことはできない(本書Ⅳ一章)。

そういえば、同じく、中尊寺領の黒沢村の事例もあった。そこでは、「熊野神田」三町余の記載によって察知されるように、熊野神人の訪れがあった。

さらにいえば、骨寺村においてさえも、鎌倉末期、嘉暦三年（一三二八）には、その大部分の田・屋敷が、「くまのゝ御はつをもの（初穂物）のようとう（用途）」として、入質されるという事態に陥っていた（中尊寺文書当年六月十五日法眼行盛譲状）。ここにも、熊野神人の訪れがあったことが明らかである。

また、骨寺村においては、「金聖人霊社《こんしょうにんれいしゃ》」が祀られていた。配流先の奥州にて逝去した「石垣の金光房」（法然上人の高弟）の「御霊《ごりょう》」に対する信仰が、専修念仏の徒を忌み嫌う天台宗側によって、すなわち中尊寺側によって、招き入れられるはずがない。これまた、誉田「骨寺村の宗教世界」［二〇一七］によって解明されている通りである。

いずれにしても、経蔵別当領だからといって、ないしは中尊寺領だからといって、そのコントロールから外れるような信仰の流入がシャットアウトされていたわけではない。そのことを忘れてはいけない。

四章　宇那根社と首人の存在形態

はじめに

これまでは、骨寺村における宇那根社の存在形態について考えてきた。関連して、同じく中尊寺領の黒沢・辻脇の村々のそれにについて見てもきた。

それによって、宇那根社と首人のセットが、平泉時代に先行する時期に、「原初の稲作共同体」をかたちづくる中心的な役割を担っていたことが、浮びあがってきた。具体的には、それらのセットは、一〇世紀の初め、関東ないしは南東北方面から入来の稲作農民によって持ち込まれたものだったらしい。

けれども、宇那根社や首人、そのものの一般的な存在形態については、まだまだ、目配りが不足していた。したがって、今回は、そもそも、宇那根社とは、どのような存在だったのか。その基本性格にまで立ち返って、おさらいをしてみることにしたい。

あわせて、そのプロセスにおいて、宇那根社は、領主的な大規模開発に、具体的には平泉藤原氏の主導による大規模開発に関連づけて理解することができるのかどうか。さらにいえば、骨寺村における山王社や白山社のような荘園制的な勧請神として理解することができるのかどうか。改めて、考え直してみることにしたい。

1　宇那根社の基本的な性格

宇那根社の基本的性格については、大石直正「陸奥国中尊寺領の構成」[一九七二]、同「中尊寺領骨寺村の成立」[一九八四]において、「灌漑用水にかかわりをもつ村落の神社」、「用水の神であり、水田農業とふかいかかわりをもつ神であること」。あわせて、「首人」の存在ともあいまって、「土俗的、共同体的性格のつよい神」であることが明らかにされていた。

そのうえで、大石「東北中世村落の成立」[一九九〇]においては、「うなね」の語源について、示唆的な指摘が記されていた。

すなわち、用水溝を意味する古語「うなで」に、根元を意味する「ね」を加えれば、用水溝の根元すなわち泉や取り入れ口を意味する「うなね」の語ができる(ウナデ+ネ→ウナネ)、というのである。

あわせて、伊賀国名張郡の用水神として知られる「宇流富志弥社」(うなねのふしとみしゃ)、すなわち宇那根社が、そのような語源説に適合的な事例として紹介されていた。

ところで、その名張郡の「宇流富志弥社」(うなねのふしとみしゃ)、すなわち宇那根社は、延喜式内社であった。詳しくは、『奈良県の地名』(平凡社日本歴史地名大系、一九八一)、『角川日本地名大辞典』奈良県[一九九〇]を参照されたい。

神谷美和「骨寺村絵図に描かれた宇那根社について」[二〇一三]によれば、その祭神は、宇奈根命(みこと)。名張河原に突き出た磐座(赤岩)が、御神体なり。と記されていた。現地調査による大事の所見である。

ウナネ神の語源については、丸山幸彦「板蝿杣の形成と展開」［二〇一二］にも、大石説に通じる見解が記されていた。そのうえで、大和国「雲梯の森」に祭られる川俣神社（雲名梯社）の用水近くの立地をめぐる真弓常忠『日本古代祭祀の研究』［一九七七］の所説が紹介されてもいた。

さらにいえば、万葉集（巻七・一二）にも見えている古語「卯名手の社（もり）」が、和名抄の郷名として（大和国高市郡雲梯郷）、さらには中世の荘園名（同郡雲梯庄・宇那手庄）として継承されていた。

そういえば、筑前国夜須郡にも、和名抄の郷名として、雲提郷の記載があったことが知られる。同じく、『角川日本地名大辞典』福岡県［一九八八］を参照されたい。

筑前国筑紫郡（いまは那珂町）には、神功皇后のいわゆる三韓征伐にさいして開削されたとされる「日本最古の農業用水」として知られる長大な「裂田溝」（さくだのうなで）が存在してもいた。これまた、神谷によって着目されている通りである。くわしくは、島谷幸宏ほか「一六〇〇年の時を経て使い続けられている裂田の溝（うなで）」［二〇〇七］を参照されたい。

その島谷論文では、「うなで」の語源についても、弥生時代に作られた畦道の畝（うね）、すなわち土を盛った塡で水を包み込んだということから「うなていぼう」、これから「うねのていぼう」…、「うなてい」と変化して行き、「うなで」と呼ばれるようになった。とする田中正日子氏の所説が紹介されていた。

ただし、牛山佳幸「ウナネおよびウナネ社について」［二〇〇〇］では、宇那根社を洪水除けの神とする新説が提起されている。骨寺のばあいにも、宇那根社の在所を湧水から切り離して磐井川に引きつけた上で、その川の洪水除けの神とする指摘がなされている。しかし、当村に限っていえば、著しく現場感覚に欠ける立論といわざるをえない。宇那根社を湧水から切り離すことについても、断崖絶壁の下を流れる磐井川の洪水が当村の生活面を襲うと想定することについても、疑問を禁じ得ない。入間田ばかりではない。神谷によってもコメントされている通りである。

どうやら、用水路を意味する「ウナテ」の古語、ならびに「ウナネ」の神に対する信仰は、列島全域にわたる分布をかたちづくっていたらしい。それも、古代にまで遡るものであったらしい。

それなのに、大石〔一九九〇〕においては、ウナネ社の分布が、「平泉周辺の地域に、きわめて稠密で」あることをもってして、「奥州藤原氏の存在とウンナン神、すなわち宇那根社の信仰の間には、なんらかの深い関係があるのではないか」、「一一・一二世紀の都鄙間の交流の中で、この地域に持ち込まれたもの」ではないか。と記されていた。同じく、大石「奥州藤原氏の北奥開発」〔一九九七〕においても、「用水神としての宇那祢社は、そのような奥州藤原氏の主導下の、あるいはそれに結びつく水田の開発にともなって、勧請されたものなのではないだろうか」。「その分布が、平泉を中心とする地に集中していることから、その勧請のピークが、奥州藤原氏の時代にあったことを裏書しているように見える」。と記されていた。

一一～一二世紀における荘園の爆発的な増大、水田開発の飛躍的な進展は、活発な都鄙間交通によってもたらされた。伊勢・石清水・加茂・春日・住吉・日吉(山王)・祇園など、荘園制的な勧請神は、そのような目覚しい都鄙間交通の展開のなかで、それら中央諸社の神人が地方に赴いて、荘園の立ち上げ、水田の開発に関与することによって、もたらされたのであった。戸田芳実・黒田日出男氏の研究を踏まえながら、大石論文によって、くり返し確認されている通りである。

問題は、そのような荘園制的な勧請神として、宇那根社を理解できるのか。どうか。である。それらの勧請神は、いずれも、中央諸社、しかも権門・勢家がらみの大社であった。それらの神々は、それらの権門・勢家による列島規模の勢力拡大のなかで、在地に勧請されたのであった。しかるに、宇那根社のばあいには、どうか。それが、中央神、しかも権門・勢家がらみの大社であった形跡があるだろうか。それが、神人ほか、権門・勢家のエージェントによって勧請された形跡があるだろうか。答えは、否である。

どのように考えても、平泉の周辺の村々における宇那根社は、荘園制的な水田開発以前における、すなわち中尊寺領以前における将来といわざるをえない。おそらくは、九世紀以後における関東・南奥方面からの移民によって、百姓レベルにおける長期にわたる人の移動によって、すなわち首人をリーダーとして稲作に従事する原初の村落が形成されるなかで、将来されてきたものといわざるをえない。

平泉を中心とする地域ばかりではない。同じく、北奥における宇那根社についても、長期にわたる人の移動によって、将来されてきたものだったのに違いない。九～一〇世紀、北奥における集落数の急増の背景には、そのような関東や北陸、ないしは南東北方面からの稲作の民の移動があった。そのことについては、考古学方面における最近の研究によって、もはや疑う余地なしである。すなわち、「奥州藤原氏の主導下の、あるいはそれに結びつく水田の開発」を大きく遡る段階において、北奥における水田開発が存在していたことに、疑いの余地がない。たとえば、松本建速「古代の東北北部における集落の盛衰を読む」［二〇一二］、『青森県史』［二〇一八］ほかを紹介するまでもない。

さらにいえば、「奥州藤原氏の主導下の、あるいはそれに結びつく水田の開発」そのものが、問題である。中尊寺領の村々にあってさえも、経蔵別当が主導する領主的な開発が大々的に展開された骨寺村のようなケースは、希であった。

それなのに、北奥一円にわたって、骨寺村におけるような領主的な水田の開発が推進されたとすることは、できるのか。もしくは、そのことを裏書する史料は、どこにあるのか。分からない。

それよりは、むしろ、百姓レベルにおける長期にわたる開発行為が積み重ねられるなかで、宇那根社は、比較的に早い時期に将来されてきた。というように考えるのが、自然なのではあるまいか。

ただし、百姓レベルにおける長期にわたる開発行為の積み重ねのなかで将来されてきた宇那根社が、中世における荘園システムのなかに編入されて、領主支配を下支えする役割を果たすことになった。そのことについても、留意しておかなければならない。

たとえば、伊賀国名張郡のばあいには、一〇世紀の後半に、『日本三代実録』『延喜式』に見える古くからの在地神、「宇那根社」の祝(神主)、磯部氏が夏見郷刀禰、すなわち村の「古老」の一人として、荘園の境に関わる証言をおこなっている(東大寺文書康保三年四月二日伊賀国夏見郷刀禰等解案、『平安遺文』二八九号)。牛山前掲書によって着目されている通りである(宇那根社が洪水除けの神とする見解については賛同を保留するが)。

この辺り一円が東大寺領黒田荘の領域に囲い込まれた以後には、古くからの「用水神」である宇那根社は、「荘鎮守神」として受け入れられることになった。黒田日出男「中世的河川交通の展開と神人・寄人」〔一九八四〕によって指摘されている通りである。そのうえに、黒田荘の除田として、「宇那根神田壱反」「宇那根御供免参反」が設定されていたことが、鎌倉期の文書によって明らかである(建治二年黒田荘官物結解、『鎌倉遺文』一二六二一四号)。これまた、牛山によって着目されている通りである。

骨寺村や黒沢・辻脇両村など、中尊寺領の村々における宇那根社の存在形態に比較・考量されるべき興味深い事例であろうか。

2　宇那根社から宇南権現へ

百姓レベルにおける長期にわたる開発行為の積み重ねのなかで、古い時代から祭られてきた宇那根社は、中世における荘園システムのなかに編入されて、「鎮守神」などとして、領主支配を下支えする役割を果たすことになった。

けれども、宇那根社の祭料田として、然るべき除田・免田などが設定されることはあれども、宇那根社そのものの名称には改変が及ぼされることはなかった。

ところが、近世に入るあたりには、それらの宇那根社の多くは、仏教的な色彩を濃厚にして、「雲南権現」「宇南権現」と呼ばれるようになる。

そのような仏教的な改変を主導したのが、村の修験者(山伏)だったことは言うまでもない。たとえば、神谷「ウナネ社再考」[二〇一五]には、仙台藩領における数多くの「雲南権現」の事例が紹介されていた。

神仏習合の流れは、すなわち在来の固有神に仏教的な色彩を施し、ついには在来の固有神をして、それぞれの本地仏の「権現」なりとする読み替えにまでいたる神仏習合の流れは、中央方面における神々から始まって、一宮・二宮など、地方の大社にも及んだ。さらには富士山・岩木山ほかの霊峰にも及んだ。骨寺村の辺りでは、「駒形根」の霊峰が、馬頭観音・大日如来・虚空蔵菩薩ほかの本地仏に関連づけられて、「駒形根六所大権現」「六所宮」ほかの呼び名を冠せられているのが、その例である。入間田「骨寺村絵図に描かれた駒形根と六所宮」(二〇一四、本書Ⅳ一章)ほかを参照されたい。

そのようにして、中央から地方へ波及してきた神仏習合の流れが、一宮・二宮などや「駒形根」の霊峰のレベルには止まらず、それぞれの村落におけるくらしに直結する最もベーシックな在地の水神のレベルにまで及んできた。ということであったろうか。

この国における仏教受容の流れが、それほどの深みにまで及ぶものであったことを、改めて痛感することにならざるをえない。

その宇那根社から雲南権現への改変については、さまざまな伝説が残されている。たとえば、稗貫郡上根子村(いまは花巻市)には、法霊林に大蛇の棲む西の清水があった。その大蛇に魅入られて心神喪失の状態に陥った村娘の両親は、助けを求めて、熊野権現に参篭することになった。熊野権現の夢告に従って、少し離れた東の清水に向かった両親は、娘の様子を具に物語る。すると、水面が逆立ち、黒雲が湧きあがり、間もなく、天地を揺るがす騒動が始まった。しばらくして、村人が集まり、その跡を尋ねて見ると、二匹の大蛇が喰い合って死んでいた。そのような結果に終わったのは、東の女蛇に嫉妬の感情を惹起させ西の男蛇を襲わせることによって、両者を自滅させようという熊野権現のありがたい御方便によるものであった。その後、村人は、法霊権現と雲南権現の小社(石神)を祭り、大蛇の冥福を祈ることになった(『二郡見聞記』、筆者は和田甚五兵衛氏武、序文は天保六年・新渡戸維民、『南部叢書』九に収録)。

ここでは、法霊・雲南権現の本来は、清水に棲む大蛇であったとされている。骨寺村における宇那根社の本来が湧水の神とする大石旧説・吉田説、そして小論の見方にとって、これほどに心強いことはない。

それら二匹の大蛇が熊野権現の御方便によって自滅させられ、法霊・雲南権現の小社に祭られるだけの存在に貶められてしまったとされていることについても、また然りである。

熊野権現は荘園制的勧請神の最たるものであった。その熊野権現によって法霊・雲南権現の本来の姿が奪われたということは、荘園制的勧請神によって、すなわち仏教の側に与する荘園制的な勧請神によって、在地神の本来の霊力が奪われたということにほかならない。

法霊・雲南の本来的な呼称に、権現の呼称が付け加えられていることにも、在地神の本来的な信仰に仏教的な変更が及ぼされていることが明らかである。

さらにいえば、小論では真正面から取り上げることを避けてきた法霊の神についても、宇那根の神にならぶ水の神と見られる。そのことが明らかである。そういえば、中尊寺領の村々の検注関連文書においても、黒沢村の除田のなかに、「法霊神田三段」の記載が、「宇那祢神田三段」のそれに並んで、しっかりと位置づけられていた。両神のセット関係は、いよいよもって明らかといわざるをえない。
骨寺村には、宇那根社のことだけしか記録されていない。けれども、本来的には、法霊の神も祭られていたのかもしれない。

奥州の各地には、法霊の神が祭られていて、柳田国男『石神問答』〔一九六三〕、藤原相之助「先住民族の祭神」〔一九四三〕、大島英介「奥州におけるウンナン神とホウリョウ神」〔一九六七〕など、民俗学的な論考が積み重ねられてきている。それらの論考によって、法霊と雲南の両神が、鰻・蛇・龍などに由来する水神として親近の関係にあることが述べられている。小論で紹介した法霊林の伝承についても、藤原・大島の両氏によって、両神の親近性を物語る事例として紹介されてきている。小論では、その伝承について、水神としての本来的な性格を確認するのにあわせて、荘園制的勧請神との相克に関わる解釈を追加することができた。ただ、それだけのことであった。

そういえば、三崎一夫「雲南権現」〔一九六七〕にも、興味深い伝説が紹介されていた。すなわち、「江刺郡黒田助の宇南田にある雲南権現も、部落の中央を流れる川に、昔大きい竜が住み、水を飲み干すので、田へ水が引けず困っていると、加納法印なるものが来て、これを調伏した。社はこの法印を祀る」、と記されていた。

さらには、「江刺地方では、この神のある場所は、泉の湧き出る処に多いといい、刈田郡宮の沢内山にある宝竜権現も、祠の下の岩の裂け目から清水が湧いているが、この事は後で説く雲南と法霊との関係においても、想い合せねばなるまい」と、記されてもいた。

大石〔一九九〇〕には、この伝説を受けて、ウンナン神の力によって用水の確保が可能になったとする興味深い伝承とする評価が記されていた。

だが、それには止まらない。この伝説の背景には、稗貫郡上根子《かみねこ》村におけるそれに同じく、竜の本性をあらわしたウナネの神が、仏教勢力の側からする調伏によって敗退する。その結果として、雲南権現と呼ばれることになる。というようなことがあったのではないか。すなわち、伝説では、竜を調伏した加納法印その人が、雲南権現として祀られたことにされているが、正しくは、調伏された竜の方が、権現として祀られる。ということだったのではあるまいか。

骨寺村のばあいには、宇那根社から宇南権現への変遷を物語る、そのものずばりの史料は残されていない。すなわち、近世における雲南権現そのものの存在を物語る史料は残されていない。けれども、天正一九年（一五九一）に記された珍しい記録（冊子本）の表紙には「宇な田屋しき在家」の文字が見えていた（平山家文書）。

その「宇な田屋しき在家　一けん（軒）主」の住人は、中尊寺経蔵別当領の再興をもとめる動向のなかで、骨寺村の「代官役」を担うことが期待される。そのようなリーダー的な存在であった。吉田敏弘「天正末年の中尊寺と骨寺絵図—寺崎屋敷平山家文書について—」［二〇一一］によって、明らかにされている通りである。

安永四年（一七七五）に作成の『風土記御用書出』（五串《いつくし》村端郷《はじごう》本寺）においても、「宇南屋敷」の近世初頭の住人として、「平山駿河」の文字が見えていた。いかにも、戦国の地侍を想わせる「駿河」の名乗りであった。もしかすると、「宇な田屋しき在家　一けん（軒）主」の住人とは、「平山駿河」その人だったのかもしれない。けれども、「宇南権現社」の文字そのものは見えていない。

だが、同じく、『安永風土記』（略称）にて、五串の本村のばあいには、「地主・別当」たるべき「宇南（田）屋敷」の住人「源左衛門」の文字にあわせて、「宇南権現社」のそれが明記されていた。すなわち、「宇南（田）屋敷」の住人による「宇南権現社」の取りしきりが明記されていた。あわせて、「宇南社地」には、「檜壱本　廻り壱丈八寸」「松壱本　廻り壱丈八寸」の二本の名木（ご神木）が聳え立っていた。その水田のなかに浮かぶ島のように鎮守の林が佇む。そのありさまが、いま現在においても、損なわれることなく、厳然と維持されている（厳美町樋ノ口）。いかにも、骨寺絵図における「宇那根社」のそれを想わせる佇まいであった。

とするならば、骨寺村の近世においても、村内におけるリーダー的な存在たるべき「宇南屋敷」の住人は、「地主・別当」として、「宇南権現社」の取りしきりをおこなっていた。それが、安永四年を遡るいつかの時点において廃絶させられてしまった。と考えることが許されるのではあるまいか。

骨寺村の近世には、鎮守の林に囲まれた宇那根社の風情は、失われてしまった。けれども、もうひとつの鎮守たるべき若御(神)子社には、いま現在においても、水田のなかに島状に浮かぶ鎮守の林の佇まいが、維持されていて、往時の姿を忍ばせていてくれる。

菊池勇夫「神仏のいる『林』」〔二〇一二〕は、そのような鎮守の林が、いま現在においても、北奥の一帯に分布していて、たとえば、「宇那子林」「八幡林」「稲荷林」「観音林」などと呼ばれていたことを明らかにしている。とするならば、骨寺村絵図に描かれた宇那根社・若御子社の鎮守の林は、その古い事例に属する。ということにならざるをえない。

いずれにしても、中尊寺領の多くの村々において、雲南権現が確固たる位置づけを享受していたことは、疑うべくもない。

それなのに、明治初期における神仏分離・廃仏毀釈の奔流によって、村々における雲南権現社としての安定的な位置づけは、大きく揺るがされ、またしても呼称の改変をせまられることになった。

同じく、神谷「ウナネ社再考」〔二〇一五〕によれば、戸河内村《へかない》(いまは平泉町内)の雲南権現社は、岩手県庁からの指導によって、その御神体(「宝珠状の光背を持つ仏身」)が放棄されて、川に流されそうになった。すんでのことで、それを救いあげて、自家の仏壇に祀ろうと言い出した篤志の人があらわれなければ、その御神体は失われてしまったのに違いない。さらには、御神体を安置する「雲南権現堂」も解体されることになった。その跡地には、「雷《らい》神社」が祀られることにもなった。

また、猪岡村の雲南権現社には（いまは一関市厳美町上中井）、近世から近代にいたる八枚の御札が残されていた。そのうち、近世における三枚には、「宇苗大権現」の文字にあわせて、「〓」（大日如来）の種子が墨書されていた。あわせて、「開眼」供養の「導師」として、「常学院」の名前が墨書されてもいた。「〓」の種子は、ほかに龍を司る水天をもあらわすとされる。「常学院」は、本山派の修験であったが、明治初期の修験禁止令によって、廃院の憂き目に遭っている。

ところが、大正六年、昭和十九年、同三十年における三枚には、「鳴雷大神」の文字に、さらに昭和五十五年の一枚にいたっては、「雲南大神」の文字に、変更されている。

そして、五串の本村の宇南権現社にも（いまは一関市厳美町樋ノ口、雲南権現社）、御札が残されていて、「雲南大権現」（文政四・万延元年）から「雷鳴御堂」（明治十七年）へ、という変更が察知される。さらには、「雲南大権現」の時代には、羽黒派修験「正楽院」が祭祀を司り、あわせて「五大力菩薩（雷電吼）」を本地仏として祀っていたことも知られる。その本地仏の像が、いまでも、別当家に伝えられている。

それらの貴重な調査結果を踏まえながら、神谷論文は、廃仏毀釈の危機に瀕して、「ウナネ社も、生き残りをかけ、菩薩（権現）という仏の要素を捨て、神としての要素をクローズアップさせ、雷神に変貌を遂げたのである」。と記している。

鮮やかなものである。これまでは、現存の民俗的な事例を横並びにして、宇那根社の本質は水神か。それとも雷神か。ないしはウナギ（鰻）を食する禁忌（タブー）との関連やいかに。とかするよう表面的な考察に終始してきた。けれども、神谷論文では、それらの事例を縦系列に並べ直すことによって、すなわち歴史学的に考察し直すことによって、画期的な成果をかたちづくることができた。個別の事例に沈潜する粘り強い調査による成果ともいえるであろうか。それ以上に、つけ加えるべきことは、ほとんどない。

ただし、一言だけ、コメントするならば、猪岡村の雲南権現社に残される昭和五十五年のさいごの一枚には、「雲南大神」の墨書が見えていた。その意味することは小さからず。

すなわち、ウナネ神の本来的な呼称が、「宇苗大権現」から「鳴雷大神」へとするような変更を余儀なくされることがあったとしても、さいごには「雲南大神」へと。いうなれば本来的呼称へと、復帰していることである。五串の本村のばあいにも、また然り。

それほどまでに、ウナネ神の本来的な信仰には、在地に根差したしぶとさが具えられていた。根源的なパワーが具えられていた。

すなわち、神仏習合の大きな流れにも、廃仏毀釈の大きな流れにも、それらの列島規模における大きな流れにも、押し流されることなく、柔軟かつ微妙な変身を余儀なくされながらも、稲作のもとになる水の神としての本来的な信仰のありかた、そのものにたいしては、いささかの揺らぎも見せることがなかった。そういうことであったろうか。

ウナネ神を抜きして、この国における稲作文化の基層かつ根底にある原初の信仰のありかたを語ることはできない。あらためて、そのように痛感しないではいられない。

3　首人の基本的な性格

大石直正「中尊寺領骨寺村の成立」［一九八四］には、首人について、「古代の姓（かばね）にも見えるおびとのことと思われる」、「村共同体の首長的な地位の人」として、「村落の祭祀を主宰するものであったことも当然考えられる」と記されていた。

もう少し踏み込んで、古代史家の常識にならって、おさらいをしてみるならば、「村首」が「所有」する「部曲之民」（従属民）や「処処田庄」が廃止されることになったのは、大化二年（六四六）、いわゆる「改新詔」によるものであった。

それが、天皇家に従属する「子代之民」「処々屯倉」の廃止に、ならびに臣・連・伴造・国造らの「所有」になる「部曲之民」「処処田庄」廃止に連動するものだったことは、いうまでもない（『日本書紀』当年春正月甲子朔日条）。けれども、村のリーダーとしての首人の伝統的な役割が、一度の命令だけで、失われてしまったと考えるわけにはいかない。

たとえば、旅先にて、やむをえず、馬を乗り捨て、その馬の世話を路傍の村に依頼するばあいには、その「村首」にあいさつのうえ、「詶物」（おくりもの）を施せ。という命令が出されている。その翌年のことであった。「村」には「ノ」の送り仮名が、同じく「首」には「オト」の振り仮名が施されていた。そのうえに、「首ハ長也」とする割注までほどこされていた（同大化三年三月甲申日条）。これをもってしても、「村のおびと」は「村の長なり」とする観念があったことが明らかである。

そして、養老令の注釈書たるべき『令集解』（八六八年か）には、春・秋の村祭にさいして、「社首《やしろのおびと》」が大事な役割を担っていたとする法律家の言説が、くわしく紹介されていた（「儀制令」春時祭田条）。

その法律家の一人の言説（「一云」）のあらましについて、義江彰夫『神仏習合』〔一九九六〕における現代語訳を土台にして、若干の私見を交えながら、紹介させていただくならば、つぎのようになるであろうか。

〃諸国の郡郷里の村々には、村ごとに社の首という神主がいて、春の豊年祈願と秋の収穫感謝の祭を司っている。村人らが、公私の用事のために、他国に出かけるときには安全祈願の「神幣」を出させる。収穫時には各家の収穫量に応じて神に捧げる稲（初穂）を出させ、それらの収益を元本として出挙《すいこ》を行って利息を得る。さらには、それらの収益の元・利をもって、酒を用意して、祭の準備をする。あわせて、村人ら、一人一人に振るまうために食膳の準備もする。〔祭の当日には〕老若男女を問わず、村人すべてを社に集めて、国家の法を知らしめる。そのさいに、村人らは、年齢順に座を占め、若者が配膳役をつとめて、神に捧げた酒・食物のお下がりと別途にもうけた食事を飲食して、村共同体の結束を固める。〃

ここに描き出されたような社の首の姿を受け止めることによって、「律令制下においても、村落首長は再編された首長的な秩序のなかで農村における支配的な地位を保持するとともに、一方で農村の日常的慣習のなかで、共同体的機能を人格的に体現する役割を担っていたが、そのことは、春秋の祭礼における社首の役割に、その一端をみいだすことができる」。と記されたのは、吉田晶『日本古代村落史序説』〔一九八〇〕によるものであった。

そのような律令制下における村落首長に、すなわち「社の首」に連なるような存在として、中尊寺領の村々における首人を理解することができるのかもしれない。

すなわち、骨寺村のばあいには、二枚の村絵図のなかに、中沢源頭は湧水の傍らに建つ宇那根社の姿が、しっかりと描き出されていた。あわせて、御神木とも見られる広葉樹の大木二本が描き出されていた。そのうえに、首人の住まいする大型の在家である。

その泉（湧水）のほとりの広場にて、春秋の祭に寄り集い、神前かつ共同の飲食（直会《なおらい》）を楽しむ老若男女の村人らの姿が眼前に浮かんでくるようだ。

そのうち、「仏神絵図」の方には、「宇那根田二段」「首人分二段」(除田)の文字が見えてもいた。さらには、南北朝期は永和二年(一三七六)頃の作成になる「骨寺村在家日記」(中尊寺文書)にも、「まつり田」のうちとして、「うなね田五百かり」の文字が見えてもいた。それらの「除田」「まつり田」からの収益が、神前かつ共同飲食の原資に充てられたであろうことは、もちろんである。

同じく、中尊寺領の黒沢・辻脇村のばあいには、「除田」のうちとして、「宇那祢田三段」の文字が、「首人免一丁」のそれにあわせて見えていた。前章に紹介している通りである。それらの村々においても、首人の主宰する宇那祢社の祭にさいして、神前かつ共同の飲食がおこなわれていたのに違いない。

とするならば、たまたま中尊寺領に編入された村々ばかりにはあらず。公領の通常一般の村々においても、同じく、首人の主宰する宇那祢社の祭りにさいして、村人らによる神前かつ共同の飲食がおこなわれていた。ということにもならざるをえない。

これまでに、律令制下における「社の首」に連なるような存在が、それよりも数世紀を隔てた中世社会にまで存続していた。そのことが、古代史家によって、想定されたことは、なかったのではないか。

けれども、事実は奇なり。首人は、確かに、中世にも存在していた。しかも、同じく、大化以前にまで遡る宇那根社の祭りにあわせて。なんという歴史のはたらきであろうか。

そういえば、出羽国男鹿赤神社では、ミケン・サカツラ・眼光・首人・押領という五人の鬼が、神に仕える善鬼、すなわち護法鬼として位置づけられていた。だが、その仏教的な縁起の位置づけにもかかわらず、かれらが「仏法以前」にまで遡る「土民」の信仰に基礎づけられる存在であったことを否定することはできない。柳田国男『雪国の春』[一九六二]に述べられている通りである。この一例をもってしても、首人の仏教以前的な性格が察知されようか。

さらにいえば、東北には、これまた、古代にまで遡る「村君」（むらぎみ）の姿も残されていた。具体的には、八郎潟における氷下の魚を捕獲する光景を目撃した菅江真澄によって記された「氷魚（ひお）の村君」のなかに、「氷魚（ひお）の網曳は、凡七人なり。（中略）、七人のうち、六人を網子（あご）といひ、今一人を村君といふ。大口魚（たら）、鮭（さけ）のあひきにも、むらきみをたてり。いわゆるあまのむらきみなる事、いにしへさま（昔様）なり」。と見えていた。あわせて、その光景が描き出されていた。その巧みなスケッチのなかで、一人だけ烏帽子のようなものを被り、長い杖状の棒を手にしているのが、「村君」なのかもしれない。近世後期は、文化七年（一八一〇）正月十八日のことであった（内田武志ほか編訳『菅江真澄遊覧記』五巻、東洋文庫、一九六七年）。

同じく、「雪の陸奥雪の出羽路」のなかでも、岩館の浦（八森町）における鰰（はたはた）の網曳のありさまが記されていた。そのうえに、「漁の真盛りのころは、どこの浦にも、魚舎（なや）をびっしりと建てならべて、松前の鮭の網びきのように、あまの村君という古い習俗がのこっている」。とするコメントが加えられていた。享和元年（一八〇一）は十一月六日のことであった（同四巻）。

真澄が北日本に魅了されたのは、『万葉集』などの世界に通じる「いにしへぶり」を、そこかしこに「発見」することができたからだった。古き言葉や習俗が地方や辺境に行くほどに残っているという周圏論的な考え方においては、本居宣長のそれを凌駕している。と、菊池勇夫「北方交流史の中の菅江真澄」〔二〇一八〕には記されていた。

「村君」を解説する辞書類には、「漁村における漁法上の指導者のことで、『播磨国風土記』などの古い文献にも見えることば。（中略）、しかし、江戸時代における伊豆の内浦（現沼津市）での村君は村の大網漁の経営者であるとともに村を支配する名主を勤めた事実や、長崎県の福江島では村君が区長のような村の役職をさしている例からみると、元来は漁業だけではなく、村落生活全般において指導的地位にあった者、つまり村の長（おさ）のことをさしたものらしい」。と記されていた（『日本大百科全書』ニッポニカ）。

ないしは、「《和名類聚抄》が〈漁翁〉を〈むらきみ〉と訓ずるところから、村君はまず老練な長老的漁民を意味していたと推定される。そして、中世若狭国の漁村史料には〈大網むらきみ職〉〈本あみのむらきみ〉などの職名が見え、《宇津保物語》に〈むらぎみ召して大網曳かせ〉という一節があることから、村君がとくに網漁を指揮する存在であったことがわかる」。と記されていた（『世界大百科事典』）。いずれともに、然るべし。

『万葉集』などの世界に通じる「いにしへぶり」が、東北のそこかしこには、中世から近世にいたるも、確実に息づいていた。そのことが、明らかである。

そういえば、入間田の小学校時代に（宮城県遠田郡涌谷町）、級友の口から出た「あげづ」の言葉も、また然るべし。すなわち、「あき（秋）つむし（虫）」は「とんぼ」（蜻蛉）を意味する万葉語にして、その訛ったかたちが「あげづ」なのであった。

とするならば、中尊寺領を始めとする北・中奥の村々における首人についても、そのような「いにしえぶり」の最たる存在として、位置づけることができるのではあるまいか。

4　骨寺村の首人から「宇南屋敷」の平山家へ

鎌倉期における骨寺村の首人は、平《たいら》の姓を名乗る「同族団」のリーダーだったらしい。具体的には、「平三太郎入道」「平三二郎」ほか、中尊寺領に編入される以前から「草分け百姓」として移住してきた住人らの子孫によってかたちづくられる小集団のリーダーだったらしい。本書Ⅱ一章において記した通りである。

ただし、鎌倉期以降における首人の存在形態は、杳として、窺うことができない。たとえば、南北朝期は永和二年（一三七六）のあたり、「骨寺村在家日記」には、「まつり田之事」（除田）として、「れい（霊）田」「山王田」「うなね田」

「六所田」「こまか田」「若ミこ（御子）」の記載はあれども、鎌倉期における「首人分二段」（除田）に相当するような記載は見当たらない。同じく、在家名としても、「首人分田屋敷分」に相当するような記載は見当たらない。中世後期には、首人のリーダーシップは失われてしまった。とさえも、想わせかねない事態である。

けれども、天正十九年（一五九一）に記された珍しい記録（冊子本）の表紙には「宇な田屋しき在家」の文字が見えていた。吉田敏弘「天正末年の中尊寺と骨寺村絵図—寺崎屋敷平山家文書について—」［二〇一二］によって紹介されている通りである。

その「宇な田屋しき在家」の住人は、中尊寺経蔵別当領の再興をもとめる動向のなかで、骨寺村の「代官役」を担うことが期待される。そのようなリーダー的な存在であった。

同じく、安永四年（一七七五）に作成の『風土記御用書出』においても、「代数有之御百姓」の家筋の一員として、六代にわたる「宇南屋敷」の住人名が記載されていた。

具体的には、平山駿河、平兵衛、平兵衛、長助、茂右衛門、平蔵の六人である。二代目からは、近世社会の通例によって、「平山《ひらやま》」の姓は記載されていないが、村社会のなかでは、その本姓が忘れられることはなかった。そして、明治以降には、晴れて、「平山」の本姓に復している。

もしかすると、初代の平山駿河は、天正末年における「宇な田屋敷在家　一けん主」の住人その人であったのかもしれない。すなわち、中尊寺経蔵別当領の再興をもとめる動向のなかで、「天治三年経蔵別当補任状」「骨寺村在家日記」ほか、骨寺村関連文書の写し六通に、あわせて骨寺村絵図の写し二枚を相添えて寺家側から預け渡されることによって、「代官役」を担うことを期待された「宇な田屋敷在家　一けん主」の住人その人であったのかもしれない。

いずれにしても、「宇な田屋敷在家　一けん主」「宇南屋敷」に住いする平山家の一統が、近世社会においても、疑いを容れない。

　そういえば、五串の本村において、「宇南権現社」の「地主」「別当」たるべき「源左衛門」もまた、「宇南(田)屋敷」に住いして、「代数有之御百姓」の家筋に属していた(『安永風土記』略称)。同じく、骨寺村の北隣に位置する胆沢郡上《かみ》衣川村においても、「宇南権現社」の「地主」「別当」たるべき「勘右衛門」もまた、「上宇南田屋敷」に住いしていた。「代数有之御百姓」の家筋に属する「勘左衛門」は、「勘右衛門」の誤記にちがいない。かれらもまた、村内において、然るべきリーダーシップを期待されるような存在であった。

　あわせて、「宇南(田)屋敷」「上宇南田屋敷」は、「宇南権現社」に隣接の地なれども、その在所そのものにはあらず。かれら「地主・別当」たるべき旧家の住まいする「屋敷」の在所なのであった。それにたいして、「宇南権現社」の在所としては、それぞれに、「宇南田」「上宇南田」(御林之内)の文字が用いられていた。すなわち、「屋敷」の文字は用いられていない。そのことにも、注意しておきたい。

　その平山駿河の一統には、「平山」の姓はもちろんのこと、「平兵衛」「平蔵」など、「平」の文字が目立っている。これすなわち、鎌倉期において、「平」姓の同族団を率いていた首人の継承者たるべき、なによりもの証明だったのではあるまいか。

　「平」「源」「金」などの本姓をもつ人々が、近世以降に、「平田」「源田」「金田」「金山」ほかの二文字の姓に改めていることは、よく知られている通りである。

　だからこそ、「平山」の一統は、「宇な田屋敷在家　一けん主」「宇南屋敷」における住いを維持し続けるのにあわせて、村内における然るべきリーダーシップを保持し続けることになったのではあるまいか。

　吉田論文には、そうとは記されていない。あくまでも、戦国末から近世社会における村内のリーダー的な存在としての位置づけに止めている。けれども、これまでに記してきたような流れからすれば、どうしても、鎌倉期における首人からの継承関係を想定することにならざるをえない。

とするならば、古代律令制以前にまで遡る首人のリーダーシップが、中世荘園社会にまで維持されたばかりか、近世社会にまでもちこされた。あわせて、宇那根社とのセット関係についても、近世社会にまでもちこされたということになって、大問題である。日本の在地社会において、そのように古くまで遡って、村人らの祭りを主宰するような家筋は、ほかに類例を見いだすことができるであろうか。分からない。

『安永風土記』の段階においては、首人の本来的な役割である宇那根社の取りしきりは失われてしまっていた。具体的には、「宇南屋敷」の住人による「宇南権現社」の取りしきりは失われてしまっていた。なんらかの理由によって、「宇南権現社」そのものの存在が失われてしまったことによる。

だが、五串の本村における「宇南権現社」の住人や上衣川村の「上宇南田屋敷」のそれからしても、本来的には、「宇な田屋敷在家」「宇南屋敷」に住いする平山家の一統もまた、「宇南権現社」の「地主・別当」として、その取りしきりにあたるべき立場にあったことには疑いを容れない。

けれども、同じく村内に祀られる「馬頭観音堂」（いまは駒形神社、絵図では「六所宮」）にたいする平山家の取りしきりは変わらずに維持されていた。

たとえば、『安永風土記』には、「宇南屋敷」の当主たるべき「平蔵」が、「先祖代」より、「中尊寺御一山」の「御始末」によって、すなわち取り計らいによって、「馬頭観音堂」の鑰《かぎ》を預かっていたことが記されていた。その理由は、「観音堂」が「中尊寺御一山境内」に属しており、その「地主」が「平蔵」であったことによる。とも記されていた。

あわせて、「観音堂」別当の地位は、五串の本村にある「羽黒派修験明学院」に委ねて、祭りの執行を任せている。

そのことが、記されていた。けれども、その「俗別当」ともいうべき地位は、平山家に保留されていたのに違いない。

その家筋に連なる平山家には、いまも、その鑰が大切に保管されている。あわせて、「駒形根神社」の幟《のぼり》や法螺貝などの祭具も伝えられている。さらには、先祖の駿河が中尊寺側から預け置かれた「天治三年経蔵別当補任状」「骨寺村在家日記」ほか、骨寺関連文書の写し六通についても、しっかりと伝えられていた。ただし、同じく預け置かれた骨寺村絵図の写し二枚については、所在不明になっている。

この骨寺村の総鎮守ともいうべき地位にある馬頭観音堂(いまは駒形根神社)の事例をもってしても、平山駿河に連なる一統が、村内において然るべきリーダーシップを維持してきたことは、明々白々。といわなければならない。

ただし、かれら首人の子孫たるべき平山一統によるリーダーシップは、戦国期に台頭してきた要害館の「本寺十郎左衛門」(本姓は佐藤)の一統や、近世における肝入の佐藤の一統に比肩するレベルには及ぶべくもなかった。あくまでも、村内における伝統的かつ有力な百姓(「代数有之御百姓」)の一員に止まるものであった。そのことを忘れてはいけない。この村が中尊寺領への復帰が許されて、その「代官」として、首人以来のリーダーシップが期待されたことがあったとはいっても、近世初頭の短期間に終わってしまった。そのことも、あわせ考えるべきであろうか。

けれども、千年あまりにも達する旧家の威風堂々の存在感が、いま現在に至るも、完全には失われることなく、存続している。そのことだけでも、奇跡といわなければならない。

このような事例が、この列島内に、ほかにいくつ数えられるであろうか。分からない。

むすびにかえて

いま現在における「宇南屋敷」「宇南権現社」の跡地は、いいかえれば、骨寺村絵図における「首人」の在所と「宇那根社」の跡地は、どこにもとめられるべきであろうか。それが、さいごに残された問題である。

だが、容易なことで、その回答を見いだすことは難しい。けれども、そのための手がかりのようなものがないではない。今回は、その一端を記すだけで、満足しなければならない。

まずは、安政六年(一八五九)における宗門人別帳である(一関市博物館『骨寺村荘園遺跡村落調査研究総括報告書』二〇一七)。そのなかでは、梅木・林崎・寺崎・宇南・林崎・同、なる六カ所の屋敷の住人が、一グループとして、五人組をかたちづくっていた。

あわせて、梅木・林崎・寺崎・林崎・同の屋敷については、それぞれに、ミチノシタ・ハヤシザキ・テラサキ・ソウツギヤシキ・ミチノウエの屋号がつけられていた。そのことが、國學院大学歴史地理学教室による地を這うような調査によって解明されている(『本寺の家と屋敷』吉田敏弘教授が代表、本寺地区全戸配布版、二〇〇七)。それらの屋敷名のならびは、天保十年(一八三九)における宗門人別帳によっても、確かめることができる(同書)。

それらの「宇南屋敷」ほかの屋敷群は、中沢の源頭をなす湧水によって潤される湿田を取り囲む微高地の辺りに位置していた。なるほど、それならば、骨寺村絵図における首人の在所跡とみられる「宇南屋敷」が中沢源頭の湧水の辺りに、そのほかの屋敷群にならんで存在していたとしても、不自然ではない。

同じく、宇那根社↓「宇南権現社」があった場所についても、そのものずばりの屋敷名・屋号はみあたらないが、その跡地は必ずや「宇南屋敷」の並びに存在していたのに違いない。すなわち、林崎などの屋敷に重なるようなかたちにて、存在していたのに違いない。

そのうえで、もう一度、念を入れて、地図を見渡していただきたい(二九四頁・図1)。その湧水がかりの湿田をぐ

写真１「宇南屋敷」跡から中沢の湿田を挟んで、林崎屋敷（右）・寺崎屋敷（左）を望む

るっと取り囲む屋敷群があるなかで、その南辺の微高地だけが、空白になって残されている。

もしかすると、その空白の地こそが、いまは不明になっている「宇南屋敷」の跡地だったのではあるまいか。

その空白の地は、明治年間の地籍図には「草地」と記されていた。そして、いま現在においては、半分が栗林に、半分が水田になっている。けれども、周囲の湿田に浮かぶ島状の微高地の風情は、失われていない。

さらには、最寄りの寺崎屋敷＝テラサキの山際の辺りには、「宇南屋敷」の住人たるべき平山の一統の先祖にあたる「平兵衛」の追善供養の石碑が立てられていた。そこには、「元禄二年六月廿日」（一六八九）、「浄岩禅定門」の文字にあわせて、「七参立之」「平兵衛子」のそれが見えていた。大塚統子「陸奥国西磐井五串村の石造物」〔二〇〇六〕によって、そのことが知られる。

その「浄岩禅定門」「平兵衛」なる人物は、平山の一統における先祖にあたる「平兵衛」その人だったのに違いない。

具体的には、初代の先祖たるべき「平山駿河」に続く、二代目と三代目が「平兵衛」を名乗っている。したがって、その石碑を立てた「平兵衛子」は、三代目か四代目にあたることになろうか。

「七参立之」の文字は、「二十七回忌(三旬の七)」の追善供養を意味すると、大塚氏は解釈している。けれども、この辺りの中世以来の習俗では、いわゆる「三七日」の追善供養が多かったことからすれば、没後三十五日のそれであった可能性の方が大きいかもしれない。

いずれにしても、「禅定門」の戒名は、通常の百姓身分には叶うべくもない、武家風のそれであった。初代の「駿河」の戦国地侍風の名乗りにあわせて、受け止めるべき事例であろうか。

その骨寺村では最古の年紀にかかる「浄岩禅定門」「平兵衛」の追善供養碑が立てられているのが、寺崎屋敷の山際だったという、その立地にも、注目しなければならない。

同じく、その供養碑から少し登った先は、平山家の古い墓地になってもいた。骨寺村では、旧家の墓地は、いずれも、その屋敷地から大きく隔たることはない、最寄りの山際に立地していた。大塚論文によって、解明されている通りである。

とするならば、平山の一統の住まいする「宇南屋敷」は、その先祖の追善供養碑や古い墓地から大きく隔たることのない、最寄りの平地にあった。すなわち、中沢源頭南岸の空白地の辺りにあった。ということにならざるをえない。

そのうえに、いま現在でも、その空白地(いまは栗林と水田)の半分ほどが、平山家の所有になっている。

あれや、これやで、近世における「宇南屋敷」の在所が、中沢源頭南岸の空白地の辺りにあったことは、確実である。といわざるをえない。

それならば、その「宇南屋敷」の近隣にあって然るべき宇那根社(「宇南権現社」)の跡地は、どこにあったのか。具体的にいえば、宇那根社の鎮守の林は、どこにあったのか。

具体的にいえば、中沢源頭の湿田を取り囲んでいる、梅木・林崎・寺崎・宇南・林崎・同なる六カ所の屋敷、ないしはミチノシタ・ハヤシザキ・テラサキ・ソウツギヤシキ・ミチノウエなる六ケ所の屋号のうち、どれが、その宇那根社の跡地に相当するのであろうか。

そのうち、寺崎＝テラサキは、「骨寺村在家日記」（永和二年頃）における「寺崎在家」まで遡る古い由緒が知られている。すなわち、宇那根社に並び立つような由緒が知られる。したがって、テラサキは外してもよい。

つぎに、梅木＝ミチノシタは、中沢源頭からは離れた北方の山際に位置する「梅木屋敷」からの別れとみられる。その付近の「梅木田」は、「骨寺村在家日記」に見えてもいる。したがって、これまた、外してよい。

そして、林崎の三ヵ所のち、林崎＝ソウツギ、林崎＝ミチノウエの二か所は、吉田敏弘氏らの調査によって、林崎＝ハヤシザキの別れと見られる。

とするならば、林崎＝ハヤシザキこそが、宇那根社の鎮守の林の跡地だった。とするほかにはない。

林崎＝ハヤシザキの地は、中沢源頭の湿田をはさんで、「宇南屋敷」の想定地と向いあう位置づけになる。すなわち、骨寺村絵図に描かれた宇那根社と首人の在家とのありかたに即応するかのような位置づけになる。

そのうえに、林崎とは、林のある崎、すなわち鎮守の林（「宇南林」）のある微高地先端の地というような意味からしても、然るべし。

ただし、林崎＝ハヤシザキの地に、宇那根社の林が存在していたとする考古学的な証明には欠けている。したがって、確定的なことはいえない。今後における考古学的な調査を待つしかない。

そういえば、吉田「骨寺絵図の地域像」〔一九八九〕には、「中澤の水源となった湧水は、明治期の地籍図にもはっきりと跡を留めている。おそらくこの傍らに宇那根が鎮座していたのであろう」と記している。そのうえで、林崎屋敷に接する東隣のポイントに、その跡地を比定している（図1、「骨寺村絵図の現地比定」）。さすがの見当である。それからしても、小論の推測が外れてはいないことが裏づけられるであろうか。

いずれにしても、中沢源頭の湿田をはさんで宇那根社の林と首人の在家が向いあう風景を想い描くことができるならば、これほどに、うれしいことはない。骨寺村絵図を目にした当初からの見通しが間違いではなかったことになって、ないしは吉田論文における見当にも外れることがなかったことになって、これまでの取り組みが無駄ではなかったと、安堵する気持ちを抑えることができない。

ただし、中沢源頭湿田の南岸に位置する「宇南屋敷」に住まいしていたと見られる平山家は、明治初期に、寺崎屋敷＝テラサキの地に移転している。それによって、あわせて、テラサキの屋号を名乗ることになった。あわせて、寺崎＝テラサキの地に住いしていたS家は、離れた国道沿いの地に移転している。それによって、ドウジ(童子)の屋号を名乗ることになった。そのことが、『本寺の家と屋敷』の調査によって判明している。

その移転の契機は、明治五年(一八七二)、小学校の発足によって、「平山惣兵衛ノ家屋」が、その「仮校舎」に充てられることになった(本寺尋常高等小学校『学校沿革誌』大正十二年四月改)。それによるものだったと見られる。

そのような明治以降における動きに幻惑されるかして、たとえば、平山家は、近世宗門人別帳の時代から、寺崎＝テラサキの地に住まいしていたとか。するような錯誤を生ずることになった。そのような錯誤のはてに、平山家は「他から移動してきた可能性も考えられる」。「元来の宇南屋敷は、どこにあったか」。「ドウジとテラサキの関係を考慮することは今後の課題である」などと記されている(『本寺の家と屋敷』)。けれども、中沢源頭湿田南岸における「宇南屋敷」の存在にあわせて、明治初年における平山・S両家の移転を踏まえるならば、それほどに悩むことなく済んだのではあるまいか。

さいごに一言。寺崎＝テラサキの地には、その名前からしても、中世における寺院跡があったのではあるまいか。具体的には、絵図が描かれた鎌倉末期までは「骨寺堂跡」と記されていた場所が、南北朝期は永和年間には、「在家日記」に記されているように、百姓が住まいする「寺崎在家」として利用されるようになっていた。その状態が継続して、近世における「寺崎屋敷」になっている。ということだったのではあるまいか。

これまでは、「寺崎屋敷」の後背に聳える丘陵の辺りに、具体的には「テラサキウシロ」から「平泉野」(へいせんの)に続く丘陵の辺りに、「骨寺堂跡」の遺構を検出すべく、関係者による懸命の取り組みが積み重ねられてきた。だが、いまだに、確たる成果があげられていない。

けれども、「寺崎屋敷」の位置関係を見るならば、中沢源頭の湿田を取り囲んでいる梅木・林崎・寺崎・宇南・林崎・同なる六カ所の屋敷の一郭を構成している。わけても、本来的には首人の住まいする在家だったと見られる「宇南屋敷」とは隣りあっている。宇那根社の跡と見られる林崎屋敷(ハヤシザキ)にも近い。

そのうえに、首人の系譜に連なる平山家の先祖の追善供養碑が、すなわち村内で最古の元禄二年の供養碑が立てられているのも、「寺崎屋敷」の山際の地であった。

さらにいえば、明治初年、その平山家が「宇南屋敷」を引き払って「寺崎屋敷」に移り住んできた背景にも、寺崎屋敷との深い所縁が潜在していたのではあるまいか。

いいかえるならば、「骨寺堂跡」の在所たるべき「寺崎屋敷」は、本来的には、首人の後継者たるべき平山家による管理下にあったのではないか。だからこそ、明治初年における「寺崎屋敷」への移転が可能になったのではあるまいか。

とするならば、いま現在における駒形根神社(六所宮)はもとより、「宇南権現社」も、同じく「寺崎屋敷」(「骨寺堂跡」)も、首人の後継者たるべき平山家の管理下にあった。ということになって、おもしろい。

それほどまでに、本寺村における首人の後継者たる平山家に具えられたリーダーシップには、大きなものがあった。ということであったのかもしれない。

あれや、これやで、「寺崎在家」こそが、絵図に描かれた「骨寺堂跡」「骨寺跡」に相当するのだ。ということにならざるをえない。

ただし、二枚の絵図に描かれた「骨寺堂跡」「骨寺跡」の位置関係では、中沢源頭湿田の辺りに所在する首人の在家と見られる大型の建物や宇那根社との距離が、さらには「六所宮」との距離が、やや、間延びして見えないこともない。

けれども、絵図が描かれた視点場とされている要害橋(平野部の中心)の辺りからすれば、「骨寺堂跡」「骨寺跡」は手前に所在する宇那根社の林に隠されてしまって、直接的に目にすることができない。すなわち、想像して、描くしかない。そのために、やや、間延びした位置関係になってしまったのではあるまいか。

岡村光展「中世骨寺村絵図に描かれた小村落」(一・二・三)〔二〇一〇・一一・一三〕では、それぞれの在家にかかわる保有地の復元から、同族的な紐帯によって支えられた散居村落・小村落としての成り立ちについて考究するかたわら、宇那根社と「骨寺堂跡」の在所について独自の特定を試みている。

すなわち、「在家絵図」に描かれた道筋の屈曲ほかに着目することによって、「骨寺堂跡」の在所は、平山家先祖の供養塔が立つ「寺崎屋敷」(テラサキ)の南隣の山際の辺りである。あわせて、「寺崎屋敷」そのものは、絵図に描かれた「房舎跡」に相当する。ということにされている。

同じく、宇那根社の在所は、中沢源頭部から南に三〇〇メートルほど離れた微高地(いまは空地)の辺り。ということにされている。

絵図の描き方を見るならば、そのようなことが言えないでもない。けれども、岡村論文のばあいには、中沢源頭部の湿田の辺りが骨寺村の「へそ」にあたる。その具体的なあらわれとして、梅木・林崎・寺崎・宇南・林崎・同なる六カ所の屋敷が湿田を取り囲むようにして近世に存在していた。など、重要な事実に関する認識が欠如していた。そのような肝心要の認識を欠如したままの立論には、すなわち絵図における描写のありかたに着目するに止まっているだけの立論には、限界あり。といわざるをえない。

Ⅲ 中尊寺との往来のなかで

一章　骨寺村所出物日記にみえる干栗と立木

はじめに

鎌倉後期、文保二年(一三一八)に記された「骨寺村所出物《しょしゅつもつ》日記」には、平泉近郊の山村に住まいする人びとが、中尊寺経蔵別当のもとに差し出すべき所当《しょとう》(年貢)・公事物《くじもつ》の品目が詳細にわたって書き上げられていた(中尊寺経蔵文書)。

ここには、「田屋敷分」として格づけされた三名の在家住人が差し出すべき所当籾《もみ》・口物《くちもつ》にあわせて、節析《せちりょう》(料)・細々小成物《なりもの》の品目が書き上げられている。ただし、「田屋敷分」でも、「首人分田屋敷分」のそれについては、特別あつかいで、「地絹一切《ひときれ》代七百文」だけの負担とされている。

つぎには「作田分」として格づけされた八名の在家住人ほかの差し出すべき銭貨が、さらには宮々御祭立物用途・山畠粟・栗所干栗《ほしぐり》の品目が、またさらには「在家別十二束ツヽ(宛)」と定められた「歳末立木《たてぎ》」の品目が、それぞれ書き上げられている。

それらの品目によって、わけても、山畠粟・栗所干栗・歳末立木などのそれによって、平地における稲作主体の村落にはあらず、東北日本の中山間地に位置する典型的な中世村落ならではの特徴的なくらしぶりが浮き彫りにされるであろうか。今回は、それについて、個々の品目に即して、具体的に確かめてみることにしたい。

1　栗林は山村のくらしの支えだった

それらの品目のうち、もっとも特徴的かとみられるものから、取り組んでゆくことにしたい。「栗所干栗」の表記によって、最初に印象づけられるのは、「栗所」すなわち人工的な栗林の存在である。これによって、縄文時代、三《さん》内丸山《ないまるやま》遺跡のくらしが営まれていたあたりから、中世にいたるまで、東北の山村に継続的に人工の栗林がかたちづくられていた。そのことが察知される。

ただし、その「栗所干栗」については、小岩弘明「骨寺村荘園遺跡における調査研究と景観保全の軌跡」〔二〇〇九〕によって、「栗所干栗とは搗栗として調進するために集められて乾燥させた栗」なり。と記されていた。同じく、大石直正「膝下荘園としての骨寺村」〔二〇一二〕においても、「栗所」を「くりそ」と訓んだうえで、「栗を加工して、搗栗(かちぐり)をつくる施設を含む所」なり。と記されていた。

入間田「骨寺村所出物日記にみる干栗と立木について(覚書)」〔二〇〇九〕にたいする批判である。あるいは、そうかもしれない。けれどもやはり、「干栗」の表記にこだわった方がよいのかもしれない。同じく「栗所」についても、人工的な栗林とする方がよいのかもしれない。

いずれにしても、山村のくらしにおいて、栗は日常的な食物資源の根幹をなしていた。それならば、「栗所干栗」が領主に差し出すべき公事物として掲げられていたとしても、不思議ではない。

東北ばかりではない。たとえば、鎌倉初期、建久四年(一一九三)、紀伊山地の谷あいに開かれた高野山領阿氏河上

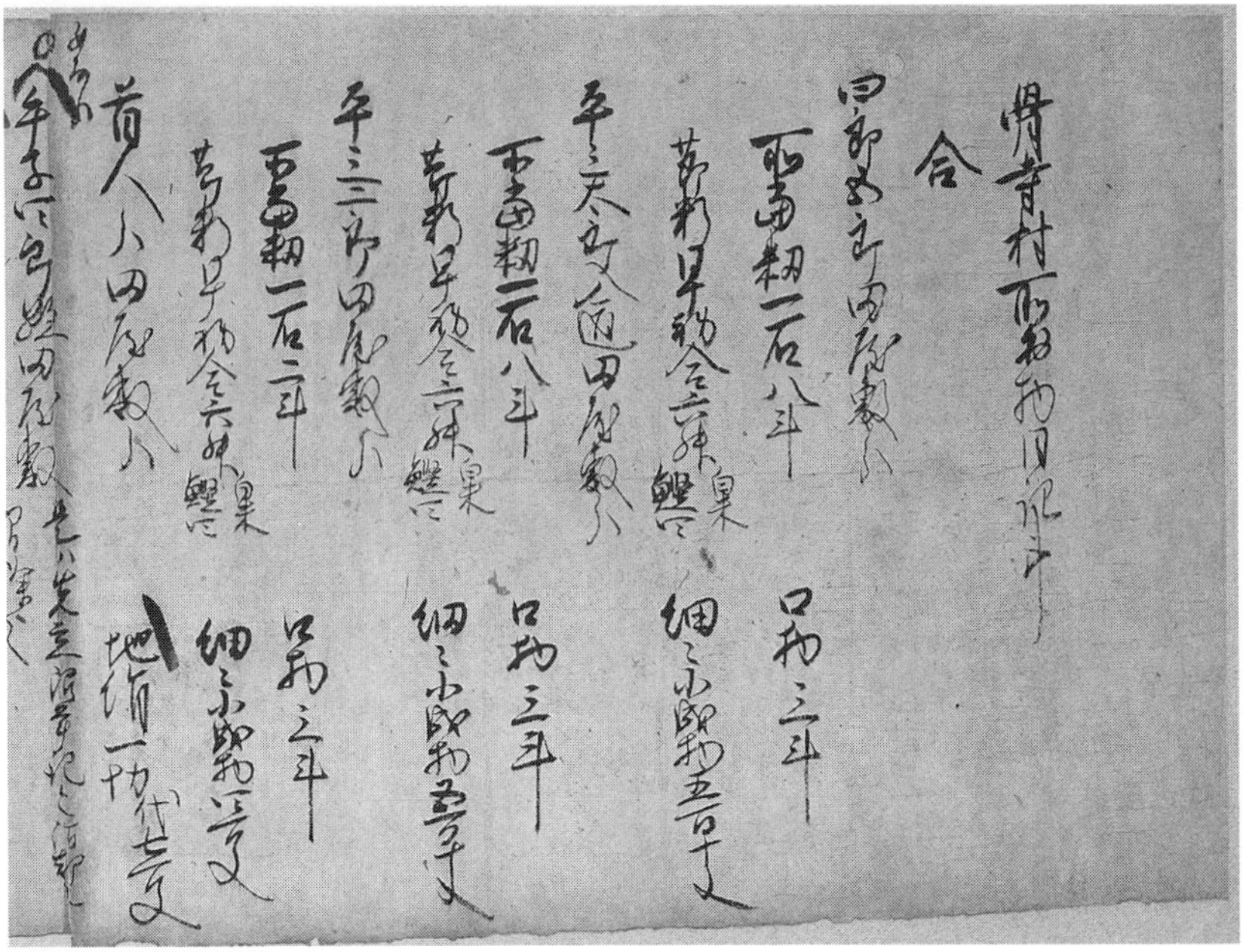

写真１　骨寺村所出物日記（一関市博物館提供　中尊寺大長寿院所蔵）

荘でも、住人らの住まいする在家八五宇（そのうち二五宇は脇在家、五宇は寡女《やもめ》）に対して、栗林三一町余が書き上げられていた（高野山文書又続宝簡集、在家畠等検注目録案、鎌倉遺文六八八）。そのうち、栗林二〇町には、「所当かち栗貮斛（二石）」が課せられていたことが知られる（同文書所当注進状案、鎌倉遺文六九一）。

それによって、在家数に比べて、相当数の栗林の面積がかたちづくられて、住人のくらしに利用されるかたわら、領主のもとに「かち栗」が差し出されていたことが知られる。「かち栗」（搗栗・勝栗）は、干栗を臼で搗《つ》いて、殻と渋皮を取り除いたものとされている。

この荘園における水田のうち現実に耕作されている面積としては、三七町余（同田検注注進状案、鎌倉遺文六八九）。同じく、畠の面積は二一町余（同在家畠等検注目録案）が書き上げられていた。ただし、畠の面積については、六〇町とされてもいた（同文書所当注進状案）。いずれにしても、水田や畠の面積に比べても、相当数の栗林の面積だったといわざるをえない。

あわせて、桑一八九〇本、柿五九八本、漆三二本が

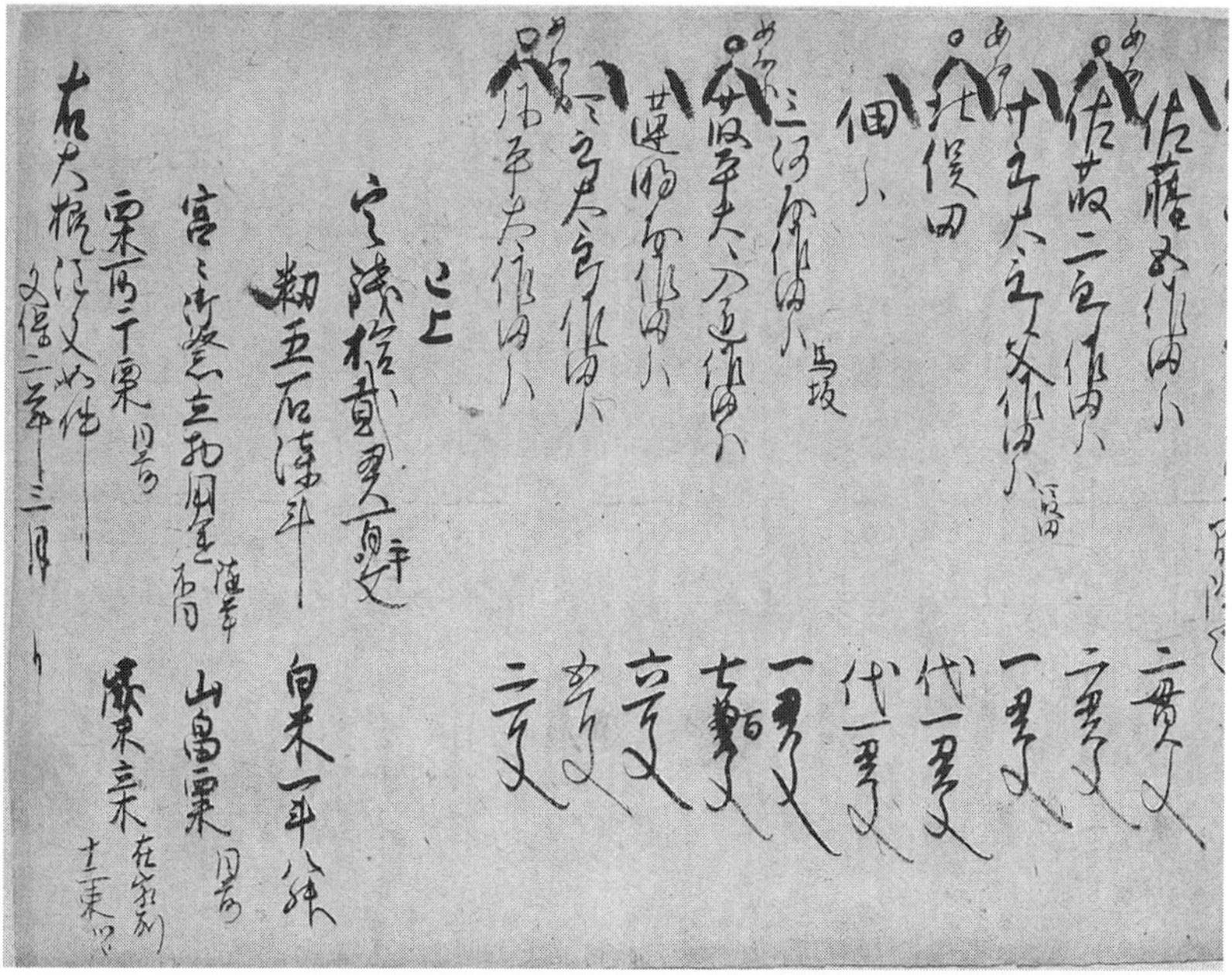

書き上げられていたことにも、気をつけなければならない(在家畠等検注目録案)。それらのうち、柿の本数については、七〇〇本と査定しなおされたうえで、「所当柿柒拾(七〇)連」が課せられていた(同所当注進状案)。栗にあわせて、さまざまな樹種が、山村のくらしに役立てられていたことが知られる。

骨寺村のばあいには、「田屋敷分」「作田分」あわせても、在家数は、十数宇を上回ることはない。すなわち、阿氏河上荘の八五宇に比べて、五分の一を上回ることがない。したがって、栗林の面積ほかに関しても、五分の一、すなわち八町弱を上回ることがなかったのかもしれない。だが、それにしても、相当の数値であることに変わりはない。

近世に及んでも、骨寺村のくらしにおける栗の木の重要性には変わりがなかった。そのことを鮮明にしめしてくれるのが、この辺りにおける正月飾りのスタイルであったろうか。そのシンボリックな民俗については、天明六年(一七八六)、平泉の辺りを訪れた菅江真澄の旅行記『かすむこまかた』に貴重な証言があって、東北芸術工科大学大学院赤坂憲雄教授のゼミに属する川合正裕氏ほかによる懇切な注釈が加えられている（「注釈かすむこまかた」『真澄学』四号、二〇〇八）。ここでは、それらに学びつつ、コメントしてみることにしたい。

二月朔日　けふは松の林に竹の森とて、栗の樹（キ）の鬼打（オニウチギ）立て、正月（ムツキ）の門松竹荘飾（カザル）にひとし。（中略）、何事も、胆沢ノ郡とはことにして、としの始めの門松も、栗の木を庭中に立て、つま木をまたとり束（ツカ）ね置（オキ）て、竹のうれに餅をさしはさみて、田ノ神、星祭の守札（マモリ）なンどおしたる下（シタ）にさし、（後略）、（『菅江真澄全集』第一巻、未来社、一九七〇年による。ただし、若干の句読点を補う）

この証言によって、この辺りの磐井の里では、正月飾りの基本は、門松にはあらず、庭中に立てた栗の木だった。その根元に取り束ねた「つま木」が置かれたり、餅を挟んで、田の神・星祭りの守札をさした竹枝が下に差し添えられたり、ということがあったとしても、飾りの主体は、栗の木にあった。そのことが明らかである。それならば、門松にはあらず、「庭栗」と呼んでも差支えがないであろうか。いずれにしても、栗の木が、これほどまでにシンボリックな役割をはたしている事例には、遭遇したことがない。

それに対して、衣川を隔てた胆沢郡の辺りにおける正月飾りについては、真澄によって、同じく正月三日の条に、「門々の雪にさしたる小松に、栗の木の枝を立添ふるためし、しりくへ縄、ゆづる葉は、いづこも同じ」と記されていた。

こちらのように、庭中に立てた栗の木を主柱とするにはあらず、「門々の雪にさしたる小松」を主柱として、それに栗の木の枝を立て添えるというスタイルは、「いづこも同じ」と記されている通り、かなりの広がりをみせていたらしい。

たとえば、三浦貞栄治ほか編『東北の歳時習俗』（明玄書房、一九七五）には、岩手県の正月行事のうち、門松の項目を掲げて、「北上市二子や矢作町（現陸前高田市）の生出には一本門松を立てる一族がある。二子の中野家一族では南側の庭に杭を一本立て、三階松・笹竹・栗の木の枝の三種を取付ける。これに矢をつがえた竹の弓を添えるのが本式である。一対立てる門松でも栗の枝を添える」。と記されていた。この中野家一族のばあい、南側の庭に立てられた一本の杭が、何の木であったのか。残念ながら、触れられていない。だが、松・竹の縁起物に並んで、栗の木の枝が添えられていた。それだけでも、貴重な情報であったろうか。こちらのスタイルの方にしても、主柱の杭が栗の木でないかもしれないが、すなわち「庭栗」の事例には及ばないかもしれないが、日常のくらしにおける栗の木の重要性が、それなりに反映されていたといっても差支えがない。

そして、近代に及んでも、山村における栗林の重要性には、変わりがなかった。たとえば、骨寺村から奥羽山系を越えた向こうの山あいに開けた五十沢《いさざわ》村(いまは山形県村山市五十沢)では、戦前まで、「旦那さんの栗林」があって、栗拾いをする村人は、「栗年貢」を差し出す決まりになっていた。その詳しい聞書きが、東北芸術工科大学六車《むくるま》由実助教授のチームによって報告されている(六車「五十沢、場所の記憶」二〇〇七)。

それによれば、昔は栗林がたくさんあって、自分の持ち山で拾う場合もあったが、旦那さんの持ち山には広大な栗林が広がっていた。秋になると、村人らは願い出て、旦那さんの栗林で拾わせてもらった。そのさいには、一軒について三升の栗年貢を差し出す決まりになっていた。彼岸の入りの初栗が落ちるころから一ヶ月くらい、栗拾いは村の女性たちの大切な仕事だった。御飯を食べないで、まだ暗いうちに懐中電灯を点して山に入り、他人よりも多くの栗を拾おうとする人もあったという。

村人らは、栗を売って小遣いにして、綿とか反物などを買っていた。虫が食ったりして金にならない屑栗は、御飯に入れて食べた。栗御飯はうまかった。野良仕事をするにも、山仕事をするにも、焼き栗や蒸し栗などをポケットに入れて、食べ食べ仕事をしたものだ。女性たちには、毎晩、屑栗の皮を歯で剝いで、すり鉢で擦って、渋取りをする仕事も割り当てられていた。ともいう。

大石［二〇一二］においては、「栗所干栗」の賦課が、「宮々御祭立物用途」「山畠栗」に同じく、「隋年不同」となっているのは、それが在家別あるいは栗の木一本ずつ、粟畠一段ずつなどのかたちで定量化されていなかったことを意味する。あるいは、村共同体全体の負担であったのであろうか。村が全体として、栗の生産地に特化している様相をうかがうことができる。と記されていた。あるいは、そうかもしれない。

高野山領阿氏河上荘においても、桑や柿は一本ずつに書き上げられていたのに対して、栗については、「栗林」三〇町余などのレベルに止まっていた。とするならば、桑や柿がそれぞれの在家の所有になるのに対して、栗林は村人らの総有になる。ないしは共益になる。すなわち、シーズンになれば、村人らが総出で栗拾いに取りかかる。ということだったのではあるまいか。

そのような意味あいにおいても、山形県五十沢村の近代の事例は、興味深い。すなわち、旦那さんの持ち山ということになってはいるが、村人ら総出の栗拾いによって、さらには栗年貢の差し出しによって、総有の意味合いが担保されていることには変わりがない。

大石論文における「村共同体全体の負担」とする文言を受け止めるのに、このような内面的な理解をもってするならば、まんざらにはあらず。というわけである。

骨寺村においても、同じような栗拾いの光景があったのに違いない。いまは、まだ、聞き取り調査のチャンスに恵まれていないが、いつの日にかと、願わずにはいられない。

骨寺村の現地では、いまでも、山裾に点在する堂々たる旧家の裏山に、栗の古木が立つ風景が維持されている。集落に入る手前、「慈慧塚」を拝む拝殿の辺りには、広大かつ立派な栗林が残されてもいる。それにつけても、調査の必要性を痛感せずにはいられない。

2　歳末立木は薪の束にほかならない

磐井の里における真澄の証言のなかで、注目すべきは、正月を迎えるために、庭中に立てる栗の木のことばかりではなかった。その栗の木の根元に置かれた多数のつま木の束《たば》のことにも、同じように、真剣な眼差しが向けられなければならない。

その多数のつま木の束の実体は、薪の束にほかならない。小学館『日本国語大辞典』には、「つまぎ」について、爪木・妻木とも書いて、薪の意なり。としたうえで、「しづ（賎）がつま木のおの（斧）の音」（平家物語）、「つま木とる山人」（御伽草紙）ほかの用例を紹介してある。

同じく、真澄の証言の冒頭に、「栗の樹（キ）の鬼打（オニウチギ）立て」と記された、その実体についても、薪であったとされている。川合氏の注釈や辞書類の解説に従えば、そのようなことにならざるをえない（ただし、前に引用した真澄の証言を全体的に受け止めて、その文脈に素直に従うならば、「鬼打」は、庭中に立てられた栗の木、飾りの主体そのものだったような気がしないでもない。鬼打木は御新木〔おにいき〕の転訛なりとするような、辞書類に援用される解釈にも違和感を禁じえない。したがって、この点については、結論を留保して、後考に委ねることにしたい）。

そのような薪の束のことを、地元では、タテギ・オタテギと呼んでいた。三浦貞栄治ほか編『東北の歳時習俗』（前掲）には、同じく正月行事のうち、立木（たてぎ）の項目を掲げて、「これは割木（ワッツァキ）を、その白い割面を表にして環状に組み、新藁の縄を正式には七五三に巻いたもので、十二月中旬から下旬までの間に作る。オタテギともいう。この行事は南三陸海岸地方から遠野郷を経て江刺地方や大迫《おおはざま》地方の農村に及んでいる。門松に代わるもので、七日正月までそのままにしておく家もあり、旧二月九日に倒すという家もあり、さまざまである。三陸町吉浜の小松家では旧十二月十五日の昼、タテギダテをする。縄の結び目は家の方を向く。春の鍬おろし（稗や粟の撒き始めの日）のとき崩し、その割木で焚いたご飯を働く人々に食べさせる。（中略）、大迫町内川目字金沢（かねざわ）ではお立木の真ン中に松を立てる。（中略）、江刺市伊手で山から木を十二把伐って環状に組むというのは、一年間に焚く焚き物を表象するのであろう。ここでもお立木のワッツァキの聖化を信じて春の味噌煮の燃料にとくに用いる」。と記してある。

それらの事例のうち、大迫町のそれについては、写真が載せられている。そのキャプションには、「曲家《まがりや》の外庭に作られ中央に松を立てた立木」と記されていた。磐井の里のように、中央に立てられるのが栗の木にはあらず、松の木なれども、飾りの主柱としての堂々たる存在感をアピールしていた。その根元に立てられた大ぶりの割木の環が、また、すばらしい。燃料に事欠かない豊かなくらしぶりを表象させてくれるのに、十二分の効果を発揮していた。

それならば、鎌倉後期、文保二年、「骨寺村所出物日記」に書き上げられた「歳末立木在家別十二束ツヽ」も、また、中尊寺における正月迎えのために差し出された割木（薪）の束、そのものだったのに違いない。

同じく、南北朝後期、永和二年（一三七六）、「骨寺村在家日記」においても、それぞれの在家が差し出すべき「ねんく（年貢）二貫文」につづけて、「立木十二足（束）」の文字が、しっかりと書き上げられていた（中尊寺経蔵文書）。それによっても、骨寺村の差し出すべき公事物の最たるものとして、立木が位置づけられていたことが明らかである。

骨寺村の住人らが、領主の正月迎えの行事に奉仕するということで、十二ヶ月分の焚き物を表象する十二束の割木（薪）を差し出すにさいしては、それぞれに、馬一疋に立木四束を振り分け荷にして三疋ずつ、あわせて十二×三疋の馬列を組んで、馬坂新道の峠を越え、平泉に向かったのに違いない。その光景が、目の前に浮かんでくる。すなわち、真澄が遭遇した正月迎えのかたちには、鎌倉期にまで遡るルーツがあったのに違いない。

このことに気づいた最初の研究者は、岩手県史の編纂にあたった田中喜多美氏（いまは故人）であった。その論文、「農神信仰」（『岩手史学研究』二七号、一九五八）には、骨寺村の年貢の中に、「歳末立木十二束」といったような記事があり、旧藩時代、城下の武士が知行所から「御立木」を徴集していたのと変わらない。正月の門松の周辺に立てる「おたて木」であると記されていた。その威風堂々の指摘の存在については、川合正裕氏に教えられて、はじめて知ることができた。これまでの不勉強をあらためて痛感させられた次第である。

写真２　復元門松（一関市博物館提供）

そういえば、八戸の民俗・歴史学者、小井川潤次郎氏（いまは故人）による論稿、「門松考」にも（『南部の民俗』小井川潤次郎著作集第七集、八戸市木村書店、一九九四）、「士族の門前に誇らしげに立てられたタテギ」の伝統の名残が記録されていた。「子供の時分には正月のこの門松のタテギ、松の根元に立てる割木の大小が話の種になり何処のが大きいとか、どの家のが立派だとか言ったもので、それは松そのものではなしに、そのタテギ、八戸ではサイハヒギと呼んだそれを評判したもので、私など平民の子よりは、もっとこれに関心を持った者は御家中といってゐた士族の人たちであったやうである」。と記されていた。これまた、川合氏の教えに感謝しなければならない。

最近では、入間田「骨寺村所出物日記にみる干栗と立木について（覚書）」［二〇〇九］の直後なれども、岡村光展「中世骨寺村絵図に描かれた小村落（一）」［二〇一〇］によって、立木は「用材や燃料の割木に利用」とコメントされてもいる。けれども、書きぶりからすると、立木は用材や燃料そのものにはあらず、あくまでも、それらの元をなす原木が、すなわち立木（たてぎ）にはあらず、立木（たちき）がイメージされているようで、気がかりではある。

さらには、菊池勇夫「立木（タテギ）の習俗―近世の奥州南部の事例から―」［二〇一〇］によって、盛岡藩や八戸藩における、ないしは現代に残る民俗事例における立木のありさまが、豊かに描き出されていた。あわせて、柳田国男「柴と割木」［一九六二］によっても、門松に薪を添えたり、薪を庭に飾ったりする民俗について指摘されていた。そのことに注意されてもいる。ならびに、立木といっても、どのようなものを立木と呼んでいるのか。多少の幅なり、揺らぎがあり、自明なことではない。とする大事のコメントが付されてもいた。具体的には、門松を支える割木をさすのか、門松の柱のことなのか。いわゆる門松とは違って薪だけを立てて束ねたものなのか。そもそも、門松と立木とは本来的には別物だったのではないか。そのほか、不鮮明なところがなきにしもあらず。というのである。これからは、それらの問題点についても、注意してゆかなければならない。

同じく、小岩弘明「骨寺村の公事が示すもの」［二〇一七］には、立木を差し出すにあたっての具体的な情景として、「大晦日約一月半前から栗の木の伐り出しを行って乾燥させ、大晦日直前から数日間、経蔵へ運び込んで、一部の立木（薪）は門松様に飾り付け、その他は供え物用の神聖な薪、あるいは松明として使用された」。「骨寺村の民も、そこで正月前後の法会の一端に与ることによって、結縁する事の満足感を得た」と記されていた。すなわち、差し出された立木のすべてが門松の飾りに用いられたわけではない。そのことに注意されている。あわせて、岩手県内における立木に関する最近における調査報告、工藤紘一「『聞き書き　岩手の年中行事』から思うこと」［二〇一四］の内容が紹介されてもいる。

3　薪から歳末立木への意味変換

そもそも、山村の住人が平地の領主に奉仕する最たるかたちは、正月を迎える準備に賑わう竈《かまど》の辺りに、一年間の焚き物を表象する薪の束を持参することにあったらしい。

たとえば、同じく、小井川氏の論稿、「ニハシマヒとサイハヒギ」〔一九九四〕にも、歳末のニハシマヒ(庭仕舞)にさいして、大家(オホイ)に奉仕する若い者が薪とりに山へ行ってきて、ナベコダンゴ・鱈ほかの御馳走にありついた。そのほかの事例が紹介されていた。全国的に広がる類似の民俗についても、柳田国男・早川孝太郎ほか、先学の論稿が引用されていた。

小論では、鎌倉期に遡って、若干の事例を紹介することによって、それらの補いにすることにしたい。

たとえば、鎌倉中期、建長四年(一二五二)のあたり、大和国楊本荘の百姓らは、現地の取り仕切りを任された預所(荘官)に対して、それぞれに(「名別」に)、「歳末薪一駄」「栗一斗」を差し出す決まりになっていた(内閣文庫所蔵大乗院文書、楊本荘検注丸官物米算用状、鎌倉遺文補一五一六)。

鎌倉後期、嘉暦四年(一三二九)、加賀国軽海郷の百姓らも、それぞれに(「名別」に)、「薪六十五駄駄別四束」「栗四斗六升五合」ほか、「名々色々雑物」を差し出す決まりになっていた(金沢文庫文書、軽海郷年貢済物注進状案、鎌倉遺文三〇六一九)。「駄別四束」の記載によって、一疋の駄馬には、四束の薪をというのが、通例であったことも知られる。

骨寺村のばあいにも、そのようにして、立木が運ばれていったのに違いない。

同じく、鎌倉前期、嘉禄二年(一二二六)、周防国屋代荘の百姓らも、公文(荘官)に対して、それぞれに(「在家別」

に)、「薪四斗」「炭四籠」を差し出す決まりになっていた(櫛邊文書、領家定文案、鎌倉遺文三五〇二)。

さらには、鎌倉後期、弘安六年(一二八三)、近江国伊香立荘の百姓らも、預所に対して、総体として、「花炭二百籠」ほかを差し出す決まりになっていた(葛川明王院文書、荘官百姓等申状、鎌倉遺文一四八五〇)。薪の文字にはあらねども、「在家木三百六十荷」が、一年間を通じて、領主の竈に焚かれる燃料を表象するものであったことには間違いない。

鎌倉期ばかりではない。さらには、中世ばかりではない。たとえば、近世中期、享保二年(一七一七)、松前藩領内は西・東の海村にくらす住人(和人)らは、家別に、「薪　雑木　長二尺七八寸伐　幅七尺　高サ五尺」を、殿様に差し出す決まりになっていた(『松前蝦夷記』、『松前町史』史料編一)。長さ二尺余に切った木材を、山盛りにして、幅七尺、高サ五尺ということであったろうか。ただし、「木かぶ(株)」、「悪き木」は、二倍の数量を差し出すべし。とする注意書きも見えていた。それらの薪は、浜辺に流れ着く流木だったのか。山から伐採したものだったのか。判断に迷わされる。ならびに、鯡(にしん)が十四丸(一丸は鯡二百本を束ねる)。昆布が廿五駄。長さ一丈の材木が角材・丸太あわせて六本。を出す決まりにもなっていた。

松前藩領内には水田が存在しなかった。アイヌ民族との交易の利潤のおこぼれに預かるほかには、海産物に依存するか、山の恵に頼るしかない、特徴的なくらしが営まれていた。ある意味では、米づくりの条件に恵まれない山村にくらす中世の住人に似通った特徴的な環境に置かれていた。そのために、石高に基づいて米を差し出させることがかなわず、それらの特徴的な品目が選ばれることになったのに違いない。


いずれにしても、骨寺村の住人が、それぞれに、歳末に差し出す立木十二束の実体が、薪の束であったことについては疑うべくもない。正真正銘の事実であった。

その薪の束は、領主のくらしを支えるという物質的な役割に加えて、領主の庭中に立てられた栗の木の主柱の根元を飾る立木としての役割、すなわち領主の正月行事に奉仕・参画するという精神的な役割をも担わされていた。

駄馬を連ね、馬坂新道の峠を越えて、ようやくのことで、中尊寺経蔵別当のもとに辿りついた村の住人らが、「庭栗」の飾りつけに加わって、その根元に立木の束を置きならべる。そして、ごくろうさん、ということで、一杯の酒をふるまわれる。という光景が、目の前に浮かんでくるようである。ついでにいえば、飾りの主柱をなす栗の木そのものも、村人らによって持参されたのかもしれない。在家別の負担ということで、立木十二束が書き上げられている背景には、村人が総体として栗の柱木一本を持参するということが隠されていたのかもしれない。

村の住人と荘園領主との間には、一方的な支配・被支配関係のみにはあらず、双方向からするメンタルなはたらきかけがあって、それなりに円滑な関係が維持されていた。藤木久志『戦国の作法』〔一九八七〕ほか、多くの先学が教えてくれている通りである。そのような列島規模で展開されたメンタルな互酬関係を物語るのにもっともに相応しい事例として、今回のように、村人らの差し出す薪の束が、領主の「庭栗」を飾る立木のそれとして意味変換(再解釈)されるケースを、位置づけることができるであろうか。

ただし、村人らの差し出す立木が、栗の割木ばかりだったとする確定的な証拠はない。真澄の証言の冒頭に、「栗の樹(キ)の鬼打(オニウチギ)立て」と記された、その実体についても、薪であったとする川合氏の注釈や辞典類の解説に素直に従うことができれば、よいのだが……。ここでも、また、若干の留保をすることにならざるをえない。

それにしても、岩手県内における「うねうつぎ」「鬼うつぎ」「おにづか」「わっちゃき」「たて木」ほかの民俗例の多くに、栗の木が用いられていたことは疑うべくもない。ほかには、楢の木・松の木が上げられる程度であろうか。川合氏の注釈に記されている通りである。これには、素直に従うことにしたい。そういえば、真澄の証言にしても、栗の主柱の根元に束ね置かれた「つま木」が栗の木ではなかったという積極的な指摘には及んでいない。やはり、主柱ばかりではなく、立木も、栗の木ということであったろうか。確かに、この方が、おもしろいかもしれない。

いずれにしても、正月飾りの主柱も栗の木、立木も栗の木だった。という可能性が限りなく大きいことには変わりがない。それほどまでに、栗の木に、そして薪に寄せる人びとの想いは大きかった、ということであろうか。

宮沢賢治『祭の晩』には、団子の代金を立て替えてもらった御礼のために、十八日の月がのぼってくるあたりに、亮二少年の家の庭先に、こっそりと、薪百把と栗八斗を積み上げて置いていった「山男」のことが物語られている。さすがは賢治。「山男」を愛した賢治。幼い平地人の目に映った「山男」の恐ろしげな姿が真実に近いものだったのか、どうかについては別にして、山人によってもたらされる恵の最たるものが薪と栗であったことについては、ずばり、真実に的中している。よく、見ているものだ。

ただし、大石直正〔二〇一二〕においては、骨寺村から「在家別に十二束ずつ」の「歳末立木」は、「中尊寺における越年の行事」として「おこなわれる焚火のための薪」なりとするコメントが記されていた。入間田〔二〇〇九〕によって、中尊寺庭中における門松の根回りに立てならべるために、ひいては十二か月分の薪にあてるために、とされていることに対する批判である。けれども、中尊寺越年の行事として「焚火」があったとする確証はない。また、「十二束ずつ」という表記からしても、十二か月分を連想することにならざるをえない。ただし、村人らが、「中尊寺における越年の行事に参加」していたとする大枠の認識ということでは、大石・入間田のあいだに違いはない。

4　籾・白米・鰹・地絹、そのほかについて

鎌倉後期、「骨寺村所出物日記」に書き上げられたなかには、干栗や立木のほかに、籾《もみ》・白米・鰹・地絹、そのほかの品目もみえていた。それらについても、せっかくの機会なので、概略のおさらいを試みることにしたい。

たとえば、「四郎五郎田屋敷分」として書き上げられた「所当籾一石八斗　口物《くちもつ》三斗」については、その数量の少なさが気にかかる。それだけでは、大人二人が一年間に食する程度でしかない。「田屋敷分」在家三宇の差し出すべき総量にしても、「五石柒(七)斗」というのでは、同じく六人が食する程度でしかない。平地における稲作主体の荘園村落が差し出すべき所当(年貢)の総量に比べて、格段に少ない。

そういえば、同じころに描かれた「骨寺村絵図」(「在家絵図」)にも、水田はわずかばかりで、未開の原野の広がりには適うべくもなかった。それにつけても、村人らが、日常的に米を食していた可能性は低い。祭りに餅を食する程度だったのであるまいか。日常的には、栗・粟などを食していたのではあるまいか。

それなのに、所当として米を差し出させるというのは、もっぱら、領主側の都合によるものだったのに違いない。すなわち、仏前に供える。法会の振る舞いに充てる。日常的にも食する。など、米をもって尊しとする、領主側における生活形態・固定観念によって強制されたものだったのに違いない。中世社会においては、水田を掌握し、米の年貢(所当)を差し出させるという支配編成が、根幹の地位を占めていた。そのために、米づくりの歴史が浅い辺境の地にまで、同一の編成が無理やりに押しつけられていた。入間田「北奥における荘園・公領制の展開」〔二〇〇二〕ほかで、くりかえし論じている通りである。そのような米中心、水田中心の編成が、山村にまで無理やりに押しつけられたケースとして、骨寺村の事例を位置づけることができるであろうか。

なお、籾のかたちで米を差し出すのは、通例である。保存のためには、今も昔も、そうするしかない。口物は付加税。口米《くちまい》とも。輸送にともなう数量の目減りを補塡する趣旨によるものらしい。

同じく、「四郎五郎田屋敷分」として書き上げられた「早初合六升白米」は、穫り入れたばかりの早稲の初物(新米)を、急ぎ精白して、平泉まで届けたものであったろうか。領主の日常食にはあらず、仏前に供えて、収穫の無事を報告する。という趣旨であったろうか。

　そういえば、「天治三年」（一一二六）、初代の経蔵別当蓮光のあたりには、「毎日御仏供粁《ぶつくりょう》（料）白米二斗」が、「高御《たかみ》倉《くら》」から下行《げぎょう》されて、「銅鉢二」に入れて仏前に供えられていた。とする後代の言説さえも残されていた（経蔵文書）。ただし、平安末〜鎌倉前期になってから作成された初代清衡の発給文書（偽文書）に載せられている言説なので、真偽のほどは確かめようがない。ただし、万一、それが真実だったとしても、骨寺村の差し出す「早初合六升白米」とは、質といい、量といい、趣旨を異にしていることは、いうまでもない。

　奈良東大寺の大仏にも、白米が供えられている事例があった。ただし、こちらのばあいには大掛かりで、毎日一斗の白米が届けられて、大仏に供えられることになっていて、そのために、三六町の「白米免田」が、小東荘ほか、膝下の荘園内に設定されていた。平安中期は長保二年（一〇〇〇）、東大寺大仏供白米納所収納帳（内閣文庫所蔵等大事文書、平安遺文三九三）、ならびに平安後期は保延五年（一一三九）、東大寺大仏殿司陳状案・東大寺公文所重陳状（東大寺文書、平安遺文二四〇五・一四）ほかを参照されたい。

　さらには、戦国期は越後国色部領桃河村の百姓らが、七夕のあたりに、「わせ（早稲）のはつ（初）として、一名よりはく（白米）五升つゝ」を差し出したことが知られる。くわしくは、次章に拠られたい。

　大石「膝下荘園としての骨寺村」〔二〇一二〕には、「早初」は早稲の初穂のことなり。そのうえで、節日の神祭における捧げものとして、白米が取り立てられたのだ。あわせて、「田屋敷分」在家の百姓三名が、その節日の祝儀に参加していた。と記されていた。

　それを受けて、小岩弘明「骨寺村の公事が示すもの」〔二〇一七〕には、白米は、神祭にも、法会《ほうえ》にも、用いられていたのではあるまいか。と記している。そのうえで、白米・鰹・小成物などを持参する「田屋敷分」在家の百姓らは、それによって法会・神祭に与《あづか》れるということになって、「作田分」在家の百姓らにたいする優位性をアピールすることができた。と記されていた。あわせて、それらの公事物を調進する、そのこと自体が、神聖な行為とされて、その都度に、百姓らは「身を清めた」ことがあったらしい。工藤「報告書」〔二〇一四〕を踏まえながら、そのことが指摘されてもいる。

ただし、「節日の祝儀に参加」、「法会・神祭に与れる」とはいっても、その正規なメンバーとして参与していたわけではない。すなわち、そのスタッフとして奉仕するなかで、酒盃を頂戴する。それによって、結縁のかたちとするということだったのではあるまいか。

あわせて書き上げられた「鰹《かつお》四」には、目を驚かされるかもしれない。海から遠く離れた山村なのに、なぜ鰹なのか、不思議に感じられるかもしれない。けれども、さにはあらず。山間に入れば、入るほどに、保存の利くかたちに加工された海の幸が珍重されたのである。それが、公事物して差し出された。というわけである。

具体的には、「鰹」は「なまりぶし」「なまぶし」のかたちに加工されていたのに違いない。三枚におろして蒸した鰹の肉を半乾しにした生節は、火で焙ったり天日で乾したりして本格的に加工された鰹節には及ばないが、それなりに日持ちがよい。東北の平場の農村に育った自分にとっても、なつかしい食品である。

鎌倉後期、徳治二年（一三〇七）、伊勢国大国荘では、「鰹百五十節」を毎秋に京都東寺に届ける決まりになっていた（白河本東寺文書、大国荘物注文、鎌倉遺文二二九六六）。こちらのばあいは、遠く京都にまで届けるというのだから、本格的に加工された鰹節であったに違いない。それに比べれば、骨寺村のばあいには、海から入手するにしても、寺に届けるにしても、さほどの時間がかからないのだから、半乾きの生節で間に合ったのに違いない。そもそも、本格的な鰹節をつくる技術が、みちのくには波及してなかった。という可能性も、考慮に入れるべきことは、もちろんである。

けれども、小岩弘明「本寺村荘園遺跡における調査研究との景観保全の軌跡」〔二〇〇九〕においては、鰹は「煮堅魚《にかつお》」（鰹節の原型）に加工されたうえで、中尊寺境内ならびに骨寺内における山王・白山社などに供える「神饌」として用いられたのではあるまいか。さらには、その「煮堅魚」への加工は、燃料の豊富な骨寺村においておこなわれたのではあるまいか。それならば、骨寺村には、最寄りの漁村から遥々と生の鰹が急送されてきたのではあるまいか。とするような驚くべきコメントが記されていた。それが、小岩「骨寺村の日記に記された公事を検証する」〔二〇一五〕、同「骨寺村の公事の示すもの」〔二〇一七〕でも、繰り返されている。

同じく、鈴木博之「骨寺村からの貢納品」〔二〇一二〕においても、「神饌」説を踏襲したうえで、生の鰹の入手先として、最寄りの市場だった可能性を模索している。

それに対して、大石「膝下荘園としての骨寺村」〔二〇一二〕においては、鰹は「神饌」なりとする小岩論文を受け止めながらも、「神祭料かつを」なる文言などからして、「煮堅魚」にはあらず、「生《なま》の鰹」そのものなり。と記されている。

どちらの解釈も、魅力的である。けれども、強いていえば、「煮堅魚」説の方がよいのかもしれない。いずれにしても、日常の食用の視点だけに捉われて、「なまりぶし」「なまぶし」かとする小論の記載については、撤回をすることにさせていただきたい。ごめんなさい。

「首人分田屋敷分」として書き上げられた「地絹一切代七百文」については、特別の注意が必要である。首人は、通常の住人身分にはあらず、この村里に君臨してきた古来のリーダーであった。この村里が中尊寺経蔵別当の私領として編成される以前にまで遡る系譜を誇る首長的な存在であった。したがって、田屋敷分のほかの住人らに課せられた所当・公事の負担にはあらず、服属儀礼の名残ともいうべき「地絹」の貢物の献上が、首人にはもとめられることになっていたのである。そのほかには負担をもとめられることなく、村里の取り仕切りを任せられることになっていたのである。具体的には、本書Ⅱ一・四章を参照していただきたい。

さらにいえば、「田屋敷分」のほかの面々、「四郎五郎」「平三太郎入道」「平二三郎」とても、通常一般の村人のレベルにはあらず。かれらも、首人に同じく、この村里にくらしてきた古来の住人であった。かれらに課せられた所当・公事物にしても、領主との互酬関係をかたちづくるメンタルな意味合いを担わされていたのであった。前にもコメントしている通りである。さらには、所当・公事物をめぐる人間関係のありかたに言及した分厚い研究史の教えてくれている通りでもある。領主の膝下に位置づけられた荘園村落の住人らにとって、春夏秋冬、折々に、さまざまな所当・公事物を自ら持参して、一杯の酒を振舞われるということは、かれらの格式が認められる名誉な機会でもあった。単なる負担ではなかったのである。

それに対して、「作田分」として名前を書き上げられた人びと、「佐藤五」「佐藤二郎」「十郎太郎父」「三河房」ほかは、この村里が中尊寺経蔵別当の私領に編入された後に、檜山河(中川、本寺川とも)の用水を利用した水田開発にともなって招かれてきた新住人であった。そのために、かれらに課せられた負担は、所当・公事の由緒ある品目にはあらず、代銭納のレベルに止められていた。そのために、所当・公事の品目を折々に持参して、ねぎらいの言葉をかけられたり、一杯の酒を振舞われたりすることがかなわない。すなわち、かれらの社会的な地位は、「田屋敷分」の面々に及ばない。鎌倉後期までは、そのような階層差が存在していたのである。これまた、本書Ⅱ一章ならびに次章ほかを参照していただきたい。

大石[二〇一二]においても、「佐藤五以下の九人の名前で把握されている作田分、および北俣田、佃分は、貨幣の納入だけを義務づけられたもので、公事は負担していない。中尊寺での年中行事への参加資格をもたないものである」とまとめられている。その通りである。

ただし、南北朝期、永和二年（一三七六）、「骨寺村在家日記」が書き上げられる辺りには、階層差は解消される気配になっている。そして、戦国期には、新住人の系譜に属すると考えられる本寺十郎左衛門（本姓は佐藤）が、要害館の山城を構えて、この村里のリーダーになっている（『安永風土記書出』ほか）。いずれも、周知のことがらなので、くわしくは記さない。

むすびにかえて

うっかりして、「山畠粟」についてコメントするのを忘れてしまった。粟は、稗とならんで、北奥羽の生活を支える基幹作物のひとつであった。いまさら言うまでもない。ここでは、一言だけ。これまた、磐井の里における真澄の証言を紹介して、コメントするだけに止めることにしたい。

廿四日　廿五日　雪ふれゝば出《いで》たゝず。あるじの翁ノいへらく、いつも花の内は、雪のふれるもの也といへり。十五日の削花、または皮木（クロギ）の稗穂（ヒエボ）、削木（アカキ）の粟穂（アハホ）、また麻から（茎）なンどを庭の雪に正月尽（ムツキミソカ）まで飾（カザリ）立れば、しか、羽な（花）のうちとはいへるなり。

この証言によっても、すなわち正月の飾りとして、稗穂・粟穂・麻茎を庭に立てる。という民俗例からしても、それらの作物に寄せる人びとの想いは大きかったのだ、と痛感させられずにはいられない。

そういえば、本寺地区でも、正月十五日、「キンコナラシ」「アワボナラシ」と称して、果実や粟穂に見立てた木片（輪切の小枝）・餅片・削花を、粟の大枝に成らせて（飾りつけて）、庭先に立てる。ないしは大黒柱に括りつける。それによって、果実や粟・稗などの豊作を願う風習が残されていた。松本博明『一関市厳美町本寺の民俗』［二〇一一］の紹介による。

いずれにしても、骨寺村には、山村のくらしが色濃く営まれていたことに間違いはない。それなのに、これまでの研究は、絵図に描かれた水田に関心を集中して、平場における水田稲作主体の村に変わらない歴史像をかたちづくってきた。だが、それだけでは足りないのではないか。

大石直正「中尊寺領骨寺村の成立」〔一九八四〕、吉田敏弘「骨寺村絵図の地域像」〔一九八九〕ほか、先学の偉大な仕事に学ぶ反面において、そのような感想を抱かずにはいられない。自らの取り組みを顧みるにつけても、同然である。

これからは、山村のくらしに取り組まなければならない。文部科学省オープン・リサーチ・センター整備事業「東北地方における環境・生業・技術に関する歴史動態的総合研究」（二〇〇七～一一年、東北芸工大学東北文化研究センター田口洋美教授が代表者）のチームに加えていただいたことによって、そのような想いは、より一層に強固なものになった。さらには、吉田氏による講演「骨寺村、伝統的な景観と生態系の貴重さ」（「ビオトープ・フォーラム」本寺中学校、二〇〇七年）に接して、これからは山村のくらしを調査すべし、という課題提起をうかがうことができたこともある。

そのために、仲間を募って、山村のくらしに関する調査に取りかかった次第である。だが、調査は端緒的な域を脱するまでには至っていない。これからが、正念場である。

小論にしても、骨寺村そのものに関する情報には乏しく、まともな論文とはいえない。だが、今回のような準備作業が、すなわち一般的な見通しをかたちづくるような取り組みが、まったくの無意味というわけではないのかもしれない。それが当たっているのか、どうかについては、これからの本格的な取り組みの成否によって、判断していただくほかはない。

二章　骨寺村で発掘された土器（かわらけ）片をめぐって

はじめに

鎌倉末期は文保二年（一三一八）のあたり、骨寺村の「四郎五郎」「平三太郎入道」「平三二郎」など、「田屋敷分」として帳づけされた古来の住人らは、「所当籾」「節料早初」「細々小成物」ほかの負担を課せられていた（中尊寺文書当年三月日骨寺村所出物日記）。だが、それらの所当・公事を、四季折々に自ら中尊寺経蔵別当のもとに持参して、「一杯の酒を振舞われることは、かれらの格式が認められる名誉な機会でもあった。単なる負担ではなかったのである」と記したのは、入間田「骨寺村所出物日記にみる干栗と立木について（覚書）」（二〇〇九、本書Ⅲ一章）においてであった。

藤木久志「戦国期の権力と諸階層の動向―百姓の地位をめぐって―」〔一九六九〕、保立道久「説話『芋粥』と荘園制支配―贈与と客人歓待―」〔一九九八〕、榎原雅治「中世後期の社会思想」〔二〇一〇〕、苅米一志「荘園の寺社における年中行事―荘鎮守と領家祈願寺を例に―」〔二〇一三〕ほか、先学の指摘によれば、百姓らに課せられた所当・公事は、領主との互酬関係をかたちづくるメンタルな意味あいが担わされていた。だからこそ、所当・公事を持参した百姓らに対しては、一杯の酒が振る舞われることになったのだ、と。それならば、骨寺村の住人らと中尊寺との間にも、そのようなことがあったとしても、不思議でも、何でもない。

けれども、そのような一般的な説明だけでは、なんとなく、物足りない。もう少し、具体的かつ即物的な説明材料が見つからないものであろうか。というような声が、聞こえてくるような気配がないでもない。

そこで、今回は、骨寺村で発掘された土器(かわらけ)片を素材として、そのあたりの問題に接近するアプローチを試みることにしたい。

はたして、どのようなことになるのか。成算はなけれども、ありったけの力を振り絞って、がんばってみることにしたい。

1　土器(かわらけ)の破片が発掘された遠西遺跡

その特徴的な遺物が発掘されたのは、二〇〇二年。遠《と》(堂か)西《にし》遺跡調査の最中であった。その調査の概報が公刊されている。けれども、土器(かわらけ)片の具体的な形状ほか、詳細な情報については、報告されることなく打ち過ぎてきた。

ところが、この度、鈴木弘太「遠西遺跡から出土したかわらけ」[二〇一七]によって、その詳細な情報が提供されることになった。それによって、ようやくにして、議論の手がかりを手中にすることができることになった。早速に、その実測図ならびに写真を見ていただきたい。

ロクロ成形の皿状を呈する小型かわらけの一部である。その底部から口縁までが遺存する。遺存率は一二%である。年代は、平泉のかわらけ編年の成果(井上雅孝『奥州平泉から出土する土器の編年的研究』二〇〇九)に照らし合わせると、一二世紀後半と考えられると記されている。わずかに、かわらけ一片のみである。はたして、これから、どのようなことが分かるのか。それが、問題である。

そういえば、遠西遺跡からは、かわらけ片のみにはあらず。あわせて、「一二世紀後半のものと推定される」常滑三筋壺の底部から胴部下半の破片が出土していた（鈴木弘太「遠西遺跡から出土したかわらけ」二〇一七）。

そのように、かわらけもあり、常滑三筋壺もありということならば、骨寺村のくらしにおける重要な場面が、その遺跡の辺りに展開していた。ということになったとしても、不思議でも、何でもない。

遠西遺跡は、北側の山裾に位置していた。その辺りには、沢水がかりの水田が開かれて、古来の住人らの在家が点在していた。鎌倉末期における骨寺村絵図（「在家絵図」）にも、そのありさまが鮮明に描き出されていた。同じく「骨

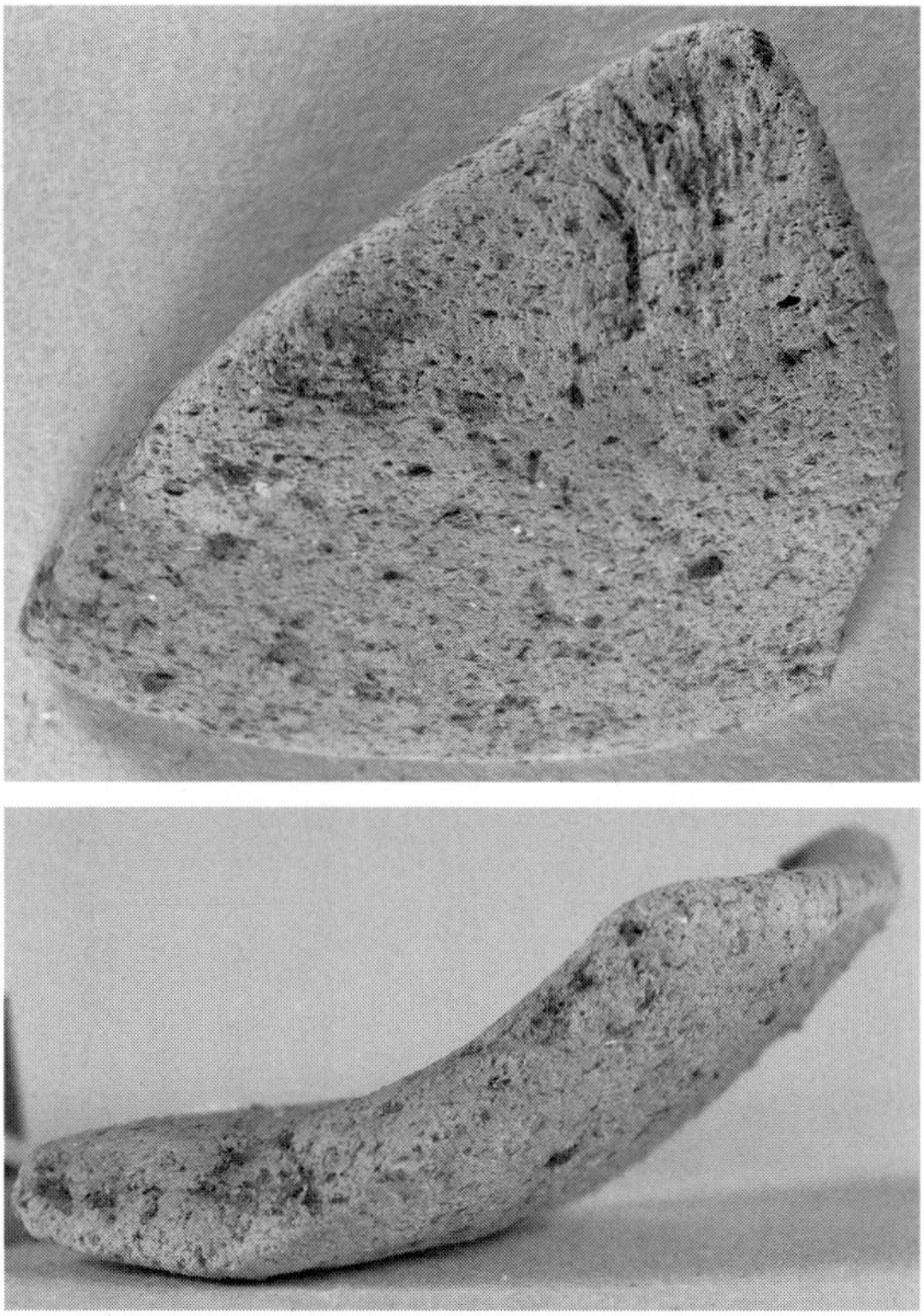

写真１　遠西遺跡出土の土器（かわらけ）

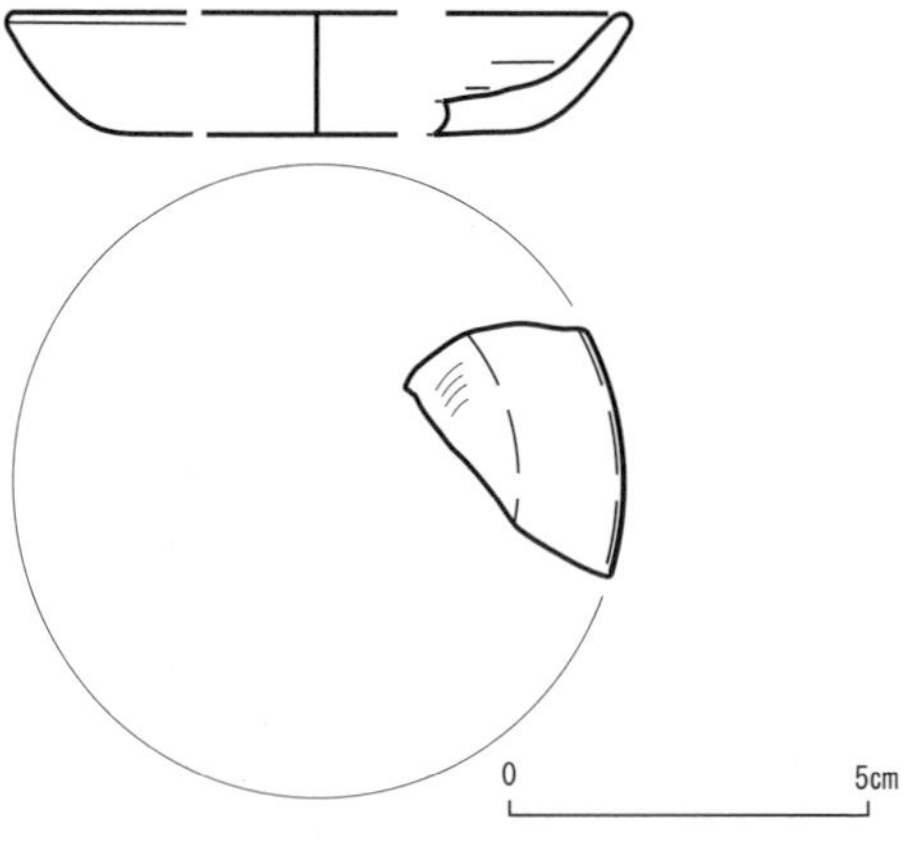

図１　遠西遺跡出土の土器（かわらけ）実測図

寺村所出物日記」でいえば、「四郎五郎」「平三太郎入道」「平三二郎」など、「田屋敷分」として帳づけされた古来の住人らがくらす在家があった辺りということでもあった(本書Ⅱ一章)。

鈴木論文によって、遠西遺跡は「絵図と現地、あるいは中世骨寺村を考察するにあたって、重要な遺跡である」と記されることになったのは、まことに然るべし。

それにしても、なぜに、そのような古来の住人らがくらす在家のあった辺りにまで、都市的なかわらけが将来されることになったのであろうか。

すなわち、どのような機会に、どのような目的をもって、だれによって、かわらけが将来されることになったのであろうか。

通常一般の村ならば、とうてい考えられないような事態である。けれども、骨寺村は、郡内における通常一般の村にはあらず、中尊寺経蔵別当のもとに所当・公事を貢納すべき役割を課せられた特別の村であった。すなわち、中尊寺の「膝下荘園」ともいうべき特別の村であった(本書Ⅱ三章、Ⅲ一章)。

とするならば、かれら古来の住人らと中尊寺との濃密な人間関係のなかで、すなわち住人らと領主との濃密な互酬関係のなかで、かわらけが将来されることになった。具体的には、かれら古来の住人らが、それらの所当・公事を、四季折々に自ら中尊寺経蔵別当のもとに持参して、「一杯の酒を振舞われる」と記したような情景のなかで、かわらけが将来されることになった。そのように考えることができるのではあるまいか。

けれども、住人らと領主との濃密な互酬関係のなかで、ないしは所当・公事を持参した住人らが「一杯の酒を振舞われる」という情景のなかで、かわらけが将来されることになった。その可能性を裏づけてくれる積極的な証拠が見つからなければ、単なる可能性の指摘に止まることにならざるをえない。なんとしても、その積極的な証拠を見つけ出さなければならない。

2　「百姓物」狂言にみるかわらけ頂戴の作法

近世の初期に集大成された狂言本のうち、「百姓物《もの》」と銘打たれたジャンルの作品のなかには、所当・公事を持参した住人らが「一杯の酒を振舞われる」という中世的な情景がふんだんに盛り込まれていた。そのうえに、かわらけが登場させせられていて、決定的な役割を付与されていた。

たとえば、大蔵虎明本(国学院大学所蔵、同大学日本文化研究所紀要二三輯、一九六九年)における「三人夫」なる作品には、淡路・尾張・美濃国の百姓三人が、打ち揃って、京都の「上《うえ》とう(頭)」(荘園領主)のもとに、「みねんぐ」「御年貢」を持参したところ、「歌を一首申上よ」との御下命があり、それぞれの国名を織り込んだ一首を奉った。それによって、「まんぞうくじ」(万雑公事)の免除にありつくことができた。

それればかりではない。それぞれの名前を織り込んだ一首を、という重ねての仰せである。それにも、うまく対応することができた。それによって、今度は、「お通りを下さるゝ、三ばいづゝたべて、洛中をまいくだり(舞下)にいたせ」ということで、お酒を呑まされることになった。

その時のことである。さし出されたかわらけを、三人が「ばいやうて」(奪いあって)、「三つニわる(割る)」というハプニングが発生したのは。

けれども、「かずおほう(数多く)なって、近比(頃)めでたい」ということで、だれも気にすることがない。そのうえに、舞下りにさいしては、「かわらけわ(割)りて、するゑ(末)さかへ(栄)けれ」、「めでたや、めでたやな」ということで、なんとも、にぎやかなお開きになった。

大蔵虎寛本(『能狂言』岩波文庫)においても、同然である。ただし、お開きになる寸前に、美濃国の百姓によって、「御年貢は納る、万雑公事は御免被成る丶、其上、御かわらけ迄被下たといふは、何と国許《もと》へ能《よ》いみやげではおりないか」と発言されたことが書き止められていた。さらには、淡路・尾張の百姓による「誠に能い土産でおりやる」とする唱和の発言までもが、しっかりと書き止められていた。

うまいものである。諸国の百姓らが、「上とう」側から課せられた難題に対して、頓智にあふれる和歌を奉ることによって、万雑公事の免除に預かったばかりか、「お通りを下さる丶」、「御かわらけ」を下さる。ということで、百姓らが満足するなかで、お開きになる。

なかでも、かわらけが割れる。という緊迫した場面をうけて、「かわらけわ(割)りて、するゑ(末)さかへ(栄)けれ」、「めでたや、めでたやな」、ないしは「国許へ能いみやげではおりないか」とする発言につなげる。その辺りに、この作品の真骨頂があった。そのことについては、指摘するまでもない。

このように、「百姓物」狂言の多くに、「万雑公事御免」が共通の要素として盛り込まれていることに着目することによって、領主側との掛け合い問答のなかで、それを勝ち取ったばかりではなくて、「酒を振舞わせ」るにいたるという、百姓らの「反権威的な」姿勢を浮き彫りにすることができたのは一九七四年。藤木久志氏によるものであった。藤木氏によれば、「御百姓」らは、「年貢遅怠を領主の面前で歌舞の趣向をもってまんまと言いくるめ」る。ないしは、領主側の窓口に立つ「奏者」の横柄な態度に「一矢を報い」る、などのこともあった。

それまでは、「御年貢が納まって、めでたい」などの発言をもってして、「隷属性」のあらわれ、「年貢をとられるのをよろこぶというようなばかげた男」とするような皮相な百姓観が幅を利かせていた。

それに対して、真正面から、かれらの主体性に、すなわち「御百姓」意識のありかたに、光を投じることになった藤木氏の仕事には、いまだに学ぶべきところ少なきにあらず。けれども、さすがの藤木論文においても、「酒を振舞わせる」なかで、かわらけを割る局面に論及するまでには至っていない。

これからは、かわらけを割る局面にまでいたる突っ込みの精神をもって、取り組んでゆかなければならない。

そういえば、日記のこともあった。これまた、藤木論文では論及されていないが、大事のことがらであった。たとえば、大蔵虎寛本に収められた「昆布柿」においては、淡路・丹波国の百姓二人が、それぞれ、「柿」と「よろこぶ」を持参したところ、「御年貢」の品目を織り込んで、和歌を奉れ、という仰せである。

そこで奉ることになったのが、「所領の日記を柿まして」、「よろこぶまゝに、ところ繁盛」という一首である。「柿まして」が、「書きまして」。「よろこ(喜)ぶまゝに」が、「よろこぶ(昆布)」というように、それぞれ掛詞になっていることは、言うまでもない。それによって、「上とう」側の覚えもめでたく、「後記」(「御帳」とも)に、それぞれ留め置かれることになった。

同じく、「まつゆづりは」においては、丹波・摂津国の百姓二人が、それぞれ正月飾りの楪(ゆずりは)と根延《ねのび》の松を持参したところ、例によって、「御年貢」の品目を織り込んで、和歌を奉れ、という仰せである。

そこで奉ることになったのが、「君が代の、久しかるべきためしには、かねてぞ植し住吉のまつ」、「今年より蔵代官をゆづりえて、殿も徳若、民もゆたかに」の二首であった。

そして、「御通りを下された」後に、二人が舞下りする場面でも、囃子言葉にあわせて、この二首がくり返されたことはいうまでもない。けれども、「今年より蔵代官をゆづりえて」の部分だけは、「ことしよりも所領の日記を譲りえて」のそれに読み替えられていた。

これまた、うまいものである。「所領の日記」を書くとは、百姓らの持参した「御年貢」の品目・数量を書き止める。すなわち領主側の収納記録に書き止めて、後年の備えにする。ということにほかならない。ここまでやらなければ、収納のプロセスは完結しない。いいかえれば、「よろこぶまゝに、ところ繁盛」とはならないのである。そして、「蔵代官をゆづりえて」、「所領の日記を譲りえて」とは、領主側の収納実務の担当者たるべき「蔵代官」の地位を継承することになって、ないしは収納実務に欠かせない「所領の日記」を継承することになって、めでたい。ということにほかならない。

ここでは、領主側の収納実務の担当者たる「蔵代官」の役割に、いいかえれば収納実務の担当者が書き止める「日記」の役割に、真正面から光があてられている。数ある「百姓物」のなかでも、異色の存在といってもよいであろうか。

いずれにしても、領主側の収納実務の遂行プロセスにおいて、「御通りを下さる」ことには、さらには「所領の日記」に書き止めることには、百姓らとのメンタルなやりとりにとって、不可欠かつ枢要な役割が課せられていた。すなわち、一連のプロセスにおける大事の作法であった。そのことには変わりがない。

それらの大事の作法について切実に体感する機会とは、中世史の学術論文にはあらず。「百姓物」狂言に学ぶことによって、はじめて遭遇することができた。文字通りに、ありがたいことであった。

3　骨寺村のかわらけと日記(上)

それならば、骨寺村の古来の住人らが、それらの所当・公事を、四季折々に自ら中尊寺経蔵別当のもとに持参して、「一杯の酒を振舞われる」ことになったのにさいして、かわらけが差し出された。さらには、「国許へ能いみやげではおりないか」「誠に能い土産でおりやる」ということで、そのかわらけが持ち帰られることになった。とすることができるのではあるまいか。

具体的には、遠西遺跡の辺りから出土したかわらけ片は、そのようにして持ち帰られたかわらけ片の一部だった。とすることができるのではあるまいか。遠西遺跡が、古来の住人らが住まいする在家が点在する辺りだったことからしても、そのように考えざるをえない。

あわせて、かわらけが破片となっていることにしても、なにかの偶然的な出来事によって、たまたま割れたのにはあらず。中尊寺側から下された一枚のかわらけを、人数にあわせて、意図的に割った。とすることができるのではあるまいか。すなわち、中尊寺から下されたかわらけには、それほどのありがた味が感じられたのかもしれない。住人らが、それぞれに持ち帰ったかわらけ片を、誇らしげに披露している情景が、目に浮かぶようだ。


そして、日記である。中尊寺には、鎌倉末期は文保二年(一三一八)のあたり、骨寺村の「四郎五郎」「平三太郎入道」「平三二郎」など、「田屋敷分」として帳づけされた古来の住人らが持参した「所当籾」「節料早初」「細々小成物」ほかの品目・数量を書き止めた「骨寺村所出物日記」が残されていた。それらの品目を収納すべき経蔵別当側の実務担当者によって書き止められたものに違いない。ただし、それぞれ品目・数量を収納した、その都度にはあらず。一年分の収納分を取りまとめて書き止めたものであった。

これすなわち、「百姓物」狂言における「所領の日記」を書くということ。いいかえれば百姓らの持参した「御年貢」の品目・数量を書き止める。具体的には領主側の収納記録に書き止めて、後年の備えにする。ということにほかならない。

かわらけ片ばかりではない。この日記の存在によっても、かれら古来の住人らが所当・公事を持参するにさいしても、「百姓物」狂言に共通する情景がかたちづくられていた。そのことが、明らかである。

けれども、古来の住人のうち、かれらのリーダーたるべき「首人」(おびと)には、所当・公事の負担が課せられることはなかった。その代わりとして、「首人」には、「地絹一切」が課せられていた。「代七百文」の記載によって、いまは代銭納に切り替わっているものの、本来的には、「首人」みずからが、中尊寺に持参すべし。とされていたことが察知される。

「地絹一切」とは、「首人」が古来の住人らを代表して、中尊寺に対する恭順の姿勢をあらわすための「貢物」(みつぎもの)のような品目だったかもしれない。その昔、卑弥呼が魏の皇帝に「班布二匹二丈」「倭錦」ほかの「貢物」を献上して、倭国を代表して恭順の姿勢をあらわしたことが想起される。

そのうえに、「首人」には「首人分二段」からの収益が給与されていた(「仏神絵図」)。住人らをまとめるという村役人的な役割を、中尊寺側から付与されていたことのあらわれだったのかもしれない。

4　骨寺村のかわらけと日記(下)

だが、古来の住人の側に属する人びとばかりではない。「日記」には、かれらにあわせて、「佐藤五」「佐藤二郎」「十郎太郎父」「三河房」「藤平太入道」ほか、「作田分」として帳づけされた新来の住人らが記されていた。

かれらには、「所当籾」「節料早初」「細々小成物」ほかの負担が課せられることがなかった。その代わりとして、課せられたのは、「二貫文」以下の銭貨ばかりであった。

それでは、折々に、それらの所当・公事を持参して、中尊寺側から酒のもてなしを受けたり、かわらけ片のみやげを持ちかえることは叶わない。すなわち、古来の住人なみの格式を誇りにすることは叶わない。かれらが、中尊寺による骨寺村の再開発にともなって入来してきた新住人だった。と判断することになった所以である。前章においても、記している通りである。

だからといって、かれら新来の住人らが、中尊寺にまで参上する機会がまったくなかったのかといえば、そうではない。

たとえば、「歳末立木」として、「在家別、十二束ツヽ」と記されているのが、それである。「歳末立木」を負担するとは、中尊寺における正月飾りの門松の根回りに立てならべる割木（わっつぁき）に充当するという名目で、しかしながら実質においてはカマドに燃やす薪を負担することにほかならない。「在家別、十二束ツヽ」と記されている通り、骨寺村の「在家」にくらす住人（戸主）のすべてが、「十二束ツヽ」の立木を、すなわち春・夏・秋・冬の十二か月分の薪を負担するということにほかならない。

この時ばかりは、新旧の住人らが挙《こぞ》って、薪を振り分け荷にした馬を連ね、「馬坂新道」のハイウェイを越えて、中尊寺を目指すことになったのに違いない。

その大事の公事を負担すべき新旧の住人は、一二人。それぞれの負担すべき薪は、一二束。薪四束を振り分け荷にするならば、三疋の馬が必要である。とするならば、総数にして、三六疋の馬が、隊列をなして、峠道を越えていく。ということにならざるをえない。

そのうえに、正月飾りの門松を立てること、そのものも、新旧の住人らの役割だったらしい。そのために、門松の支柱となる栗の丸太なども、持参されることになったのに違いない。前章にも記している通りである。このように、膝下の住人らが、領主のもとに参上して、門松立ての奉公に励むということは、多々類例あり。近世にあっても、たとえば、仙台城の門松は近郊の根白石《ねのしろいし》村住人（「六人百姓」ほか）が立てる決まりになっていた（倉橋真紀「仙台城の門松」二〇一〇）。

年中行事のうち、最大のイベントであった。中尊寺の「膝下荘園」たるべきことを最大限にアピールするのに、これほどに相応しいものはない。

すなわち、新旧の住人らが挙って、というところに、そのイベントの肝があったのだ。したがって、挙ってにはあらず。住人らが三々五々、ばらばらに、峠越えをしたのだとするような想定には同意しがたい。たとえ、馬足が不足していて、何度かにわたったとしても、少なくも、そのうちの一回には、新旧の住人が挙って峠越えをするという場面が含まれていたのに違いない。

その一回の機会を捉えて、新住人らも、旧住人もろともに挙って、「御通りを下され」たであろうことは、いうまでもない。

ただし、それだけには限らない。新住人に課せられていた銭貨、総量にして「拾二貫百二十文」のこともあった。それを届けるために、かれらの代表が中尊寺を目指す。ということも考えられる。

さらには、新旧住人の区別なく、「山畠粟」「栗所干栗」(「随年不同」、数量は年によって変動)が課せられていた。それらの公事を届けるにさいしても、新住人らが関与していた可能性がないでもない。

日記といえば、もうひとつ、南北朝期は永和二年(一三七六)のあたりに作成された「骨寺村在家日記」が残されていた(中尊寺文書)。

そこでは、もはや、新旧住人の区別はなく、六軒半の在家が一年間に負担する所当・公事が書き止められていた。ただし、六軒半の在家は、住人のすべてにはあらず。けれども、大体の傾向を知るのには足りる。

たとえば、そのうち、「かたしきの在家一けん」には、年貢・公事として、「ねんく二貫文、立木十二足(束)、そなへ三米(枚)、あふら五盃、米五盃、むしろ、こも、もわた、五ほう、うるし一盃、つく田(佃)百」が課せられていた。

南北朝期には、新旧住人の区別なく、年貢は銭貨にて上納されることになっていた。そのために、中尊寺まで参上する機会はなくなっていた。

けれども、「立木十二足(束)」とあることからして、歳末における最大のイベントたるべき立木＝薪の上納については、改められることなく、維持されていたことが察知される。

さらには、「そなへ三米(枚)、あふら五盃、米五盃」ほかの上納にさいしても、中尊寺への参上が続けられたのに違いない。

そのうち、「そなへ三米」とは、歳神への供え物の随一たるべき鏡餅の三枚飾りのことに違いない。「百姓物」狂言のうち、「餅酒」には、越前国の百姓が、「いつも大晦日さかいにもつてまいり、元三にうへとう(上頭)へあがる、ゑんきゃう(円鏡)で御ざる」という口上が見えていた(大蔵虎明本)。

「あふら五盃」、「米五盃」は、それぞれ、荏胡麻油を盃に五杯、精白した米を盃に五杯、ということであろうか。それぞれの季節ごとに、これまた、中尊寺まで持参したのに違いない。

とにかく、忙しい。歳末立木から始まって、「そなへ」「あふら」「米」ほかにいたるまで、何度となく、中尊寺に持参して、その都度に「御通り」を下される。「膝下荘園」の習いとはいえども、さりながら……、ということであったろうか。

5　日本史のなかで

それにしても、めずらしい。年貢・公事の収納にさいして枢要かつ不可欠の役割を担わされていた、かわらけと日記が、二つながらにして、いま現在にまで残されているとは。驚きである。

そのうち、かわらけについては、一回限りの宴席に用いられた後に廃棄されるという本来的な性格にあわせて、領主側との互酬関係のあらわれとして百姓らによって持ち帰られる。という副次的な性格も存在していた。それによって、いわゆる「おさかづき頂戴」の儀礼につながるメンタリティールが生み出されることになった。そのことが知られる。

したがって、かわらけを頂戴した百姓らの側に、すなわち「膝下荘園」の側に、かわらけ(片)が残される。ということはありえないでもない。けれども、世代を重ねるなかで、ないしは「膝下荘園」の実質が失われるなかで、それらの多くは、失われることになったのに違いない。

それなのに、骨寺村で、百姓らの「在家」のあった辺りからかわらけ片が出土したということは、奇蹟に近い。ただし、各地における「膝下荘園」の調査が進められるなかで、ひょっとして、かわらけ(片)が出土するようなことが、ありえないでもない。期待して、見守ることにしたい。

そして、日記である。これまた、年貢・公事収納の実務担当者によって書き止められたのちに、数年程度は保存されたにしても、世代を越えて伝来されることはなかったのに違いない。毎年の収納の実務に関連する雑文書たるべき本来的な性格からして、そのように考えざるをえない。それに対して、譲状・下文など、年貢・公事収納を根拠づける証書ともいうべき根幹の文書類は、実務担当者にはあらず、領主その人の手元に大事に保管され、世代を越えて伝来されることになった。そこのところが、違っている。

たとえば、今日でも、アパート経営実務に関連する賃料の請求・領収書、ないしは毎月の支払い状況を取りまとめる帳簿など、雑文書の類は、問題がなければ、一定期間を過ぎれば、廃棄される。それに対して、不動産の相続・売買・登記など、アパート経営の根幹に関する証書類は、大事に管理され、世代を越えて伝来されている。

したがって、今日まで伝来されている中世文書のなかで、収納の実務担当者によって書き止められた日記の実物を見いだすのは、きわめて困難になっている。

それなのに、骨寺村の所当・公事に関連しては、なんと、日記の実物が二通も伝来しているのだ。奇蹟としか、言いようがない。

それにしても、なぜに、中尊寺側では、それらの日記を廃棄されることなく、今日まで伝来されることになったのか。不思議でならない。

経蔵別当職の継承をめぐる複雑な相論があったらしい。それらのプロセスのなかで、経蔵別当膝下の荘園ともいうべき骨寺村の所当・公事収納の実績(「当知行」)が問われる。というようなことがあったのかもしれない。その辺りの詮索は、今後の課題ということにさせていただきたい。

榎原雅治「荘園文書と惣村文書の接点―日記と呼ばれた文書―」[二〇〇〇]によれば、収納の実務担当者によって書きつけられた日記は、荘園領主に対する収取決算報告書たるべき「年貢算用状」ほかの素材(作成資料)として利用されることがあった。ばあいによっては、その一部ないしは全部が引用されたりすることもあった(あわせて、榎原「中世後期の社会思想」[二〇一〇]、田中孝治「日記と和式簿記」[二〇一四]、似鳥雄一「日記と惣村―中世地下の記録論―」[二〇一七]を参照のこと)。

逆にいえば、日記は、年貢算用状が完成してしまえば、意味を失って、廃棄を待つばかりの文書になってしまう。ということにならざるをえない。

領主側によって書きつけられた日記に限っていえば、たしかに、その通りかもしれない。骨寺村のケースが、奇蹟というべき所以である。

けれども、同じく、榎原論文によれば、年貢の収納に関わって書きつけられた日記は、領主側によるものばかりにはあらず。地下(じげ)ないしは百姓の側によるものもあった。しかも、それが、「御日記」とよばれ、村のなかで大事に保管されていて、いざとなれば、年貢の減免を要求するさいなど、「百姓の利益を守る書類として機能する」ことがあった。その豊富な事例が紹介されている。

あわせて、そのような日記は、畿内近国における多くの「惣村」に、いま現在も保管されている。そのことにも、注意されている。

とするならば、骨寺村においても、百姓らが、所当・公事を持参するのにあわせて、日記を書きつけていた可能性は大きい。ということになるのではあるまいか。

領主側から下されたかわらけと領主側の書きつけた日記。という二つの奇蹟に恵まれた骨寺村のことである。百姓らの書きつけた日記が発見されて、第三の奇蹟とよばれる日が、もしかすると、来ないでもない。

6　越後国桃河・宿田村の百姓衆のばあい

収納の現場において、領主側によって書きつけられた日記についても、同じく領主側から下されたかわらけについても、それらの実物を確認できる機会にはめったに恵まれることがなかった。

けれども、越後国揚北《あがきた》(阿賀北)方面の国人領主、色部氏によって伝来された『色部氏年中行事』の冊子本のなかには、日記とかわらけに関する記載が、ふんだんに盛り込まれていて、それらの実物の乏しさを補ってあまりある情報をもたらしてくれていた(田島光男編『越後国人領主色部氏史料集』神林村教育委員会、一九七九。『新潟県史』資料編四、中世二、一九八三にも収録)。

たとえば、正月三日、殿さまの祝宴にさいしては、「百性(姓)衆」が、「けわいおけ(化粧桶)の酒」を持参して、「ゐん(縁)におゐて」、「本百性之おとな(大人)」が、「しをひき(塩引)」をはやし、「御ひきさかな(引肴)」にする。それによって、「百性衆」には、「御しやく(酌)」を下さる。

あわせて、「宿田《やどだ》の百姓」によって献上されたせり(芹)が「すい(吸)物」の材料にされたり、「百性衆」による「わか(若)水のあけそめ(上始)」、さらには「御百性衆」による「手あふ(炙)りすみ(炭)」の献上なども、あったことが知られる。

遡って、十二月つごもり(大晦日)、「本百性やとた(宿田)の御百性」がまいり、「御門まつ(松)」を「た(立)て中候とき」には、「御酒一双」「肴・昆布・二しん(鰊)・すみ(炭)」が下される。

同じく、十二月二十七日、「御百性衆」より、「ゆつりは(楪)三は(把)・あかしまつ(明松)二は」を差し上げたさいには、御肴・もち・御酒・混(昆)布・にしん・鯖すし(鮨)が下される。

それらの次第がくわしく書きつけられていた。まさしく、冊子本の表題に、「年始・歳暮ニ惣之御百性衆之上物幷従寺社神領之所役、其外品々御用之日記」の文字列が見えていることに違わない内実であった。

年始や歳暮ばかりではない。たとえば、「注文之次第之日記」としてまとめられたなかには、七夕のあたりに、「桃河の御百性四人半名よりわせ(早稲)出候へハ、わせのはつ(初)として、一名より、はく(白米)五升つゝあけ(上)申候、是もしゆたうます(所当升)にて、おさめ候」とする記事がみえていた。

同じく、盆には(七月十三日)、「六人半名の御百性より」、「御あらね(ゐ)米とて」(仏前に供える洗米)、「そたうます(所当升)一升つゝ、あけ申候」とも、記されていた。

それればかりではない。「桃河の御百性四人半名」は、「宿田の御百性両人」にあわせて、「せちろ(節料)俵六俵」に、

「さは(鯖)壱指(さし)つゝ」を副えて、大とし(歳)に上げることになってもいた。

ほかにも、桃河・宿田の百姓衆からは、「しゅとう(所当)の米」として「はく(白)壱俵(三斗)つゝ、くろ(黒)米弐斗つゝ」、さらには「畳のうら(裏)」として「こもくさ」(菰草)ほかが、上げられることになっていた。「御百性六人半名より、はた(綿)一わ(把)」、「春秋、六人半名の御百性より、御ぶけ(武芸か)の御はつを(初尾)九百文つゝ」、「六人半名より廿二(文)つゝ、大とし(歳)に」とする記事などもみえていた。あわせて、「御たち(館)」の「へいかき(塀垣)」「しばかき(柴垣)」の修理を、「六人半名の御百性」が仰せつけられるなどのこともあった。

どうやら、桃河・宿田の「六人半名(みょう)」「六名半」の百姓衆は、色部氏にとっては、膝下をかたちづくる特別な存在だったらしい(先行研究によって、ことさらに、「膝下」とは、明言されていないが)。中尊寺経蔵別当にとって、骨寺村の百姓衆がそうであったのに同じく。ということであったろうか。

かれらが、色部氏のもとに参上した折に、酒肴の接待にあずかったことは、もちろんである。そのさいに、かわらけの「御盃」が下されたことについても、同然である。

「百姓物」狂言において、「お通り下され」るのは、百姓らとの掛け合い問答のなか、領主側による特別の思召しとして、ということになっていた。「御感被成るゝ」「前々は無けれども」などの決まり文句によっても、それと知られる。けれども、それは、狂言における筋立ての都合(面白くするための趣向)によるものに過ぎない。実際には、掛け合い問答の成り行きなどには左右されることなく、所当・公事収納の現場では必ず、「御通りが下される」ことになっていたのに違いない。

その桃河村の故地(岩船郡神林村桃川、いまは村上市内)については、新潟大学ほかのグループによる調査報告が公刊されている。貴重な情報がふんだんに盛り込まれている(大沼淳ほか「岩船郡神林村桃川調査報告―色部領土豪層解明のために──」一九七四)。

なかでも、「古舘」のあった畑からは、「カワラケ等」が出土しているというではないか。百姓らが下された「御盃」だったとまでは言えないにしても、桃河の故地において、かわらけの「御盃」が用いられていた。それだけでも、示唆的といわなければならない。

ただし、それだけではない。日本海に浮かぶ粟島《あわしま》の百姓衆から春・夏・秋に献上される海産物ほかの品目に関しては、「島より春夏秋のあか(上)り物ノ日記」ということで、大量の情報がまとめて、書き止められていた。圧巻の内容である。戦国期は、永禄四年(一五六一)のあたりのことであった。

たとえば、「春舟ニ殿様へ」と記された一連の記事のうち、「三郎右衛門尉」分の「上物」として、「御酒五具、蚫(鮑)五十盃、海苔壱袋、神馬草五束、うと(独活)一つと(苞)、あさみ(薊)ひとつと」、あわせて「六種」の品目が記されていた。

「両名主」に率いられて「御たち(館)」に参上した、かれら春舟の百姓衆が、「おすえ(末)御座敷」にて、「御酒」をなされ、「御ゆわい(祝)候」ということになった。あわせて、「御台所」にても、面々に「もち(餅)」を下されている。

『色部氏年中行事』の冊子本は、色部氏の所領内の各所から一年間に上納される品目・数量を取りまとめて書き止めたものにほかならない。けれども、それは、通常の日記のように、収納実務の担当者によって書き止められたそのままの姿にはあらず。色部氏の「御館」における年中行事の次第を取りまとめて日記として書き止めることにあわせて、年始を始めとするそれぞれの行事ごとに、各所から上納される品目・数量を書き止める。いいかえれば、「年中行事」の日記でもあり、各所からの上納物の日記でもある。という複雑な姿をあらわにしていた。

その冊子本の表題に、「年始・歳暮ニ惣之御百性衆之上物幷従寺社神領之所役、其外品々御用之日記」とする文字列に続けて、「幷御身(親)類御家風年始之御礼之次第」のそれが書き止められている所以である。

その冊子本の包紙にも、「色部家於越後家風之日記、代々無紛失可為所持、是ヲを長帳ト古来より唱え来也」と記されてもいた。その冊子本が、今日まで伝来されることになった所以である。

それなのに、いまは『色部氏年中行事』とよばれていることには、すなわち「日記」さもなくば「長帳」の文字が忘れられてしまったかのごときありさまには、若干の違和感なきにしもあらず。

通常の日記にはあらず。日記のなかに、いくつもの日記が入れ子状に組み込まれている。そのような例外的ともいうべき姿の日記もあったのである。

たとえば、日本海に浮かぶ粟島の百姓衆から春・夏・秋に献上される海産物ほかの品目・数量に関しても、「島より春夏秋のあか(上)り物ノ日記」ほか、いくつかのタイトルが付けられたうえで、収納の実務担当者によって書き止められた日記そのものが、ふんだんに、冊子本の『日記』のなかに引用されていた。

それればかりではない。その引用された「あか(上)り物ノ日記」なかには、「しま(島)より、春秋夫丸上候日記」の一部として、代官とみられる人物の書状、そのものが引用されていた。「在符(府)中、春秋ニ従島荷物為登候夫丸数、両度ニ三人宛、六人ニ、ならひニ歳暮ニハ、名主壱人つゝ相添、可登ニさたま(定)り申候、少も無苦労、可為立之候、為後日書付お、差下可申物也、仍而如件」とする本文につづけて、「永禄八年(一五六五)霜月拾二、はせへ(長谷部)新兵衛殿」なる文字列がみえていた。

すなわち、引用された日記のなかに、さらにまた、書状そのものが引用される。そのような複雑な成り立ちの日記でもあったのだ。

以上、田島光男編『越後国人領主色部氏史料集』〔一九七九〕、藤木久志「一在地領主の勧農と民俗」〔一九八七〕、中野豈任『『色部氏年中行事』の世界』〔一九八八〕、『新潟県史』通史編中世〔一九八七〕ほか、先人の仕事に学びながら、桃河・宿田の百姓衆のばあいに即して、つまみ食いをしてみた次第である。

「年中行事」に書き止められた情報量の豊かさ、ならびに田島・藤木・中野ほかの仕事に込められた問題提起の多大さに比べるならば、氷山の一角にも満たない、自分なりの貧弱な書き止めであった。けれども、いまは、これで精いっぱいというところである。したがって、もう少しだけ、生き長らえることができれば、本格的に取り組んでみることにしたい。

Ⅳ　神仏の世界

一章　骨寺村絵図に描かれた駒形根と六所宮

はじめに

中尊寺に伝えられる骨寺村絵図(二枚)には、「駒形根」と「六所宮《ろくしょのみや》」の文字がしっかりと書き記されていた。あわせて、それらの姿・形についても、鮮明に描き出されていた。

そのうち、「駒形根」は、駒形の残雪をあらわして、田植えのシーズンを教えてくれるありがたい山であった。「根」の文字は、筑波嶺や早池峰の「嶺」「峰」に音通する。古来の話し言葉たるべき「ね」の漢字表現にほかならない。絵図が描かれた当時にあっても、豊年満作の恵みをもたらしてくれる神として、里人らによる絶大な信仰が寄せられていたのに違いない。

『封内風土記』栗原郡吾妻(勝)郷沼倉邑(明和九年、一七七二)に、「駒形根大明神」(駒嶽神社とも)は「一・二・三迫、西磐井、羽州雄勝郷、凡そ百八十六邑の総鎮守」なりと記されていた(『仙台叢書』別巻)。「駒形根」の霊峰が、骨寺村の在所たるべき西磐井郡(岩手県)のみには止まらず、栗原郡一・二・三迫《はざま》(宮城県北西部)・羽州雄勝郷(秋田県南東部)など、この山を仰ぎ見る広大なエリアに住まいする人びとによって、「鎮守」として崇敬されていたことが察知されるであろうか。

今日でも、列島の各地に、その残雪のありさまから、「駒形根」ないしは「駒ケ岳」などの名をもってよばれる山々が聳え立っていて、里人らによる信仰が寄せられている。それらの山々のひとつが、われらが「駒形根」だった。というわけである。

この神の山が、いま「栗駒山」と呼ばれているのは、栗原方面からみた「駒形根」「駒ケ岳」ということで、便宜的なものにすぎない。すなわち、本来的な呼び名ではない。たとえば、秋田駒とか会津駒とか、それぞれの「駒ケ岳」が、地域名を冠した略称で親しまれていることからしても、それと知られるであろうか。『延喜式』神名帳（九二七年）には、栗原郡に「駒形根神社」あり。と明記されていた。それが、本来である。

写真１　駒形根神社（一関市博物館提供）

そして、「六所宮」である。絵図に描かれたこの宮の在所が、いまの「駒形根神社」のそれに相当することについては、一目瞭然。疑いを容れる余地なしである。絵図の描きぶりからしても、いま現在の景観的な位置関係からしても、然るべし。

それをストレートに受け止めることができるならば、「六所宮」とは、いまの「駒形根神社」の前身にして、はるか後方に聳え立つ「駒形根」の奥宮を遥拝するために設営された里宮だった。ということにならざるをえない。

だが、そう簡単に、一筋縄にはいかない。たとえば、絵図の一枚には、「六所宮」の傍らに、「馬頭観音」の文字が小さく書き込まれている。筆跡からしても、後代における書き込み（追記）なることが明らかである。そのうえに、江戸時代の記録類には、「馬頭観音」「観音堂」などの文字が見えていた。

それによって、「馬頭観音」「観音堂」は、「六所宮」の後身なのか。それとも、「六所宮」が廃絶した後に、新しく設営された堂宇なのか。という疑問が浮上してくることにならざるをえない。

さらにいえば、その「馬頭観音」「観音堂」が、明治以降に及んで、「駒形根神社」になったのだとするならば、霊峰「駒形根」の神との関連が意識されるようになったのは、近代に及んでからのことであったのではないか。それ以前における「馬頭観音」「観音堂」の時代には、さらには「六所宮」の時代においては、その関連が意識されることがなかったのではないか。とするような疑問さえも、浮上してくることにならざるをえない。

すなわち、いま現在における「駒形根神社」を、鎌倉後期にまでストレートに遡らせて、絵図に描かれた「六所宮」に結びつけ、ひいては霊峰「駒形根」の神の信仰に結びつけるわけにはいかない。とするような問題群が浮上してくることにもならざるをえない。

そのために、今回は、絵図に描かれた「駒形根」そのもの、「六所宮」そのもの、さらには「馬頭観音」「観音堂」そのものについて、史料に即して確かめてみることにしたい。そのうえで、「六所宮」→「馬頭観音」「観音堂」→「駒形根神社」という継承関係が生み出されることになった筋道について、改めて考え直してみることにしたい。

実をいえば、そのような取り組みは、今回が初めてにはあらず。入間田「骨寺村・本寺地区の中心の変遷について」［二〇一二］において、概略の取り組みを試みることがあった。したがって、今回には、その補充というかたちで進めることにならざるをえない。具体的には、前回の論述を組み替えるなかで、新たな情報を加味する。というようなかたちにならざるをえない。あらかじめ、承知していただければ、幸いである。

1　駒形根の霊峰に祀られる六所の仏神

たとえば、津軽平野に聳え立つ岩木山の霊峰は、中世から近世にかけて、「岩木山三所権現」と呼ばれていた。具体的には、「中央の本地は弥陀、左峰は岩鬼山本地観音、右峰は鳥海山本地薬師、三峰三所一体分身垂跡(迹)の権現と崇めたてまつるものなり」と記されていた(『岩木山百沢寺光明院(縁起)』原漢文)。

同じく、加賀・越前・美濃方面に聳え立つ白山の霊峰にしても、主峰御前峰は伊弉冉神(妙理大菩薩)を祀り、十一面観音を本地仏とする。副峰は大己貴神を祀り、阿弥陀如来を本地仏とする。そして、別山は地主神たるべき大山祇神を祀り、聖観音を本地仏とする、と記されていた(『泰澄和尚伝記』ほか)。そのために、白山三所権現とよばれることになった。具体的には、入間田「岩木山と花若殿・安寿姫の物語」(正・続)〔二〇〇八・一〇〕、同「千葉大王の物語によせて」〔二〇一二〕ほかを参照されたい。

そして、南九州は日向・薩摩方面に聳え立つ霧島の霊峰である。『平家物語』(長門本)には、平家の公達、少将成経が鬼界ケ島に配流される途中に参拝した「霧島のたけ(岳)」について、「六所権現の霊地なり」と記されていた。

そのように、中世日本の人心を揺さぶった本地垂迹の言説体系においては、列島の各地に聳え立つ霊峰の多くが、その主峰・副峰の数値に即応するようなかたちで、三所権現・五所権現・六所権現ほかのネーミングを奉られることになった。それにともなって、三所神社(宮)・五所神社・六所神社ほかのネーミングが用いられることにもなった。

具体的には、阿弥陀・観音・薬師(岩木山)、十一面観音・阿弥陀・聖観音(白山)など、それぞれの数値に即応するような本地仏が祀られることになった。あわせて、それらの本地仏に対応して、伊弉冉神・大己貴神・大山祇神(白山)など、複数の神々が祭られることにもなった。

さらにいえば、その山上の奥宮にリンクするかたちで、多くの里宮が山麓の村里に祀られることにもなった。霊峰霧島の山麓に展開する六所神社群などは、その典型ともいえるであろうか（平凡社『日本歴史地名大系』宮崎県ほか）。

それならば、われらが駒形根の霊峰に関連しても、何か所かの仏神が祀られていて、〇所権現などのネーミングが用いられたとしても、不思議でも、何でもない。

そのうえに、駒形根の霊峰上（「嶽宮」）に祀られている六所の神々として、天常立尊・国狭槌尊・大日孁尊・置瀬尊・彦火尊・吾勝尊の名前が記されていたことを勘案するならば（『封内風土記』栗原郡吾妻《勝》郷沼倉邑）、六所のネーミングが用いられていたとしても、不思議でも、何でもない。ということになるのではあるまいか。

ただし、『封内風土記』のばあいには、六所の神々が本地垂迹に即した本来的な神名にはあらず。その後に及んで置き換えられたと見られる記紀神話に即したもの（皇祖神系の神々）になっているので、ご用心である。それらの神々が勧請されたのが「日本武尊東征」の折に、とされている辺りにも、それがあらわれているであろうか。

そういえば、同じく、『延喜式』神名帳に「駒形神社」ありと記された胆沢郡の霊峰についても、山上の「奥宮」には「馬頭観音堂」が、麓の里宮（奥州市水沢）には大日霊女命・天之常立命・国之狭槌命・吾勝命・置瀬命・彦火火出見命が祭られていた（『日本歴史地名大系』岩手県）。

そのような神名の書き換えは、江戸後期から明治期にかけて、この国におけるナショナリズムの風潮の高まりによって、すなわち記紀神話（皇祖神系の神々）の偏重の流れによって、意図的に推進されたものであった。そのことが、平川新『伝説のなかの神』〔一九九三〕によって解明されている。そのことを、片時も忘れてはならない。

たとえば、あの津軽岩木山の霊峰に祀られる本地仏に対応する神名にしても、阿弥陀→国常立尊、観音→多都比姫、薬師→大己貴尊、というように記紀神話に接近したならびに書き換えられていた。江戸後期、藩校で教える儒学者らの作為によるものであった。詳しくは、入間田「岩木山と花若殿・安寿姫の物語(続)」[二〇一〇]を参照されたい。
そういえば、霧島六所権現のばあいにも、本来的な神名にはあらず。同じく、後代の置き換えとみられる記紀・皇祖神系の神名たるべき、瓊々杵尊・彦火々出見尊・鸕鷀草葺不尊・日本磐生彦尊・国常立尊・国狭槌尊になっていた(『大宰管内志』日向之三)。

それでは、われらの駒形根の霊峰に祀(祭)られていた本来的な神仏の名前はいかに。具体的に考えてみることにしたい。

たとえば、『安永風土記』栗原郡三迫沼倉村によれば(安永六年、一七七七、『宮城県史』二五巻)、「駒ケ嶽」の「窟ノ内」には、「駒形根神社」の社殿(南向、三尺作)が祭られていた。そして、「大日嶽絶頂」には、「日宮」が祀られていた。さらには、それら山上の神々を祭るために建てられたのが、麓の栗原郡沼倉村の「日宮駒形根社里宮」(いまは駒形根神社)であった、ともされている。その里宮にも、記紀・皇祖神系の神々が祭られていたことはもちろんである。けれども、その本来的な神仏名は分からない。

同じく、『奥羽観蹟聞老志』栗駒山(享保四年、一七一九、『仙台叢書』別巻)によれば、「奥州栗原磐井之高山」たるべき「栗駒山」内の「岩窟」(濶三尺・高一丈・長二間、「御室《おむろ》」とも)には、「馬首仏」(一尺四寸)、「大日」(一尺五寸)にならんで、「虚空蔵」(菩薩)が祀られていた。あわせて、「栗駒山」の主峰は「大日嶽」、次鋒は「駒形」なり。とする記載もみえていた。そのうえに、駒形の残雪があらわれる次鋒の半(中)腹には神馬社が祀られている。それが、延喜式の「駒形神社」に当たるのだ。とするような記載もみえていた。

そして、菅江真澄『勝地臨毫』雄勝郡には(文化一一年、一八一四)、その霊峰に関する詳細なスケッチが六枚にわたって掲載されていた(『菅江真澄全集』五巻、未来社、一九七五)。そこには、大日嶽・駒箇嶽・剣峯・秣《まぐさ》箇嶽・酸川嶽のほか、岩「窟」の内部(高一丈二〜三尺、深一丈七〜八尺、横亘一丈五〜六尺)に祭られた「勅宣駒形大明神」の「石室」(南向)の姿が、立てかけられた大幣のそれにあわせて、鮮明に描き出されていた。それによって、馬首仏(馬頭観音)等の本地仏から記紀神話の神々への転換があらわにされている。

ただし、いま現在の地形図(五万分の一)では、それらの山名にはあらず。栗駒山・東栗駒山・虚空蔵山・剣岳・大地森・笊森などの山名に書き換えられてしまっている。けれども、「六所」の数値に背馳することのない峰々のまとまりが存在していた。そのことだけは確かめられるであろうか。

それらの情報からするならば、駒形根の峰々に祀られていた本来的な仏の名前として、大日如来・馬頭観音・虚空蔵菩薩を想定することが許されるのではあるまいか。具体的には、それらの本地仏が、主峰(大日嶽)には大日、次鋒(神馬嶽・駒箇嶽とも)には馬頭観音が、そして次々峰(虚空蔵山)には虚空蔵菩薩が、というような具合になっていたのではあるまいか。

ただし、それらの六所の本地仏のすべてについては、特定しがたい。さらには、それらの本地仏に対応するべき本来的な神名にいたっては、推測の手がかりさえもない。「駒形根神社」「日宮」というだけでは、祭神の具体的な名前を特定しがたい。里宮の沼倉「日宮駒形根神社」の由緒に記されているような後発的かつ記紀・皇祖神系の神名(六所)だけでは、なんともならない。まったくのお手上げである。

けれども、『厳美村誌』大正六年には、駒形根の山上に鎮座する温泉神社の里宮の祭神として、「大日孁《おおひるめ》大神」「小名彦大神」の名前が記されていた。もしかすると、それらの神名が、駒形根六所の本地仏に対応すべき本来的な神名の痕跡だったのかもしれない。そのうち、「大日孁大神」は、天照大神の異名にして、中世に多く称せられていた。本地仏たるべき「大日如来」との相性もよい。「小名彦大神」は、出雲系神話に登場する「国津神」たるべき「少彦名命」(すくなひこなのみこと)である。出雲玉造温泉・伊予道後温泉などの祭神としてあらわれてもいる。また、出雲系神話では「大己貴尊」(おおなむちのみこと)が、白山・立山・岩木山など、日本海方面の霊峰の祭神としてあらわれている。そこからしても、同系統の弟分ともいうべき「少彦名命」が祭神としてあらわれていることに違和感はない。さらにいえば、「大己貴尊」(大物主・大国主命とも)そのものも、たとえば「馬頭観音」に対応させられるなどして、駒形根六所の祭神のうちに取り込まれていたのかもしれない。

2　山麓の里宮に祀られる六所の神仏

「駒形根」の霊峰に祀られたのが、大日如来・馬頭観音・虚空蔵菩薩ほか、六所の本地仏だったとするならば、その山麓に祀られる里宮においても、それら六所の本地仏が祀られていたとしても、不思議でも何でもない。わけても、駒形の残雪があらわれる次鋒の本地仏たるべき馬頭観音については、里人の心性からしても、その可能性が高い。

たとえば、『封内風土記』栗原郡金田荘花山邑によれば、「馬頭観音堂」「虚空蔵堂」「大日堂」が祀られていて、「駒形根里宮」と称されていた。あわせて、『安永風土記』栗原郡一迫花山村によれば、「駒形御前社」が祭られていた。霊峰上の「駒形御本社」から下って、「大道壹里拾貳丁」の麓にあたる。鳥居には、「駒形大明神」の文字が書きつけられていた。そして、「本地仏」には、「馬頭観音」の名前が記されていた。

同じく、栗原方面における里宮の随一たるべき沼倉の「日宮駒形根神社」のばあいには、六所の神々が祭られているものの、その本来的な神名は分からなくなってしまっている。それらの神々に対応する本地仏の名前も、また然り。前にも記している通りである。けれども、六所の神名のうち、「大日孁尊」については、中世日本紀における天照大神の別称にして、その本地仏は大日如来なることが確実である。「大日嶽」「日宮」のネーミングからしても、然るべし。あわせて、その里宮の管理が中世以来、「駒形山大昼寺」(峯雲院)の修験僧(明治以降は還俗して神職となる)に委ねられていたことも知られる。その「大昼」の文字を「おおひる」と訓めば「大日孁」「おおひるめ」のそれに音通する。

そして、猪岡村の「駒形明神宮」である。『宝暦風土記』猪岡村（宝暦十三年、一七六三）には、「本地馬頭観音と申伝候」と明記されていた（『一関市史』資料編二）。

それよりも、七〇年余りを遡った元禄十二年（一六九九）に制作された「磐井郡西岩井絵図」（写）には、「駒ケ嶽」の霊峰にリンクするかのようにして、「御駒堂」の姿が、しっかりと、猪岡村内に描き出されていた（『地を量る―描かれた国、町、村―』一関市博物館企画展図録、二〇一三）。これまた、「駒形根の里宮」の証にほかならない。

それらの記録によって、大日如来・馬頭観音・虚空蔵菩薩のセットのうち、馬頭観音がとりわけて大事にされていたことが明らかである。主峰の大日よりも、次鋒の馬頭観音の方が大事にされることに違和感を抱く向きもあるかもしれない。けれども、麓の里人にとっては、残雪の駒形が何よりもありがたかった。というような事情を勘案するならば、不思議でも、何でもない。

その「御駒堂」「駒形明神宮」が、『宝暦風土記』から一〇年余り下った『安永風土記』には、「駒形社」と記されて、「大同二年、田村将軍御勧請の由、申伝候」とする、もっともらしい解説が付与されることになっている（『宮城県史』二七巻）。そして、いま現在では、「駒形根神社」ということで、日本武尊東夷征伐の折の勧請にして、大日霊尊・天常立尊・国狭槌尊を祭る。ということになってしまっている（西磐井神社総代連合会編『西磐井の産土様』インターネット版ほか）。

田村将軍、すなわち鎮守府将軍坂上田村麻呂の勧請とか、日本武尊東夷征伐の折の勧請などとする上から目線かつ中央寄りの言説は、沼倉駒形根神社における記紀・皇祖神系の六神を日本武尊東征の折の勧請とする言説と軌を一にするものであった。さらにいえば、山上の奥宮たるべき「駒形根神社」にさえも、「日本武尊御勧請」の解説がつけ加えられていた(『安永風土記』栗原郡三迫沼倉村)。

江戸後期から明治期における神名の変遷には、それほどさように、大きな振れ幅があった。それはなにも、駒形根の神に限ったことではない。列島における通有の事象であった。それにつけても、平川『伝説のなかの神』［一九九三］には、大事の教えが込められていた。改めて、学び直さなければならない。

そういえば、猪岡から駒の湯温泉を経由して霊峰登拝をめざす「古道」が存在していたことが報告されてもいる。栗駒自然を守る会による刈り払いによって、その姿がいまに保たれているともいう。「栗駒山の古道『湯道』レポート」(www.geocities.co.jp/SilkRoad-Desert/5551/yumiti_kd.html)を参照されたい。

そのような情報を勘案するならば、わけても近隣猪岡の駒形根神社の事例に徴するならば、骨(本)寺村の「馬頭観音堂」が、霊峰駒形根の本地仏を祭る里宮なることは明々白々なり、といわなければならない。そのうえに、元禄十二年(一六九九)に制作された「磐井郡西岩井絵図」(写)には、「駒ケ嶽」の霊峰にリンクするかのようにして、「御コマ堂」の姿が、骨(本)寺村内に描き出されていた。これまた、猪岡村のばあいに同じく、ということである。

その「御コマ堂」の後身たるべき「観音堂」について、『安永風土記』五串村端郷本寺には、「本尊馬頭観世音木仏坐像、御長八寸」と記されていた(安永四年、『一関市史』資料編二)。近隣猪岡の駒形根神社の事例に同じく、これまた「駒形根の里宮」の証にほかならない。「大同年中、田村将軍御勧請の由」とされることについても、猪岡や沼倉の「里宮」、さらには山上の「奥宮」に変わるところがない。いま現在の祭神が「日本武尊」とされることについても(『岩手県管轄地誌』第七号巻之六、『西磐井の産土様』)、同じく、中央寄りの言説の所産を指摘せざるをえない。

ただし、猪岡や沼倉ほかの里宮群とは違って、骨寺村のばあいに限って、「観音堂」のネーミングが前面に押し出されるようになった理由については、分からない。もしかすると、近世後期に及んで、別当を引き受けた修験側の意向がはたらいていたのかもしれない。が、断言には及ばない。

そういえば、骨(本)寺や猪岡など、駒形根の霊峰を仰ぐ西磐井の村々は、「往古」は「吾勝郷」の内なり。とする記載がみえていた(『安永風土記』)。この「吾勝」とは、吾勝尊。すなわち、駒形根の最大の里宮たるべき沼倉日宮駒形根神社に祭られる六所の神々の四番目に数えられる神名にほかならない。同神社に伝わる『陸奥国栗原郡大日《オホヒル》岳社記』(『栗原郷土史』三二号、二〇〇一、同社宮司鈴杵憲穂氏の紹介になる)によれば、「吾勝大神」「吾勝尊」は、六所の神々のなかでも、大日孁尊(天照大神)に次ぐ地位を付与されていた。

『古事記』には正勝吾勝勝速日天忍穂耳命、『日本書紀』には正哉吾勝勝速日天忍穂耳尊と記されている。天照大神の男子とされている。その神の略称が、「吾勝尊」である。とするならば、近世後期における、中央寄りの目線からする在来の呼称の変更は、村人らが祭る神名のみにはあらず。村人らの住まいする地域名のそれにも及びかねない勢いだったことが察知されるであろうか。

ただし、骨寺や猪岡ばかりではない。沼倉の側にも、「往古」は「吾勝郷」なり。とする記載がみえていた。どうやら、駒形根東麓の一帯に広がる村々は(一・二・三迫、西磐井)、おしなべて、「吾勝郷」内にあり。とされていたらしい(『大日岳社記』『安永風土記』)。

中央寄りの目線からする在来の呼称の変更ということでは、骨(本)村の「一村鎮守」たるべき「山王社」のようなケースもあった。同じく、『安永風土記』五串村端郷本寺には、その由緒について、「慈覚大師の御勧請」「鎮守府将軍藤原清衡公御造宮」とする伝説にあわせて、「厳(いつくし)宮大明神」または「麗美宮と申し唱え」て、「当村名の根元」なりとする言説が付記されていた。それによって、「五串（いつくし）村」「厳美渓」のネーミングの由来が察知されるであろうか。けれども、そのために、この社が、比叡山延暦寺の鎮守神たるべき日吉山王神の勧請になる。さらに大元を辿れば中国は天台山国清寺の伽藍神たるべき「山王真君」（道教神）の勧請になる。という本来的な性格が消去されてしまっている。そのことにも気をつけなければならない。ここにおいても、『大日岳社記』（元文五年、一七四二）に始まる、上から目線かつ国粋主義的かつ廃仏主義的な作為を看取することができるであろうか。

いずれにしても、骨寺村の「御コマ堂」→「観音堂」→「駒形根神社」が、霊峰駒形根の里宮たるべきことには、疑いを容れない。そして、「観音堂」から「駒形根神社」への呼称の変遷が、明治初期における廃仏毀釈の嵐によるものであったろうことについても、疑いを容れない。

そういえば、霊峰の頂上近くに湧出する温泉「須川湯」は、この村の管理下に置かれていた。そのうえに、「須川嶽硫黄山」の取り仕切りにも、村人らが当たっていた（『安永風土記』五串村端郷本寺）。

それならば、二枚の絵図が描かれた中世にあっても、「駒形根」の霊峰に対応する里宮が、すなわち馬頭観音を根幹の六所の本地仏とする里宮が祭られていたとしても、不思議でも、何でもない。そして、その里宮に相当するのが「六所宮」だったのではあるまいか。そのネーミングのありかたからしても、六所の神仏を祭る霊峰の里宮に相応しい。ということになるのでもあるまいか。

本来的には六所の神仏が祭られていたのに違いない。それらの神仏のうち、根幹の本地仏たるべき馬頭観音ばかりが忘却を免れて、後代にまで存在感を維持することになったのは、駒形の残雪によせる里人らの心情があればこそ。ということであったろうか。

さらには、沼倉村の里宮に同じく、中世には別当寺（修験僧）の管理下にあったことが確実なり。といわなければならない。もしかすると、その別当寺に相当するのが、平泉野《へいせんの》にあったと伝えられる栗駒山法範寺・大日山中尊寺（『安永風土記』）だったのかもしれない。

はじめにも記したように、絵図の一枚には、「六所宮」の傍らに、「馬頭観音」とする書き込みがみえていた。江戸末期さもなければ明治初期とも考えられている、この書き込みの背景にも、「六所宮」は、その当時における馬頭観音に相当するという認識が存在していたのではあるまいか。いな、そうだったのに違いない。それなのに、絵図の「六所宮」とは別個に馬頭観音があったが故に。とするような、抽象的なレベルに安住して実質的な探求に踏み込むことを避ける空虚な議論が絶えない。それには、賛同するわけにはいかない。

3　「六所宮」「観音堂」の取り仕切りは、平山家によって

中尊寺時代の「六所宮」から江戸期の「観音堂」（明治からは駒形根神社）へと継承されてきた駒形根の里宮の取り仕切りは、里人らのリーダーによって担われてきたのに違いない。それでは、その里人らのリーダーとは、だれだったのか。その具体的な人名はなんといったのか。それが問題として浮上してくることにならざるをえない。

『安永風土記』五串村端郷本寺においては、「字宇南屋敷」に住まいする旧家の当主「平蔵」の六代の先祖として、「平山駿河」の名前が記されていた。あわせて、「駿河」すなわち「平蔵先祖」の代から、「中尊寺御一山」の「御始末」（差配）によって、「観音堂」の鑰《かぎ》を預かっていたことが記されていた。その理由は、「観音堂」が「中尊寺御一山境内」に属しており、その「地主」が平山家であったことによる。とも記されていた（原漢文）。

「字宇南屋敷」に住まいする、すなわち宇那根社の辺りに住まいする「中世末の地侍」たるべき「平山駿河」は、「平三太郎入道」「平三二郎」ほか（「所出物日記」）、平泉以前にまで遡る旧来の住人の子孫だった可能性が高い。なか

でも、宇那根社の傍らに住まいする平姓の首人《おびと》（里人らのリーダー）の子孫だった可能性が高い。詳しくは、本書Ⅱ一・四章ほかを参照されたい。

とするならば、「観音堂」の取り仕切りが「平山駿河」の子孫によって担われていることの背景には、中尊寺時代の絵図に描かれた「六所宮」の取り仕切りが、里人らのリーダーたるべき「平山駿河」の先祖によって担われていたという歴史的な事情が横たわっていたのだ。とするような想定ができることになるのではあるまいか。

そういえば、その「平蔵」の子孫に相当すると見られる平山家には、戦国期は天正十九年（一五九一）に記されて、「西岩井骨寺村字宇な田屋しき在家一けん（軒）主」に預け置かれた珍しい古記録（冊子本）が残されていた。吉田敏弘『絵図と景観が語る骨寺村の歴史』〔二〇〇八〕、同「天正末年の中尊寺と骨寺村絵図」〔二〇一一〕によれば、その冊子本の表紙には、「磐井郡西磐井骨寺村中尊寺御経蔵領所　藤原清衡之季（寄）進　写之」と記されていた。そのうえで、天治三年経蔵別当補任状写、骨寺村在家日記写、至徳四年清家判物写、あわせて三通の文書が収録されていた。そして、奥書には、上記の「宇な田屋しき在家一けん主」に宛て、「御村絵図相添、子孫相伝申候間、此趣を以、已来相勤可被申候、右絵図者、旧天正十九歳見出シ書直シ指置物也」と記されていた（原漢文）。

吉田氏によれば、天正十九年には、仙台藩の奉行、茂庭石見守のもとに、中尊寺の使者が赴いて、旧来の領地の寄附（回復）を許された。それによって、骨寺村も経蔵別当領に復することになり、あわせて「宇な田屋しき在家一けん主」が代官に取り立てられることになった。そのために、それらの文書類の写が預け置かれることになった。そのうえに、「宇な田屋しき在家一けん主」、すなわち平山家による駒形根神社の別当としての取り仕切りは、いま現在に継承されている。というのである。

このような記録からしても、「宇な（南）田屋しき」（宇那根田屋敷）に住まいする平山家の先祖による中尊寺領骨寺村の取り仕切りが、個別的には「六所宮」の取り仕切りが、「中古以来退転」の文言はあれども、理念的に途絶えることなく継承されるなかで、江戸期における「観音堂」、さらには明治以降における駒形根神社のそれに至っていることが察知されるであろうか。

ただし、平山家による「観音堂」の取り仕切りが継承されてきたとはいっても、一筋縄にはいかない。すなわち、『安永風土記』が記された「平蔵」(「駿河」から数えて六代の子孫)のあたりに及んで、その「御祭礼」については、「平蔵」の本人にはあらず、「五串村羽黒派修験明学(覚)院」を「別当」に立て、その執行を依頼することになった。そのために、『風土記』には、「観音堂」について、「別当」は「明学(覚)院」、「地主」は「字宇南屋敷平蔵」なり。と記されることになった(『安永風土記』五串村端郷本寺、原漢文)。

それまでは、「駿河」の代における寺領復興が一時的なものに終わって、中尊寺の影響力が失われてしまってから以降、平山家代々の当主が、俗別当のような立場で、「御祭礼」の執行にも当たってきたのに違いない。それが、六代平蔵の辺りに及んで、「修験」人気の時流に即して、「明学(覚)院」に「別当」を依頼することになったのに違いない。

このような経過については、「明覚(学)院」側の記録にも(『同』羽黒派明覚院書出)、しっかりと記されていた。すなわち、「馬頭観音堂」は「中尊寺一山境内」であったが、「中古以来、退転つかまつり候」。そのために、「地主宇南屋敷平蔵先祖」の代から、「中尊寺一山始末」をもって、その鑰を預け置かれてきた。そして、「御祭礼」の執行については、「平蔵」の願いによって、当院が別当として関与することになった。と記されていた(原漢文)。

念のために一言するならば、江戸時代における宇那根社について、特別の記録は残されていないが、これまた、「平山駿河」の子孫によって、すなわち「平蔵」の先祖らによって、その取り仕切りが担われていたのに違いない。「平蔵」が住まいしたのが、ほかでもない、「宇南屋敷」「宇な田屋しき」と記されていたことが、なによりもの証拠である。ただし、「平蔵」の代には、宇那根社の祭りは廃絶されてしまっていたらしい。『安永風土記』に宇那根社の記載がみえていないのが、そのなによりもの証拠である。近隣の村里には、『安永風土記』に記載された宇南権現社が、いま現在でも祭られている。それなのに、骨寺に限るようにして、宇那根社の祭りが忘れ去られてしまったのは、なぜであろうか。気にかかる。

4　学説史を振り返って

たとえば、吉田敏弘『絵図と景観が語る骨寺村の歴史』〔二〇〇八〕には、いまは地元で須川ないしは須川岳と呼ばれる「駒形根」の霊峰について、「骨寺村は、あたかも磐井川流域から須川に登るルートの里宮(里坊)の位置に該当します」、と記されていた。さらには、山王窟・慈慧塚ほか、「骨寺の聖地が須川の眺望が得られる地点と重なっていることを確認」したうえで、経蔵別当に所縁の骨寺の建物そのものについても、「あるいは須川の美しい眺望が得られる場所にあったのかもしれません」、と記されていた。

そのうえで、いまの駒形根神社が、近世に「馬頭観音」と呼ばれていたのは、「古くから存在した駒形信仰の反映ではないか」、とも記されていた。

さすがの指摘である。長年にわたって地元のくらしに密着しながら、精力的な調査を積み重ねてきた研究者ならではの深い洞察による大事の指摘である。

けれども、二枚の絵図における「六所宮は里の西側台地の裾に鎮座し、東に里を望む位置に描かれており、誰しもが現在の駒形根神社の前身であると考えるでしょう。確かに、駒形根神社は本寺地区の鎮守神として広く地区住民の崇敬を受けています」と記されながら、「六所宮が今の駒形根神社であったと簡単には断言できないわけがあります」と記されていることに関しては、違和感を抱かずにはいられない。

吉田氏によれば、「六所宮とは六ヶ所（具体的にどの神であるのか不明）の神社を勧請して祀られた神社の意であり、荘園領主であった経蔵別当の寺家が在地に勧請した神社であった可能性も十分考えられます」。ということであった。そのために、駒形根信仰の一筋で貫き通すことができずに、複雑な物言いを余儀なくされることになった。

すなわち、「私は、現駒形神社が、元来の骨寺境内の一画に寺家が勧請した六所宮の跡地とみています。そして骨寺が退転し、更に中尊寺の支配も遠ざかるにつれて、ここは駒形（須川）神を祀る場所へと変化し」た。と記されることになった。

それならば、六所宮は、「駒形信仰」の里宮にはあらず。中尊寺の時代が終わって、その跡地に「現駒形神社」（いまの駒形根神社）が祭られるようになって、はじめて里宮としての性格が鮮明にされた。ということにならざるをえない。さらにいえば、絵図には「駒形根」の文字が明記されているのにもかかわらず、その山神を遥拝する里宮は存在していなかった。ひいては、その山神にたいする里人の信仰は存在していなかった。と強弁することにもなりかねない。

だが、「六所宮とは六ヶ所（具体的にどの神であるのか不明）の神社を勧請して祀られた神社の意であり、荘園領主であった経蔵別当の寺家が在地に勧請した神社であった可能性も十分考えられます」とする見立ての通りにはあらず、六所宮が駒形根の山神を祭る古来の里宮だったとするならば、どうであろうか。いまの駒形根神社が、近世に「馬頭観音」と呼ばれていたのは、「古くから存在した駒形信仰の反映ではないか」とする当初の想定の方が当たっている。すなわち、六所宮、馬頭観音、駒形根神社、と呼び方は変わっても、地域における駒形根信仰の拠点として終始一貫して維持されてきた。ということになって、きわめて分かりやすいスッキリとした歴史像を描き出すことができるのではあるまいか。

そのために、「六所宮とは六ヶ所(具体的にどの神であるのか不明)の神社を勧請して祀られた神社の意であり、荘園領主であった経蔵別当の寺家が在地に勧請した神社であった可能性も十分考えられます」とする見立てが当たっているのか、どうか。改めて、史料に即して、検証してみることにしたい。

たとえば、「荘園領主であった経蔵別当の寺家」、すなわち中尊寺側によって勧請された神社としては、山王・白山の二社が知られる。中尊寺の境内に「鎮守」として勧請されていた、その二社のことである(『吾妻鏡』文治五年九月十七日条、「寺塔已下注文」)。すなわち、比叡山延暦寺のそれに倣って勧請された二社のことである。それらの二社が骨寺村にも勧請されていたことは、骨寺村絵図における「山王岩屋」「山王」「白山」の記載からしても、明らかである。それにたいして、中尊寺側によって、「六所宮」が勧請されていたとする痕跡は、どこにも見出すことができない。

念のために、探索の範囲を広げて、平泉藤原氏によって勧請された神社に当たってみても、それらしい痕跡を見いだすことができない。すなわち、都市平泉の「鎮守」として勧請された神社に、日吉・白山・祇園・王子(熊野)・北野天神・金峰山・今(新)熊野・稲荷の名前はあれども(「寺塔已下注文」)、「六所宮」のそれは見いだすことができない。

そもそも、荘園内に勧請されたのは、荘園領主に所縁の著名神なのであった。たとえば、興福寺領には春日社、東大寺には八幡宮、そして延暦寺領には日吉山王・白山社など、京都方面で尊ばれて、然るべき「本社」に鎮座する特定の神なのであった。それらの神社が勧請されたのは、京都方面で尊ばれた「本社の儀を模す」という趣旨によるものであった(同)。したがって、吉田氏のいうような意味における、六ヶ所にものぼる神々を寄せ集めての勧請などということは、原理的にありえない。というような根本的な事情についても、考慮に入れなければならない。

この辺りで、心を落ち着けて、列島の全域を見渡すならば、「六所」のみにはあらず。「二所」(両所)、「三所」、

「四所」、「五所」、さらには「七所」、「八所」、そして「十二所」「二十四所」ほかのネーミングで呼ばれる神々が、ぎっしりと普遍的に存在していたことが明らかである。

たとえば、南北朝期の編纂になる『神道集』には、上野国赤城山三所権現の祭神として、赤城明神・小沼明神・覚満大菩薩を、それぞれの本地仏として、千手観音・虚空蔵菩薩・地蔵菩薩をあげている。そして、伊豆国筥根権現の祭神として、中将入道・太郎王子・常在御前を、それぞれの本地仏とし、文殊菩薩・弥勒菩薩・観音菩薩をあげている。また、越中国立山権現の十二所の祭神に対応する本地仏に至っては、無量光仏(阿弥陀仏)・無辺光仏・無碍光仏・無対光仏・炎王光仏・清浄光仏・歓喜光仏・知恵光仏・不断光仏・難思光仏・無称光仏・超日月光仏をあげている。最初に紹介した白山権現三所の祭神ならびに本地仏についても、しっかりと記載されていた。

東泉院本『富士山大縁起』には、その主峰たるべき穀聚山に祭られる浅間大明神の本地は大日覚王。次鋒新山に祭られる愛鷹大明神の本地は毘沙門。同じく、次々鋒今山の祭神の愛鷹大明神の本地は大聖不動明王なりと記されていた。それらの神々を祭る個々の宮とは別に、「六所宮」が鎮座していて、「惣宮」としての役割を担っていたことも知られる。その本地もまた、「金剛界大日」なりと記されていた。さらには、平安の昔に、始めて富士登拝をはたした「金時(こんじ)上人」(「金地上人」とも)の伝説も記されていた。くわしくは、西岡芳文「新出『浅間大菩薩縁起』にみる初期富士修験の信仰」[二〇〇〇]、同「中世の富士山とその信仰」[二〇〇二]を参照されたい。

そのほか、『鎌倉遺文』によって取り急ぎ検索してみるだけでも、「熊野三所権現」「八幡三所」「宗像三所大菩薩」「春日四所権現」「天野四所権現」「住吉大神宮四所御本地」「息栖五所大明神」「誓尾六所権現」「熱田六所宮」「多田院惣社六所権現」「伊香立八所大明神」「仁波当庄八所大明神」「野山十二所権現」ほかのネーミングが存在していた。

身近なところでは、「塩竈六所大明神」(伊達家文書天正十八年十一月廿八日蒲生秀郷起請文)、「塩竈十四ヶ所大明神」(同文書天文十二年六月十六日大崎義宣起請文)などをあげることもできようか。それらの神々が人間だった時代の数奇な運命に関する「本地物語」さえも残されていて、興味をそそられる（入間田「塩竈大明神の御本地」一九八五）。

そのようなネーミングで呼ばれる神々の普遍的な存在は、中世日本人の心を揺さぶった本地垂迹ないしは神仏習合の言説体系に鑑みるならば、不思議でも何でもない。ということなのであった。したがって、それらの祭神や本地仏についていては、多彩かつ多様。それぞれの地域によって異なる相貌を呈していた。

すなわち、「三所」「五所」「八所」などのネーミングによって、それぞれの数値に即応する祭神や本地仏が存在したことは明らかなれども、それらの祭神や本地仏の具体的な内容についていては千差万別。なにかしら、それらの数値に即応する具体的な内容が共通して具えられていた。とするような可能性は見いだすことができない。

「三所」宮とは、三所の神仏の集合体。「五所」宮とは五所の神仏の集合体。それ以上でもなければ、それ以下でもなかった。ということである。

これまでに、「三所」宮とはなにか。または「五所」宮とは何か。とするようなテーマの論考があらわされることがなかった。そのことだけでも、事態は明らか。といわなければならない。

それなのに、「六所」宮だけにかぎって、その数値に即応する、なにかしら特別の内容が共通して具えられていた、とするかのような議論が絶えない。そのために、「六所」宮の事例を集めて、なにかしら共通する内容を見いだそうとするかのような試みが止まない。

たとえば、『国史大辞典』（吉川弘文館）には、六所宮は、「六所の神社を一所に勧請し、合祀した宮社のこと。六所明神・六所権現・六所神社などともいう」と記されていた。そのうえで、「古代末期、中世初頭に各国国府に近く総社が創建されたころ」、「国府に近い古社の相殿に、または境内に、国内神社中の有力社六所を特に勧請し合祀したことに始まる」と解説されていた。具体的には、相模国府や武蔵国府にリンクする六所宮の事例が紹介されていた。

同じく、中山太郎「六所神異考」〔一九三三〕によれば、「六所」は祭神・本地仏の名数にはあらず。「六所」は「ムショ」と訓んで、墓所のことにほかならない。と記されていた。

そのような議論については、その内容にいちいち踏み込むまでもなく、集められた限定的な事例をもって一挙に全体を推し量ろうとする危うさを指摘することにならざるをえない。原理的にいえば、もしも、すべての事例が集められるようなことがあったとしても、その内容は千差万別。なにかしら、共通の内容を見いだそうとすることには、耐えられそうにもない。そもそもが、無理筋の議論だったのである。

さらにいえば、限られた事例としてあげられているなかにさえも、推論に馴染まないものがなきにしもあらず。たとえば、中山論文にあげられている霧島六所権現、「御嶽山」に関わる「六社の尊号」ほかの事例が、それである。そのような事例をもってして、どうして、「ムショ」すなわち墓所の推論が可能になるというのか。疑問である。

したがって、「六所」宮とはなにか。とする抽象的かつ一般的な設問にはあらず。骨寺絵図に描かれた「六所」宮に即して、それらの祭神・本地仏はなにか。そこには村人らのどのような想いが込められていたのか。など、具体的かつ個別的な設問が必要とされなければならない。そのようなアプローチによる悪戦苦闘の所産に、小論はほかならない。

そういえば、その「ムショ」すなわち墓所の推論については、われらが「六所宮」も、また然り。とする見解が出されて話題になっている。大石直正「『僧妙達蘇生記』と十一・二世紀の奥羽社会」〔二〇〇五〕によるものである。けれども、そのような「六」の数字にのみ拘った推論には、前記のような問題あり。そのうえに、二枚の絵図に描き出された六所宮の姿を注意してみていただきたい。どのように見ても、神社建築そのものである。墓所の雰囲気は感じられない。後に及んで、大石氏その人によって、その見解の撤回が発言されたのは、自然の成り行きであった。

それだけではない。「六所宮」の近くに描かれている「骨寺堂跡」についても、さらには「山王岩屋」についても、「納骨の霊場」だったのだ。とするコメントが、大石論文には記されていた。大石「中尊寺領骨寺村の成立」[一九八四]における見立ての延長線上にありとはいえども、驚きをもって、受け止めざるをえない。

「骨寺」は、その異様な名前からしても、然るべし。「岩屋」は、「一般的に」「あの世の入り口と意識されていた」、「納骨の場となっている例は多い」ことからしても、然るべし。と記されていた。

そのうえに、「若御子社の名前のワカも口寄せ巫女」のことである。すなわち「骨寺や山王岩屋のような納骨の霊場にいたる道筋に、死者の霊を呼ぶ巫女が集う、このような社があることは充分に考えられる」。「納骨の霊場である聖地骨寺村の巡拝のコース」が存在していたとするような文言の数々である。

けれども、それらの裏づけとなる具体的な証拠は、あげられていない。たとえば、山王岩屋が、延暦寺側によって勧請された山王神の在所だったこと。すなわち死穢を寄せつけない神域だったこと。さらには若御子社が、駒形根の霊峰を祀る第二の里宮だったこと(本書Ⅳ三章)。などの基本的な事実に即しても、支持すべしとは言い難い。何から何まで、想いこみの所産だった、といわざるをえない。

その大石論文に響き合うような論調がないではない。たとえば、佐藤弘夫「霊場―その成立と変貌―」[二〇〇六]においては、「速断は避けなければならないが、骨寺村が再開発されるにあたって、村に納骨信仰と白山信仰をもたらした天台僧が、骨寺を建立し、その奥院として、山王窟を設けた可能性は十分に想定される」と記されていた。けれども、天台僧によって納骨信仰がもたらされたとする前提そのものが実証されているとは言い難い。それにつけても、「在地霊場論」「納骨霊場論」ほかの潮流に身を委ねるばかりにはあらず。個別の具体的な事情に密着した確実な実証が求められるべきことを、痛感しないわけにはいかない。

さらには、われらが「六所宮」は、中尊寺側によって勧請された「荘園惣社」(鎮守)であった。具体的には、同じく絵図に描かれた、山王・金峯山・宇那根社・金聖人霊社・白山・若神(御)子の六神をあわせ祭る「惣社」であった。とするよう見解も出されている。菅野成寛「陸奥国骨寺村絵図の宗教史」〔二〇〇九〕によるものである。ある意味では、吉田敏弘氏の議論に近い。けれども、京都方面からの勧進にはあらず。骨寺村内からとすることが違っている。だが、それについても、諸国における国府近辺の総社や荘園鎮守としての総社などの事例をもってする類推を出るものではない。

そもそも、山王や白山ならばともかく、宇那根社や若神子社・金聖人霊社などが中尊寺側による勧請神だったなどとは、とてもいえそうにもない。たとえば、宇那根社については、中尊寺側による勧請神なりとする大石論文の見立てに反して、中尊寺領に編入されるはるかに以前から祭られていた在来神なることが確かめられている。若神(御)子にしても、また然り。金聖人霊社にいたっては、法然上人の高弟たるべき石垣金光上人の霊を祀るために、鎌倉期になってから創建の神社なり。しかも、中尊寺側の勧請などにはあらず。民間における御霊信仰の波及によるものであった。とする誉田慶信「金聖人霊社について」〔二〇一四〕ほかの仕事があるではないか。

とするならば、中尊寺側が、それらの六所の神社をあわせ祭って、「惣社」としての六所宮をかたちづくった。などと想定することはできるはずがない。

そのうえに、「六所宮」そのものも、中尊寺に編入されるはるかに以前から祭られていた在来神、すなわち駒形根の霊峰にいます古来の農業神の里宮なのであった。「六所」のネーミングだけをもってして、荘園内の六所の神社をあわせ祭る神社だったとする「数あわせ」のような議論には従うことができない。

いずれにしても、中尊寺領の荘園内に祭られているからといって、どんな神社でも、中尊寺側による勧請だった。などとすることはできないのである。これまでは、そのことが十分に踏まえられることがないままに、安易な推論に流されてきた嫌いがなきにしもあらず。くれぐれも、ご用心である。

ただし、「六所」は「ムショ」（墓所）なりとする大石説に対して、「墓堂と神社とは本来、水と油の間柄にあった」とする見地からの批判的なコメントが、菅野論文には記されていた。それについては、異論がない。

むすびにかえて

六所宮↓御コマ堂↓観音堂↓駒形根神社、というように、ネーミングにおいては変遷を経ながらも、霊峰駒形根の里宮としての本質においては、終始一貫して、変わることがなかったのである。われらが骨寺村の里宮のユニークな歴史を、すなわち、駒形の残雪に寄せられた里人らの想いの歴史を改めて痛感しないではいられない。

たとえば、廃仏毀釈の嵐に遭遇して、観音堂のネーミングの変更を迫られたさいに、猪岡・沼倉ほかの里宮群に同じく、駒形根神社のそれを採用する。などのことも、そのような里人らの想いがなければ、叶わなかったのに違いない。

ただし、骨寺村の辺りでは、いまは「駒形根」にはあらず。栗駒山にもあらず。須川ないしは須川岳と呼ばれることが多くなっている。その理由は、この山の山頂付近から湧き出る温泉水が強酸性の川、すなわち酸（須）っぱい川になって流下することにもとめられる。いまでは、田植え時の雪形の景観よりも、温泉水の水質が問題視されるようになっている。ということであろうか。

そのうえに、田植え時の雪形そのものについても、駒にはあらず。狐のそれだとする見方が普通になってきている。「助けた狐の恩返しによって豊作の恵みに預かった」とするような民話さえも、かたちづくられている。たしかに、いま現在では、狐のように見えないこともない。気候変動によって、雪形そのもののありようが変わったのか。それとも、里人らの感性が変わったのか。さもなければ、なにかしら、里人らの主体的な判断によるものか。判断に迷わされるところではある。

けれども、いま現在においても、われらが駒形根神社の境内には、威風堂々の石馬（嘉永六年）が安置されていて、里人による敬愛の対象になっている。

ただし、同じ駒形の雪形とはいっても、栗原方面からみえる「もうひとつの」「本来的な」それは、いま現在においても、右前方に駆ける奔馬の姿を鮮明にしてくれている。

〔追記〕

『厳美村誌』（大正六年）によれば、「大日嶽」に登拝する「大日詣」とならんで、「駒形根」に登拝する「御駒詣《おこまもうで》」が、「邑人」らの常習になっていた。同じく、駒形根の峰上にまつられる「石祠」（「御室《おむろ》」）については、「広潤なる窟中に苔蒸して最も古く見ゆ」、「祠前燈籠二基を備ふ」、「傍に盥漱泉あり」とされるような状態にあった。あわせて、「諸邑ハ残雪の景況を実歴として、東作に先つ時候を知るなり、又その雪解の水多く耕田に灌きて、秋実に益あれば、旁々神徳を仰きて、故らに敬崇するなり、凡て南西の眺望は此駒形根にあり」。と記されてもいた。してみれば、大正六年（一九一七）の辺りまでは、駒形根や大日嶽に向けられた古来の眼差しが変わることはなく、そのままに維持されていたのに違いない。

ただし、残雪のかたちは、「駒形」ばかりではない。笊森の辺りには、「笊坊主」「種まき坊主」（笊に盛った種籾を撒く老人）のかたちも見えて、種蒔きの時期を教えてくれていた。古老の話である。同じく、「須川のザルモリ（ザル山）」の雪解けを待って、苗代田に種をまく。とする聞き取りの記録も残されている（松本博明編『一関市厳美町本寺の民俗』二〇一一）。

〔追々記〕

沼倉村の駒形根神社の里宮家に伝来する『陸奥国栗原郡大日岳《オホヒル》社記』（『栗原郷土研究』三二号、二〇〇一）には、「六本ノ幣束ヲ」「神前ニ献グル事」は、「古代ノ遺法」「当社ノ神秘」なりとする所伝が記されていた。あわせて、「此ノ法、今ハ廃(スタ)ル」ともあった。神仏習合の仏神から皇祖系の神々へという転換を期して記された『社記』(元文五年)における、そのような所伝をもってすれば、神仏習合の時代には、六所の本地仏に対応する六所の神々が祀られていたことが、いよいよ、明らかである。

二章　骨寺村絵図に描かれた駒形根と六所宮（続）

はじめに

骨寺村絵図には、「駒形根」の霊峰と、その里宮たるべき「六所宮」の社殿が鮮明に描き出されていた。そのうち、「駒形根」は、駒形の残雪をあらわして、田植えのシーズンを教えてくれる農業神として古来、里人らの信仰を集めてきた。

すなわち、「駒形根」神社として『延喜式』神名帳（九二七年）に記載された古代の段階から、馬頭観音・大日（如来）・虚空蔵（菩薩）ほか六所の本地仏を祀る中世の段階を経過して、「馬首仏（馬頭観音）」「大日」「虚空蔵」の三仏を祀る岩窟（「御室《おむろ》」）が山頂付近に存在していると記された近世の段階へ、というような変遷を蒙ることはあれども、農業神としての霊峰に寄せられた里人らの信仰内容には変わるところがなく、近代にいたるまで維持されてきた。

馬頭観音・大日（如来）・虚空蔵（菩薩）ほか、六所の本地仏が、総体としての霊峰「駒形根」をかたちづくる六つのピークに関連づけて祀られていたことは、言うまでもない。近世の段階に数を減じて、三所の本地仏が祀られるようになったとしても、その関連性については、変わるところがない。

たとえば、「駒が岳」「大日岳」「虚空蔵」の山名が、それぞれのピークに即して、いまに伝えられている。などのことが知られる。ただし、それらの六所ないしは三所の本地仏に対応すべき神々の本来的な名前は、伝えられていない。それにたいして、その里宮たるべき骨寺村の「六所宮」については、「御コマ堂」「観音堂」と呼ばれた近世の段階を経過して、「駒形根神社」と呼ばれる近・現代へ、という変遷があったことが想定される。けれども、その里宮たるべき本質には変わるところがなく、終始一貫して、本地仏たるべきは馬頭観音が祀られてきた。神社とされるいまでも、その仏像が秘蔵されていると聞く。

前回に執筆の「骨寺村絵図に描かれた駒形根と六所宮について(覚書)」〔二〇一四、前章〕においては、駒形根と六所宮の間に、右記のような関係性が存在していたことを見通すことができた。

具体的には、『封内風土記』『奥羽観蹟聞老志』『安永風土記書出』(磐井郡五串村・同猪岡村・栗原郡三迫沼倉村・同一迫花山村)、「磐井郡西岩井絵図」ほかの史料によって、その関係性の大略を見通すことができた。

けれども、その関係性を解明するうえで、もうひとつ、絶好の史料が存在していることに気づかされた。一関博物館職員の千葉亮信氏ほかの教えによるものである。そのために、今回は、その絶好の史料にもとづいて、より一層に踏み込んで、解明に取り組んでみることにしたい。

1　本山派修験智拳院に伝えられた馬頭観音立像

その絶好の史料とは、磐井郡流蝦島《ながれえびしま》村(いまは一関市花泉町油島)に鎮座する白山神社(いまは白山姫神社)の別当であった鈴木家に伝えられた馬頭観音の立像である。

いまは白山姫神社の神職をつとめる鈴木家には、修験として白山神社ほかの別当をつとめた近世期の貴重な文化

写真１　馬頭観音像及び厨子（一関市博物館提供　智拳院蔵）

財が、そっくりそのままに、大切に伝えられてきた。その調査報告書ならびに目録が、花泉町教育委員会と大矢邦宣氏（岩手県立博物館）によって取りまとめられている（『本山派修験　智拳院調査報告書』『文化財目録』花泉町文化財報告書第九集、二〇〇四）。

その報告書に掲載されている写真を見て、驚いた。なんと、「馬頭観音立像」（三面六臂、全長二五センチメートル）ではないか。あわせて、その立像を納める厨子の背面には、「御駒三所大権現尊像」の文字が、しっかりと書きつけられているではないか。

そのうえに、その由緒を物語る文字列には、これまでに用いられてきた史料からは窺うことができない貴重な情報が込められているではないか。

大矢氏の翻刻にしたがって、その文章を紹介してみたい。ただし、段落を整え、句読点・送り仮名を加える。あわせて、実見によって得られた文字情報を補うなどの改変を施している。

御駒三所大権現尊像

但し、馬頭観音仏、仏師は、京都より下り仙台柳町に住居申し候、宮田伊予の作、寛保元年九月廿九日に下し、

遷宮仕り候、
右、御駒三社なり、西根の御駒が嶽は、御駒・大日・虚空蔵の三山なり、三の御山を移し奉り候、
右、御山は、秀衡御代なり、ことのほか、大さかり(盛)御座候処、秀衡たいはつ(剃髪か)の後、盛り申さず候、
永正十七年九月廿九日、御駒が嶽の神を持参して、三社せんぐう(遷宮)仕り候、
右、御山三所権現なり、

この文章によって、「西根」(磐井郡の西山裾の辺り)に聳え立つ霊峰「御駒が嶽」は、「御駒・大日・虚空蔵の三山」によってかたちづくられていた。そして、室町後期は永正十七年（一五二〇）には、それらの「神」々を「持参」(勧請)して、「御山三所権現」の里宮が造営されていたことが知られる。

そのうえに、それらの「神」々のうち、「御駒」神の本地仏たるべき、馬頭観音の立像が「御駒三所大権現尊像」として祀られて、三所の神仏を代表するかのような位置づけを付与されていたことが知られる。

それならば、中世の段階における馬頭観音・大日(如来)・虚空蔵(菩薩)ほか六所の本地仏が、近世の段階には数を減じて、三所の本地仏として祀られるようになるという、前回における見通しは、ますます確かなものにならざるをえない。

さらには、六所どころか、三所という記憶さえも、曖昧になるなかで、「御コマ堂」「駒形根神社」「観音堂」ほかの堂宇に、馬頭観音だけが本地仏として祀られるようになる。という前回における見通しについても、ますます確かなものにならざるをえない。

骨寺村における、「六所宮」→「御コマ堂」「観音堂」→「駒形根神社」というような変遷のプロセスは、そしていま現在の「駒形根神社」にも馬頭観音の本地仏が秘蔵されているということは、そのような霊峰の広域的な信仰圏における変遷のプロセスのなかで理解されるべきものだったのである。

そういえば、奥州一宮たるべき塩竈神社は、中世に「塩竈六所大明神」（松藩捜古応永十一年七月小峯満政等廿人連署一揆契状、伊達家文書天正十八年十一月廿八日蒲生秀郷起請文）、「塩竈十四ヶ所大明神」（同文書天文十二年六月十六日大崎義宣起請文）などと呼ばれていた。それらの十四所の神々が人間だった時代の数奇な運命に関する「本地物語」さえも残されていて、興味をそそられる（入間田「塩竈大明神の御本地」一九八五）。それなのに、近世には、仙台藩主の意向もあって、タケミカヅチ（武甕槌槌命）・フツヌシ（経津主命）の二神に、フナド（岐神）を加えた三所（柱）の神を祀る。ということに決着させられている。そこにおいても、「数を減ずる」流れを確かめることができるであろうか。

それにしても、六所の本地仏が段階を経るなかで、馬頭観音の一仏に帰着する。ということには、驚きを禁じえない。考えてみれば、里人らにとっては、田植えのシーズンを教えてくれる駒形の残雪こそが大事だったのだ。六所や三所の神仏を祀る本地垂迹の複雑な教義は、プロの宗教者によって持ち込まれた飾りに過ぎなかったのだ。そのために、駒形の残雪に関わる本地仏として、馬頭観音の一仏に帰着する。ということになったのではあるまいか。いな、むしろ、馬頭観音の一仏を祀るというのが本来的な姿だったのかもしれない。それが、ある段階において、六仏や三仏として拡大解釈される。ということだったのではあるまいか。

2　「秀衡御代に大盛り」とする記載について

「御山は、秀衡御代なり、ことのほか、大さかり（盛）御座候処、秀衡たいはつ（剃髪か）の後、盛り申さず候」とする記載についても、立ち入って考えてみなければならない。

興味深い記載ではある。だが、その根拠については、確実なものを見いだすことができない。したがって、事実というよりは、近世における秀衡伝説の一環として捉えられるべきものであろうか。

けれども、同じく、平泉藤原氏の時代に、中尊寺経蔵別当によって「再開発」された骨寺村においては、「駒形根」の霊峰にあわせて、その里宮たるべき「六所宮」が祀られていた。そのことの意味は限りなく大きい。

その意味では、「御山は、秀衡御代なり、ことのほか、大さかり（盛）御座候」とする記載には、それなりの根拠があった。とすることができるのかもしれない。

そういえば、『平家物語』（長門本）には、平家の公達、少将成経が鬼界が島に配流される途中に参拝した「霧島のたけ（岳）」について、「六所権現の霊地なり」と記されていた。南九州は日向・薩摩方面に聳え立つ霊峰においても、そのあたりには、本地垂迹の教説が持ち込まれて、六所の仏神が祀られるようになっていたことが明らかである。

ところが、蝦島村のばあいには、「永正十七年九月廿九日、御駒が嶽の神を持参して、三社せんぐう（遷宮）仕り候」とする記載になっていた。すなわち、霊峰上に祀られる神仏が、山麓の蝦島村に勧請されて里宮となり、「御駒三所大権現」ないしは「御コマ堂」などと呼ばれるようになるのは、室町後期は永正十七年（一五二〇）のことであった。

それならば、同じく、山麓に点在する村々においても、里宮が勧請されるようになるのは、室町後期のあたりからだったのではあるまいか。

言いかえれば、骨寺村における里宮としての「六所宮」の勧請は、山麓の村々のなかにあっては、比較的に早期に属するものだったのではあるまいか。すなわち、中尊寺経蔵別当による「再開発」の地ならではの事象だったのではあるまいか。とするような気がしないでもない。この問題については、今回は保留ということにして、引き続いて史料に当たってみることとしたい。

そのうえで、「馬頭観音仏、仏師は、京都より下り仙台柳町住居申し候、宮田伊予の作、寛保元年九月廿九日に下し、遷宮仕り候」とする記載について一言するならば、近世の段階になっても、寛保元年（一七四一）に、仙台城下に住居する京下りの仏師に依頼して、馬頭観音仏を新調する。ということがあった。すなわち、そのあたりに及んでもなお、本地仏に対する信仰が衰えることなく、しっかりと維持されていたことが知られる。

3　六所宮・三所宮に祀られる神名について

山上・山麓に祀られる六所宮→三所宮に祀られる本地仏については、馬頭観音・大日(如来)・虚空蔵(菩薩)の名前が伝えられていた。

けれども、それぞれの本地仏に対応すべき神々については、その名前が伝えられていない。たとえば、蝦島村における「御駒三所大権現」の記載においても、神々の名前には触れるところがなかった。本地仏に比べられるような存在感が、神々には具えられていなかった。ということであったろうか。

けれども、一八世紀の後半には、ナショナリズムの嵐が吹き荒れるなかで、それらの神名として、日本書紀や古事記にリンクするようなそれが、にわかに採用されることになる。

たとえば、『封内風土記』栗原郡吾妻(勝)郷沼倉邑(明和九年、一七七二)には、駒形根の霊峰に鎮座している「嶽宮」に祀られている六所の神々として、天常立尊・国狭槌尊・大日孁尊・置瀬尊・彦火尊・吾勝尊の名前が記されていた。それによって、本来的な六所の神々の名前は、きれいさっぱり、消去されてしまっている。

だが、しかし、六所の神々が祀られていた本来的なありかたは、否定しがたく、新たに記紀神話における皇祖神系の六所の神名を持ち込んで、その跡を補う。という措置を余儀なくされることになった。すなわち、皇祖神系の六所の神名が祀られている背景には、古来かつ在来の六所の神々が祀られていた本来的なありかたが存在していた。ということができるであろうか。

そういえば、霧島六所権現のばあいにも、本来的な六所の神名にはあらず。同じく、後代の置き換えとみられる皇祖神系の神名たるべき六所の神々が、すなわち瓊々杵尊・彦火々出見尊・鸕鷀草葺不尊・日本磐生彦尊・国常立尊・国狭槌尊が祀られるようになっていた(『大宰管内志』日向之三)。

それだけではない。それらの神々の勧請主として、日本武尊や田村将軍(坂上田村麻呂)ほか、英雄伝説の主人公に仮託されるようなことにもなっている。

たとえば、『封内風土記』では、沼倉「駒形根神社」に祀られる皇祖神系の六所の神々の勧請主について、「伝えに曰く、景行帝皇子、日本武尊、東征の時、これを祭り、もって、東国鎮寧の所となす」と記されていた。

骨寺村における里宮たるべき駒形根神社については、『安永風土記書出』(一七七八)に、「観音堂」「本尊の馬頭観世音、木仏に御座候」と記されていた。けれども、「大同年中、田村将軍御勧請の由」と記されてもいた。そして、いま現在は、「日本武尊」を祀るとされている(『西磐井の産土様』ほか)。そのために、「本尊の馬頭観世音」が秘仏とされることになっているのは、不思議でも何でもない。ということにもなるであろうか。

4　蝦島村の外来神と在来神

『安永風土記書出』磐井郡流郷蝦島村(一七七五年)には、外部から勧請された外来神として七社が。勧請神にはあらず、古来より村内に祀られていた在来神として三社が。それぞれに記載されていた。

そのうち、「当村」「鎮守」とされる「白山社」については、「永禄二年九月、当村本山派修験智拳院先祖慈光院重光、加賀国石川郡白山より勧請仕り候由、申し伝え候」と記されていた。

同じく、愛宕社については、「天正元年六月、勧請之由、申し伝え候」とあるだけで、勧請主の名前は記されていない。

同じく、鹿島社についても、「慶長六年九月勧請」の文字が見えているだけである。

同じく、曹洞宗満昌寺境内に祀られる白山社についても、「享禄年中勧請」の文字が見えているだけである。

そして、神明社に至っては、勧請に関わる文字は、まったく見いだすことができない。けれども、伊勢大神宮からの勧請なることには、間違いがない。

これらの五社については、いずれも、中央方面における然るべき本社からの勧請なることが明らかである。そのうえに、四社までがそれぞれに永禄・天正・慶長・享禄というように、室町前期には遡らない、比較的に新しい時代の勧請なることが明らかである。


そして、「御駒社」である。これについては、「天正十七年九月廿七日、智拳院《ちけんいん》先祖明学坊、勧請仕り候由、申し伝え候」と記されていた。

それに対して、三〇年あまりを遡った御駒三所大権現尊像厨子銘には、「永正十七年九月廿九日、御駒が嶽の神を持参して、三社せんぐう(遷宮)仕り候」と記されていた。

どちらの記載に従うべきか。難しい。それとも、二者択一にはあらず、永正の勧請に重ねて、天正の勧請をやり直した。ということであろうか。ますます、難しい。

だが、いずれにしても、この勧請が、これまでの五社とは違って、最寄りの霊峰からのそれであった。すなわち、最寄りの霊峰に寄せられた古来かつ在来の信仰をベースにした勧請行為であった。そのことには間違いがない。

したがって、どちらかといえば、外来の勧請神というよりは、古来かつ在来の神々に引きつけて考えた方がよいのかもしれない。

ただし、永正・天正、いずれの年号によるにしても、室町前期にまで遡らない、比較的に新しい時代に属することに関しては、これまでの五社に違うところはない。

もうひとつ、「新山《しんざん》権現社」は、具体的にはコメントしがたい。奥州方面の各地に祭られるこの神の性格については、明確にし難い。勧請神とはいうけれども、然るべき本社についても、明確にし難い。もしかすると、一二世紀における荘園制的な勧請神とはレベルを異にする古い神だったのかもしれない。

それに対して、古来より村内に祀られていた在来神として位置づけられるべきものは、「雲南権現社」「保量権現社」「道祖神社」の三社であった。

それらの三社については、「勧請」の文字が記されていない。もしかすると、それらの神々は、外来・勧請の神々とは異質だとする感覚のようなものが、里人の間にも、抱かれていたのかもしれない。

そのうち、「雲南(宇那根)権現社」「保量(法霊)権現社」は、古来の水神であった。湧水・沢水など、稲作を支えてくれる用水の神であった。本書Ⅱ一・四章において、見通している通りである。

ただし、「道祖神社」については、具体的にはコメントしがたい。けれども、それが、中央方面における「本社」からの勧請神でなかったことだけは、確実にいえるであろうか。

われらが骨寺村絵図(二枚)においても、「うなね」「宇那根社」の姿が、その神木のならびとともに、村の中心ともいうべき湧水のほとりに、しっかりと描き出されていた。その祭料のファンドたるべき「宇那根田二段」「宇那根三段」の文字も見えていた。同じく、「骨寺村在家日記」(永和二年、中尊寺文書)にも、「うなね田　五百かり(刈)」と記されていた。

それによって、中尊寺領としての「再開発」が、経蔵別当のリーダーシップにしたがって大々的に推進される以前から、一〇戸にも満たない古代の小村の住人らによって「うなね」「宇那根社」が祀られていたことが明らかである。

同じく、中尊寺領として知られる胆沢・江刺方面の村々においても、鎌倉中期は建長四年（一二五二）の「惣検取帳」（中尊寺文書）に、「宇那祢神田三段」「法霊神田三段」（胆沢郡黒沢村）、「宇那祢田三段」（江刺郡辻脇村）が、それぞれに設営されていた。

それらの古来の神々は、これまた古来の村のリーダーともいうべき「首人《おびと》」によって祀られていたらしい。その「首人」のはたらきを支えるファンドとして、然るべき田数が、それらの村々のいずれにも、設営されていたことが知られる。

さらにいえば、それらの神々は、一〇世紀に入るあたりに、関東方面から移住してきた、「首人」をリーダーとする稲作の民によって、持ち込まれたものであったらしい。

骨寺村については、「花粉」「プラントオパール」の分析によって、一〇世紀前半から稲作が開始されていることが確実視されてもいる。くわしくは、これまた、本書Ⅱ一・四章を参照されたい。

とするならば、蝦島村のばあいにも、「雲南権現社」「保量権現社」の二社が祀られているからには、古代にまで遡る開発の歴史があったことが、確実である。すなわち、「首人」に率いられた古代の小村が存在していたことが、確実である。

したがって、白山社ほか、外来・勧請の神々は、その後における「再開発」（戸数・田数などの増加）にともなって祀られるようになったのに違いない。

5　村落信仰における二重構造

そのように、古来かつ在来の神々にあわせて、後来かつ外来の勧請神が祀られるようになる、二重構造ともいうべき景観は、骨寺村絵図にも、しっかりと描き出されていた。

すなわち、古来かつ在来の神としては、「宇那根社」「うなね」がある。

同じく、「六所宮」「六所神田二段」（絵図）、「六所田三段」（「在家日記」）も、後来かつ外来の勧請神とはいっても、山王・白山の神々とは趣を異にして、最寄りの霊峰「駒形根」からの勧請神（里宮）に関わるものであった。里人らの古来の信仰がベースにあって、骨寺村の「再開発」にあわせて勧請された神に関わる祭料田であった。

あわせて、「若御子」社も、また然り。これまた、「駒形根」からの勧進神であった（第二の里宮）。その祭料のファンドたるべき「若御子神田二段」の文字も見えていた。同じく、「骨寺村在家日記」にも、「若ミこ　千かり」と記されていた。

したがって、「六所宮」「若御子社」については、勧進神とはいうものの、どちらかといえば、宇那根社のような存在として受け止めることもできるのではあるまいか。

それに対して、後来かつ外来の勧請神としては、「山王」「山王岩屋」がある。すなわち、比叡山延暦寺に祀られる山王の山神ならびに山王社（日吉社とも）を本社とする勧請神である。遠く由来を尋ねれば、大和国の霊峰三輪山に、さらには中国浙江省は天台山国清寺に祀られる「山王真君」にまで遡るユニバーサルな神である。その祭料のファンドたるべき「山王田三段」の文字も見えていた（「仏神絵図」）。同じく、「骨寺村在家日記」にも、「山王田七百かり」

と記されていた（本書Ⅱ三章）。

その「山王岩屋」の傍らに、小さめに記されて、しかも抹消されてはいるものの、「七高山《しちこうさん》」の文字が見えている。これまた、京都方面からの勧請になるのに違いない。具体的には、京都を中心として、近畿の各方面に祀られた七か所の仏神の勧請になるのに違いない（誉田慶信「骨寺村の宗教世界」二〇一七）。

あわせて、白山である。言わずと知れた北陸の霊峰白山からの勧請神である。白山の神は、山王の神にあわせて、みちのくの天台宗寺院における鎮守神として、中尊寺をはじめとして、各地の寺々に勧請されていたことが知られる。中尊寺経蔵別当の寄進（「再開発」）になる骨寺村のことである。白山ならびに山王の神々の勧請は、そのあたりにまで遡るものだったのに違いない。

ただし、「金聖人霊社《こんしょうにんれいしゃ》」（「在家絵図」）や「れい田千かり」（「在家日記」）の文字は、後来かつ外来の勧請神とはいっても、山王・白山の神々とは趣を異にして、法然上人の高弟たるべき金光《こんこう》上人の御霊《ごりょう》を祀ることに関わるものだったのかもしれない。誉田慶信「金聖人霊社について」［二〇一三］ほか、ならびに誉田『中世奥羽の仏教』Ⅲ一章ほかによる想定の通りである。

中世においては、菅原道真や那須与一のように不遇の死を遂げた人物の御霊を祀ることが広く見られた。金光上人のばあいにも、流罪に処せられた人物として、その御霊が祀られることになったのかもしれない。そういえば、骨寺村に隣接する「五串村」においても、「御霊社」が祀られていたことが知られる（『安永風土記書出』）。中央や関東方面ばかりではない。みちのくの村々にも、御霊信仰の波は、確かな訪れを見せていたのかもしれない。

そのような二重構造ともいうべき景観は、中尊寺領として知られる胆沢・江刺方面の村々においても、鎌倉中期は建長四年の「惣検取帳」によって、確実に存在していたことが明らかである。

たとえば、胆沢郡黒沢村には、在来の神々に関わる「宇那祢田神田三段」「法霊神田三段」にあわせて、外来の勧請神に関わる「熊野神田三丁四段七合」「白山講田一丁」が設営されていた(本書Ⅱ三章)。

そのような二重構造の存在が、日本列島における稲作文化の基層のうえに、外来の仏教文化が重ねあわせられることによって、かたちづくられた。具体的には、「神仏習合」「本地垂迹」などのキーワードに示される動向によって、かたちづくられた。そのことについては、言うまでもない。

したがって、そのような二重構造の存在は、列島各地の村々において確かめられるものであった。その意味では、珍しくも、なんともない。

けれども、わが骨寺村のように、たとえば宇那根社のように古代にまで遡ることが確実な在来神が存在していて、それらの神々が、後来かつ外来の仏教色に彩られた神々と共存しているとするならば、どうであろうか。そのうえに、それらの神々が共存するありさまが、絵図上に鮮明に描き出されているとするならば、どうであろうか。

列島の村々のなかでも、稀有の存在といわなければならない。骨寺村荘園遺跡が、国指定の史跡として、同じく重要文化的景観の地として認定され、さらには平泉に関わる世界文化遺産の構成資産としてノミネートされているのは、伊達ではない。と、改めて、痛感せずにはいられない。

そういえば、「流蝦島村絵図」(文化十三年、一八一六、宮城県図書館蔵)においても、後来かつ外来の勧請神にあわせて、古来かつ在来の神々の姿が鮮明に描き出されていた。

たとえば、大小の沢水によって古くから潤されてきた谷あいの水田地帯を見渡す西側の尾根状の台地の縁辺には、「ホウリヤウ」(保量)の小社が描き出されていた。その続きには、「ウナタ」(宇南田)の地名も見えていた。ただし、小社らしき姿はない。『安永風土記』によれば、「雲南権現社」は、「宇南田」に所在はするものの、本格的な社殿がなく、当時は「仮宮」の状態だった。その「仮宮」の状態が、そのままに継続させられたために、「絵図」には、小社の姿が描かれなかったのかもしれない。

けれども、谷あいの水田地帯を見渡す東側の台地の縁辺には、「ウンナン」の小社が描き出されていた。あたかも、西側の「ホウリヤウ」(保量)に向きあうかのような風情である。こちらの小社については、『安永風土記』に見えないが、村人らにとって大事な存在だったことには変わりがない。

そして、「ヲコマトウ」(御駒堂)である。その、霊峰駒形根の里宮たるべき小社は、「ホウリヤウ」や「ウナタ」に同じく、西側の台地に。しかも、尾根状の台地の最高所の辺りに、描き出されていた。霊峰駒形根の奥宮を遥拝する。そのための場所選びによるものだったのに違いない。

ただし、西側の台地に描かれて「ホウリヤウ(保量)」「ウナタ(宇南田)」に相当する小社の姿を、現地調査によって確認することはできなかった。「ヲコマトウ」(御駒堂)についても、また然り。けれども、東側台地縁辺の「ウンナン」(運南)の小社は、石室のような姿で、いまにいたるも健在で、春秋の祭礼が維持されていることを、確かめることができた。

むすびにかえて

そのような二重構造をかたちづくる神々のうち、然るべき「本社」から勧請された神々には、いずれも、本地仏が宛て定められて、権現のネーミングが用いられていた。

そのうえに、「駒形根」のような著名な霊峰にも、そのピークの数にあわせて、本地仏が宛て定められるなどして、六所権現などのネーミングで呼ばれるようになった。

けれども、「宇那根社」「法霊社」など、マイナーではあるものの、里人のくらしに密着した在来神は、容易なことでは、仏教色をまとわせられることはなかった。

たとえば、骨寺絵図や「在家日記」ほか、中尊寺領の村々に関する中世の史料には、それらの在来神が権現と記された事例を見いだすことができない。

けれども、近世に及んで、それらの在来神もまた、「権現化」して、仏教色をまとわせられることになった。あわせて、そのような「権現化」の背景には、蝦島村における智拳院のような修験のはたらきがあった。

そのうえで、明治期に及んで、神仏分離・廃仏毀釈の機運を受け止めて、ウナネ社の多くが、雷神社に改められるなどのことがあった。それらのことが、神谷美和「ウナネ社再考」〔二〇一五〕ほかによって解明されている。

それらの経過において、ウナネ社から「権現」のネーミングが切りはなされて、仏教色が払拭されることになったであろうことは、言うまでもない。

さいごのさいごに、蝦島村における「雲南権現社」「保量権現社」の併存関係について、一言。どうやら、宇那根・法霊の両水神は、セットで祀られるというのが、本来的なありかただったらしい。

たとえば、鎌倉中期、中尊寺領黒沢村には、「宇那根神田三段」「法霊神田三段」が設営されていた。近世に及んでも、蝦島村ばかりではなく、近接の金澤村においても、「運南社」(「運南権現」)、「法了権現社」が祀られていたことが知られる(『安永風土記書出』流郷金澤村)。

それらの両水神のセット関係を、シンボリックに物語る伝説が、稗貫郡上根子村(いまは花巻市)に残されていた。入間田「中尊寺領の村々の歴史的性格について」〔二〇〇二〕、ならびに本書Ⅱ四章において、くわしく紹介している通りである。いま、あらためて、その概略を記してみたい。

その村には、法霊林に大蛇の棲む西の清水があった。少し離れた東の清水には、妻の大蛇が棲む清水があった。ところが、夫の大蛇が村娘を「魅入」った(誘惑した)ことが発覚して、大騒ぎになり、夫婦の大蛇は喰いあって、死んでしまうことになった。熊野権現のありがたい御方便(「告げ口」の勧め)によるものだ。と、村人らは噂しあった。その後、村人らは、法霊権現と雲南権現の小社(石神)を祀り、大蛇の冥福を祈ることになった、ともいう。

この伝説においては、隣りあう清水に棲む夫婦の大蛇が、両水神の本来的な姿なり。と観念されていた。両水神のセット関係をあらわすのに、これほどに相応しい物語はないのではあるまいか。

そのうえに、法霊権現と雲南権現の小社(石神)が祀られるようになったのは、熊野権現の御方便によって、大蛇が退治されたことによる。とも伝えられていた。後来かつ外来の勧請神が祀られるようになるのにあわせて、古来かつ在来の両水神もまた、「権現化」を免れることができなかった。という歴史的なプロセスをあらわすのに、これほどに相応しい物語もまた、なかったのではあるまいか。

ただし、両水神が本来的には、セット関係にあったとはいっても、そのかたちが、そっくり、そのままに残されているケースは、多くはない。どちらかといえば、法霊神の方が存在感を喪失して、消えてしまっているばあいが多い。たとえば、同じく、中尊寺領でも、黒沢村とは違って、骨寺村には、宇那根神だけが残されて、法霊神は消えてしまっている。近世以降の村々においても、また然りである。

そのようなことは、なぜ、起こるのであろうか。分からない。今後の課題として、考え続けることにしたい。

三章　若御子社とは何か

1　若神子か、若御子か

骨寺村絵図のうち、「仏神絵図」には、「若御子」社の姿がしっかりと描き出されていた。その「神田二段」の文字も見えていた。同じく、「在家絵図」(「詳細絵図」とも)にも、それらしい姿が描き出されていた。

その若御子社について、大石直正「中尊寺領骨寺村の成立」[一九八四]は、「若御子」を「若神子」と読み替えたうえで、「若神子神」は、「この村では、慈慧大師から法華経を教えられたむすめが神となったものと伝えているが、にわかには信じがたい」。「いずれにしても、これらの神々は、明らかな限りでは、土俗的、共同体的な性格の強いものであったと考えられる」と記している。「これらの神々」のなかに、「ほぼ用水路の神と考えられる」「宇那根神」が含まれていることは、もちろんである。そして、「仏神絵図」そのものの釈文においても、「若御(神)子神田二段」の表記が施されていた。

さらに、大石「陸奥国骨寺村絵図(仏神絵図)」[一九九七]にいたっては、「仏神絵図」の釈文において、「若神子神田二段」の表記が施されるまでになっている。そのうえに、解説においても、「若神子」は、「わか」「みこ」ともに、奥羽では巫女のことであり、イタコ、イチコと同じく、この世の物ならぬ霊の意思を伝える役割を果たす女性である。

写真１　若御子社の木立と駒形根（一関市博物館提供）

山王岩屋は、その奥の院の役割を果たす場所であったと思われると記されている。あわせて、岩屋は「納骨の場」であり、「あの世への入り口」と観念されていた、とするコメントが付されてもいた。

そして、大石「描かれた中世の村」〔二〇〇三〕においても、同趣旨の解説がくり返されている。

それを踏まえつつ吉田敏弘『絵図と景観が語る骨寺村の歴史』〔二〇〇八〕には、「若神子社は、この村の起源である修験との関わりを色濃くもった神と考えられます」、と記されている。

神田より子『神子と修験の宗教民俗学的研究』〔二〇〇一〕によれば、三陸沿岸地方には、修験者とともに修行を重ね託宣や祈禱を行う神子（みこ）がおり、さまざまな儀礼の場で神子舞を舞ったとされている。たとえば、宮古市の黒森神社には、「若神子がかのうが庭で祈りする」という歌詞が伝えられている。そのことが、吉田論文の根拠とされている。

その一方では、「水田の中にぽつんと木立が見える若神子社」は「須川」、すなわち絵図に描かれた「駒形根」（栗駒山）の霊峰を「遥拝する際の方向を指示する標識だったのではないか」とする仮説が、吉田論文には記されてもいる。あわせて、「別の考え方をすると、絵図の若神子社は道路に沿う位置に描かれているので、若神子社はかつての沿道施設の一つとして重要であったのかも知れません。道標であり、休憩施設としても、この位置は意味がありそうです」と記されてもいる。

これまでは、大石・吉田の大先達の解説が、すなわち「若御子」は「若神子」なりとする解説が、大方によって支持されてきた。小生とて、例外ではない。なんとなく、そのような想いに捉われて、とりたてて詮索をしようとする気にはなれないままに、打ち過ぎてきた。

けれども、山王山・山王岩屋・七高山・六所宮・宇那根社・金聖人霊社など、絵図に描かれた主要なランドマークが、相次いで俎上に載せられて、その本質が解明されつつある現在にあっては、そうはいかない。なんとしても、「若御子」社を俎上に載せて、その本質の解明を目指すべく、自分なりの取り組みをはじめなければならない。

その折しものことであった。小岩弘明さんとの雑談のなかで、「絵図」には、「若御子」の文字はあれども、「若神子」のそれはなかったのですよね。と、する指摘があったのは(小岩『「若御子社」について』二〇一七)。

そうだ。「若御子」を「若神子」に読み替えるようなことではなく、あくまでも、「若御子」の文字に拘って、すなわち史料に忠実に、歴史学の基本に即して、愚直な取り組みを進めるほかにはない。そのような気持ちが湧きあがってきた。

2　上野国神名帳

そのつもりになってみると、「若御子」の文字は、古代・中世の文献に多少なりとも存在しているではないか。

わけても、『上野国神名帳』(総社神社本)には、多数の「若御子明神」の存在が際立っていた。たとえば、国府が所在する群馬郡が分割された東・西両郡のうち、東郡内には、赤城若御子明神・伊香保若御子明神。ほかにも、若伊香保明神・大御子明神・抜前《ぬきさき》御子明神など、親近の神名が見えていた。さらには、若伊香保大明神が別枠に記されていた。同じく、西郡内には、諏訪若御子明神・抜前若御子明神・南宮若御子明神・学校院若御子明神・車持若御子明神・榛名《はるな》若御子明神・火雷若御子明神・倭文《しどり》若御子明神・白羅奈《しらね》(祢)若御子明神・香取若御子明神・赤城若御子明神。ほかにも、赤城三御子明神などが見えていた(三橋健『国内神名帳の研究』資料編、おうふう社、一九九九、『群書類従』『群馬県史』『前橋市史』ほかにも収録)。

これらの神名のうち、伊香保・榛名・赤城・白羅奈(祢)・抜前・火雷・倭文などの文字を冠する若御子明神は、群馬東・西郡はもとより、国内の諸郡における本来的な祭神(多くは式内社の神々)から分霊してきたものに違いない。同じく、諏訪・南宮・香取を冠する若御子明神は、信濃・美濃・下総国における本来的な祭神から分霊してきたものに違いない。ただし、大御子・学校院などを冠するだけで、本来的な祭神を特定しがたいケースがなかったわけではない。

このように、「若御子明神」の分霊を受け取った側の郡としては、国府所在地たるべき群馬郡が分割された群馬東・西の両郡が際立っている。ほかには、いくつかの郡に、いくつかの若御子明神が分霊されたに止まっている。さすがに、国府所縁の郡ならでは。と痛感せざるをえない。

そもそも、本来的な祭神、すなわち「親神」から分霊して、その「御子神」を祭る。ないしはその神社を「若宮」とよぶ。などのことは、古来の民俗であった。たとえば、瀧音能之「古代における御子神の存在形態—『出雲国風土記』を中心として—」〔一九八三〕のタイトルをあげるだけも、十分であろうか。国学院大学日本文化研究所『神道事典』〔一九九九〕にも、「御子神」の項目が立てられていた。

上野国とて、例外にはあらず。たとえば、伊香保神からの分霊たるべき若伊賀保神に対して神階が授けられたのは、貞観五年(八六三)、元慶三・四年(八七九・八〇)のことであった。『上野国交替実録帳』が記された長元三年(一〇三〇)にも、群馬郡の内に、「若伊賀保社」が見えていた。その後身が、群馬東郡の内に見える「若伊香保大明神」(別枠)である。それとは別に、『交替実録帳』には、「伊賀(香)保明神社」が見えていて、その本来的な祭神たるべきことをアピールしていた。

ただし、いわゆる式内社としては、すなわち『延喜式』神名帳(九二七年)に載せられた神としては、「伊香保神社」が見えているが、若伊香(賀)保神社は見えていない。これをもってしても、「若伊賀(香)保」の神は、本来的な祭神にはあらず、分霊としての従属的な位置づけを甘受せざるをえなかった。そのことが明らかである。

群馬郡における若伊賀保神(→明神)の分霊が、貞観五年以前にまで遡るものであったことは、不思議でも、何でもない。すなわち、同じく群馬郡のうちに祭られる本来的かつ霊峰の親神たるべき伊賀保神の若宮・里宮などとしてその分霊を祭ることは、きわめて自然な成り行きだったのに違いない。若伊香保神(→明神)ばかりではない。同じく群馬郡(→東郡)に祭られる「伊香保若御子明神」についても、また然り。

さらには、群馬郡(→西郡)のうちに記されている「榛名若御子明神」についても、『延喜式』や『交替実録帳』に載せられた本来的かつ霊峰の親神たるべき「榛名神社」の若宮・里宮として、早くからの成立を考えることができようか。

群馬郡(→同東・西郡)ばかりではない。甘楽郡においても、本来的な親神たるべき「抜前神社」から、「抜鉾(前)若御子明神」への分霊を確かめることができる。同じく、勢多郡でも、「赤城神社」にいます霊峰の親神から「赤城若御子明神」への分霊が知られる。

けれども、早くからの成立とはいっても、〇〇「御子」神・若〇〇神・〇〇若御子神という三種類のネーミングには格差が存在していたらしい。すなわち、〇〇「御子」神のそれが本来的だったのに対して、若〇〇神・〇〇若御子神のそれは後来的かつ派生的だったらしい。わけても、「御子」「若」の合体からなる「若御子」神については、その感がいちじるしい。

たとえば、『交替実録帳』(一〇三〇年)には、「若伊賀保社」の記載はあれども、「伊香保若御子明神」「榛名若御子明神」「抜鉾(前)若御子明神」「赤城若御子明神」などの記載がない。それをもってしても、〇〇若御子神のネーミングの後来性が明らかであろうか。

すなわち、それぞれの郡内における「若御子」神たちの本格的な登場は、『交替実録帳』(一〇三〇年)の以降になる。と推測することにならざるをえない。ただし、それ以前から、端緒的なかたちが成立していた可能性がなかったとするまでには及ばない。

尾崎喜佐雄『上野国神名帳の研究』〔一九七四〕は、『神名帳』に本格的に取り組んだ記念すべき仕事であった。そのなかでは、「御子神」なる意識の発展ということで、分霊に「別」を用い、やがて「御子」が用いられ、同時に「別」と「御子」が併用させられ、更に「別」が「若」に変化したと見るのである。而して、神明帳の成立の時期は、「若御子」の称が最も盛な頃とみられよう。と記されていた。

そのうち、「別」→「御子」→「別＋御子」→「若＋御子」というネーミングの変遷の細部については、とりわけ「別」を介在させることについては、真意をはかりがたい。『神名帳』の異本のなかには、「若」の文字を「別」としているものあり。それに引きずられたのかもしれない。けれども、大筋においては、肯定的に受け止めることができようか。わけても、「神明帳の成立の時期は、若御子の称が最も盛な頃とみられよう」とするコメントには、その感がいちじるしい。

このように、「御子神」たちのなかでも、「御子」↓「若」↓「若御子」というような時代的な変遷があったとするならば、群馬郡(東・西)のなかでは、大御子明神・抜前御子明神の存在が気にかかる。すなわち、それらの二神は、なみいる御子神たちのなかでも、ずばぬけて早くに誕生していた。ということにならざるをえない。

そのうち、抜前御子明神は、甘楽郡に祭られる抜前大明神の分霊を手繰り寄せてきたものに違いない。抜前大明神が上野国の一の宮として圧倒的な存在感を誇っていたことからすれば、なるほどと納得せざるをえない。甘楽郡のうちには、抜前若御子明神が分霊として祭られていた。それよりも早くに、国府近辺への手繰り寄せが進行していたということにもなって、興味深い。

ただし、大御子明神については、なんの親神からの分霊なのか。決しがたい。そのために、抜前御子明神のようなことがいえるのか、どうか。判然としない。

3　若御子神たちの手繰り寄せの盛期

けれども、赤城・白羅奈(祢)・抜前・火雷・倭文などの文字を冠する御子神たちが、それぞれの親神がいますそれぞれの郡内にはあらず、群馬郡(↓同東・西郡)の内に分霊されてきている。ということについては、そう簡単にはいかない。

すなわち、それぞれの郡内を離れて、国府近辺にまで、その分霊を手繰り寄せてくるということになれば、それぞれの郡内における御子神↓若神↓若御子神という古来かつ自然の推移によるものにはあらず、国司側による高度に政治的なリーダーシップが介在していた。すなわち国内各地におけるそれぞれの郡内における本来的な祭神の分霊が総社に集められて一括して奉幣の対象とされるようになることに繋るような高度に政治的なリーダーシップが介在していたのではあるまいか。ということにならざるをえない。

したがって、それらの御子神たちが群馬郡(→同東・西郡)に手繰り寄せられてくるのは、それぞれの郡内における御子神たちの分霊よりもさらに遅れる。ということにならざるをえない。少なくとも、論理的には、そのようなことにならざるをえない。

平安時代中期から後期になると、国司が一宮・二宮・三宮などを巡拝する体制は廃れた。その代わりに、国衙の近くに、わざわざ総社を興し、これに国司が幣帛を奉るようになった。一一世紀末のあたりとされている。具体的には康和元年(一〇九九)における因幡国総社の記事(『時範記』)が、その初見とされている。

上野国でも、例外にはあらず(『群馬県史』通史編二、原始古代二、一九九一)。すなわち、国内各地における本来的な祭神が総社に集められて、一括して奉幣の対象とされることになった。さらには、その摂社として、抜鉾(前)・赤城・伊香保・岩根(子)・若伊香保・榛名・小祝・火雷・倭文・浅間など、その御子神たちが「明神」として手繰り寄せられるにはあらず、式内社クラスの祭神(親神そのもの)が手繰り寄せられて、「大明神」として祭られるようになっている(同国神名帳)。

とするならば、国府所在地の群馬郡(→同東・西郡)における、国内各地の本来的な祭神からの御子神たちの手繰り寄せは、総社やその摂社への本来的な祭神そのものの手繰り寄せに先駆ける事象として位置づけることができるのではあるまいか。すなわち、御子神たちの手繰り寄せの方が、総社の神々や摂社への本来的な祭神のそれよりも、早くに進行していたと考えられるのではあるまいか。

ただし、早くに進行とはいっても、『交替実録帳』(一〇三〇年)の以降に本格化することになった郡内における御子神たちの登場よりも、早くなるということはありえない。

あれやこれやで、国府所在地の群馬郡(→同東・西郡)における、国内各地から御子神たちの手繰り寄せが進行したのは、同じく平安時代の中期から後期とはいっても、きわめて、短期間に限られるのではあるまいか。

『群馬県史』(通史編三、中世)には、『和名類聚抄』(九三一～三八年の成立)に記載された古代的郡郷が解体して、中世的所領が形成されたのは、すなわち荘園・御厨・郡・郷・保などが新たに成立してくるのは、天仁元年(一一〇八)浅間山が噴火した前後の時期にあたっている、と記されていた。

そのうえに、列島の各地に荘園が構立される時期ともなれば、春日・祇園・山王・白山・熊野・伊勢・東大寺八幡などの中央神が、荘園領主側のイニシアチブによって、各地の荘園に勧請されてきている。けれども、それらの勧請されてきた神々が、○○御子の文字を冠して呼ばれることはなかった。ましてや、若○○・○○若御子の文字においてをや。

たとえば、上野国新田荘のばあいには、一二世紀後半は、嘉応二年(一一七〇)のあたりに、多くの神々が勧請されてきていた。具体的には、ぬきほこのミや(抜鉾宮)、あかき(赤城)のみや、くまの(熊野)ゝミや、いくしな(生品)のミや、ひよし(日吉)のミや、八幡のミや、しらやま(白山)のミや、おゝのミや、にいけ(新池)のミや、かしま(鹿島)のミや、などの神々が招き寄せられて、それぞれを祭るために必要とされる経費を拠出すべきファンドとして、二町前後の「神田」を宛がわれていた(正木文書享徳四年閏四月吉日新田荘田畠在家注文。「ちうしん(注進)につたのミしやう(新田御荘)かおう(嘉応)」二年の目ろく(録)、たはたけさいけ(田・畠・在家)らの事」とする書出しによって、嘉応二年の目録を、享徳四年に筆写したものと考えられている。『群馬県史』資料編5中世1)。

それらの神々のうち、熊野・日吉・八幡・白山などが、中央神だったことは、いうまでもない。それに対して、抜鉾・赤城などが上野国内の大神だったについても、また然り。鹿島の本来は下総国の大神なれども、早くから上野国内に分霊が祭られていた。その分霊からの勧請だったのかもしれない。ただし、生品・新池の神は勧請神にはあらず、在地の神だったのかもしれない。

いずれにしても、それらの神々のなかに、〇〇御子など名称を見いだすことができない。そのことには変わりがない。熊野・日吉・八幡・白山などの中央神はもちろんのこと、抜鉾・赤城・鹿島など、『神名帳』の段階ならば、御子・若御子の文字を付して表記されるべき国内の大神についても、また然り。

この一事をもってしても、一二世紀後半、荘園における神々の勧請が盛行するあたりには、御子・若御子の文字がすっかり忘れ去れてしまっていた。そのことが明らかである。

すなわち、それぞれの郡内における御子・若御子神たちの登場についても、そして国府近辺への御子・若御子神たちの手繰り寄せについても、荘園の構立が本格化したあたりともなれば、もはや、その手繰り寄せのあからさまなプロセスの進行は想定しがたい。ということにならざるをえない。

なお、『上野国神名帳』（総社神社本）には、鎌倉後期は永仁六年（一二九八）、「正本を以て、これを書写す」（原漢文）との奥書が記されていた。したがって、鎌倉後期には、正本が存在していたことが明らかである。けれども、それより、どこまで遡ることができるのか。踏み込んで考察した研究には恵まれていない。

そのために、親神からの分霊として御子神を祭ることに始まる古来の民俗との関連において、そして一宮・二宮・三宮などに示される国司巡拝から総社における一括拝礼への移行、ないしは古代郡郷の解体から中世的所領の形成へのプロセスなど、神社信仰をめぐる政治的な環境の変遷のなかで、さらには「御子」↓「若」↓「若御子」というような時代的な変遷をあわせ考えるなかで、若御子神たちの分霊を、それぞれの郡内におけるそれと、国府近辺への手繰り寄せという二段階に別ちながら、小論では捉えようとしてきた。

すなわち、それぞれの郡内における若御子神たちの本格的な登場は、一一世紀前半は長元元年(一〇二八)～一一世紀後半のあたりだったのではあるまいか。そして、群馬郡(↓東・西郡)における若御子神たちの手繰り寄せは、遅れて一一世紀後半から一二世紀に入るあたり、すなわち遅くとも天仁元年(一一〇八)浅間山噴火のあたりまでだったのではあるまいか。という見通しを立てることができた。

尾崎[一九七四]における若御子社論にあっては、それらの親神からの分霊に、二段階が存在していたことが踏まえられていない。具体的には、国府近辺への手繰り寄せという政治的なプロセスの存在した可能性に気づきながらも、現存の「若御子」関係社が国府跡の近辺に残されていないこと(地元密着の研究者ならでは調査による、それ自体としては貴重な経過)に引きずられて、それを否定してしまっている。そのために、若御子社の成立をめぐるせっかくの議論に、若干の混乱を介在させることになってしまった。民衆と密着しないものは次第に消滅する。「若御子」社がほとんど不明となっているのは、この理由によるのではなかろうか。とする「若御子」社成立にまつわる政治性をめぐるせっかくの指摘は、何であったのか。残念でならない。

4　骨寺村の若御子社の登場

陸奥国とて例外にはあらず。たとえば、『延喜式』神名帳には、「香取伊豆乃御子神社」「鹿嶋御児神社」(牡鹿郡)、「鹿嶋御子神社」(行方郡)、「香取御児神社」(栗原郡)などの文字が、しっかりと記されていた。すなわち、親神からの分霊として、御子神を祭る流れは、早くから形成されていたのであった。

ただし、香取・鹿島の本来的な祭神は、陸奥国内にはあらず、下総・常陸方面にあった。それなのに、奥州方面にまで、その影響力を拡大することができたのは、古代国家による「征夷」のプロセスのなかで、「軍神」としてのはたらきを期待されてきたからにほかならない。これまでにも、繰り返し、指摘されてきた通りである。

だが、それにしても、わが骨寺村における「若御子」社が、そのような親神↓御子神の分霊に始まる流れの延長のなかで登場してきた。そのことには、変わりがない。

上野国では、郡内における本来的な祭神からの分霊として、御子神↓若神↓若御子神を祭る流れが存在していた。そのうえで、国内各地から国府近辺へという御子・若御子神の手繰り寄せのプロセスが進行していた。

それにたいして、陸奥国では国府近辺への手繰り寄せのプロセスがあったような痕跡は見られない。そもそも骨寺村は、国府近辺でさえもない。

それならば、骨寺村における「若御子」神は、上野国における国府近辺への手繰り寄せの段階を待つことなく、伊香保・榛名や赤城の神のいます霊峰の麓近くの郡内に、その若御子神たちが祭られるようになるあたりには、すなわち一一世紀前半は長元元年（一〇二八年）～一一世紀後半の段階には、登場させられていた。とすることにならざるをえない。


それでは、骨寺村の「若御子」の親神にあたる、磐井郡内における本来的な祭神とは、いかに。それが問題である。骨寺村絵図には、「若御子」の文字はあれども、どちらの親神からの分霊であったのか。その明記はない。けれども、それは、地元の人びとにとっては、自明のことだったのではないか。だからこそ、わざわざ、〇〇「若御子」と呼ぶ必要がなかったのではあるまいか。

そこで、登場してくるのが、『延喜式』に載せられた「駒形根」神社である。その霊峰に鎮座する本来的な祭神の分霊、ないしは里宮として、「六所宮」に前後するかたちにて、分霊されてきたのが、「若御子」社だったのではあるまいか。

そういえば、「水田の中にぽつんと木立が見える若神子社」は「須川」を、すなわち絵図に描かれた「駒形根」（栗駒山）の霊峰を「遥拝する際の方向を指示する標識だったのではないか」とする、吉田氏による仮説が提起されていた。これは、すばらしい。この趣旨を積極的に受け止めるならば、「若御子」社の正体は、修験に関わる「若神子」社などにはあらず、「駒形根」の「若御子」神そのものなり。すなわち、上野国と陸奥国の違いこそあれ、霊峰を仰ぎ見る人びとの深い想いには、本質的な違いがなかった、ということになるのでもあるまいか。

いずれにしても、上野国などにおける「若御子」社の多くが、その後、荘園制的な勧請神の登場の勢いによって歴史の表面から姿を消すことになった。それにたいして、骨寺村では、そのような勢いにもかかわらず、存在感を保ちつづけることができた。そのことには、間違いがない。

『安永風土記』（一七七五年）には、「若神子」の地に祀る社を「六所明神社」なりと記していた。「二子宮」「若宮」とも記していた。それをもってしても、骨寺絵図に描かれた「六所宮」（近世には馬頭観音堂、いまは駒形根神社）との間には、「兄弟分」（二子）の関係性が、正確には「六所宮」に対する「弟分」（若宮）としての関係性が、絵図に描かれた「若御子社」（いまの若神子神社）には付与されていたことが想定されるであろうか。

すなわち、絵図に描かれた「六所宮」は、駒形根山上の奥宮（駒形根の親神）から分霊した第一の里宮として。同じく「若御子社」は、第二の里宮として、祀られるようになった。そのことが想定されるであろうか。

具体的には、第二の里宮たるべき「（駒形根）若御子社」のネーミングからすれば、第一の里宮（いまは駒形根神社）には、「駒形根御子社」「若駒形根社」などのそれが付与されていた時代があったのに違いない。

ところが、神仏習合の流れが波及するのにともなって、山上の奥宮に、「馬頭観音」「大日如来」「虚空蔵菩薩」ほか、六所の本地仏が祀られて、「六所宮」「六所権現」とよばれるようになる。それにしたがって、第一の里宮も、第二の里宮も、「六所宮」「六所明神社」とよばれるようにもなる。

鎌倉後期、絵図が描かれた段階では、そのような流れが、山上の奥宮から第一の里宮にまで及んで、「六所宮」と記されるようになった。だが、第二の里宮にまでは及ばずに、「若御子社」のネーミングに止まっている。そのような途中経過の状態が、絵図には反映されていたのであった。

南北朝は永和二年(一三七六)のあたりになっても、その状態は変わらない。「骨寺村在家日記」に、「まつり田」(祭の費用を捻出すべきファンド)として、「六所田三反」「若ミこ千かり」と記されているのが、その証拠である。してみれば、その若御子社＝第二の里宮が、「六所明神社」とよばれるようになったのは、室町期以降のことだったのに違いない。

いずれにしても、その第二の里宮が、第一のそれにならぶような存在として、村人らに親しまれてきたことには変わりがない。「二子宮」「若宮」とよばれることになった所以である。

入間田「骨寺村絵図に描かれた駒形根と六所宮について」[二〇一四]の旧稿においては、絵図に描かれた若御子社が第二の「六所宮」(里宮)たるべきことを看過していた。そのために、江戸時代になって、若神子の地に祀られる神社は「六所明神社」なりとする記載について(『安永風土記』)、絵図に描かれた「六所宮」を誤って比定したものとする解釈に陥ってしまった。すなわち、村内における里宮としての「六所宮」は一か所に限る。それならば、絵図に描かれた「六所宮」(江戸時代には観音堂、いまは駒形根神社)のほかに、もうひとつの「六所宮」があるはずがない。とするような独断に引きずられることになってしまった。けれども、古代から中世において、いくつもの里宮が同一地域に祀られるという事例がなかったわけではない。たとえば、上野国群馬郡(東・西)には、伊香保の親神に対して、若伊香保大明神・若伊香保明神、伊香保若御子明神が祀られていた。したがって、若神子の地に祀られる神社は、「六所明神社」にはあらず。とした解釈については、撤回させていただくことにしたい。ごめんなさい。

ただし、江戸時代には、その第一の里宮たるべき「六所宮」は、修験の明覚(学)院の管理下に入って、ご本尊のネーミングにちなんで、「馬頭観音堂」「観音さま」とよばれるようになっている。猪岡ほか、近隣の村々では、「馬頭観音」の本地仏を祀りながらも、「駒形」「駒形根神社」とよばれて、里宮としての本来的な性格をあらわにしていた。それなのに、本寺村の里宮ではなぜに、それを失ってしまったのであろうか。もしかして、修験明覚(学)院の管理下に入ったことが影響しているのかもしれない(本書Ⅳ二章)。

そういえば、同じく絵図に描かれた「宇那根社」についても、すなわち同じく古代にまで遡る水神の小社についても、神仏習合の波が及んで、「宇(雲)南権現」などとよばれるようになったのは、江戸時代になってからのことだったらしい。骨寺村の「宇那根社」そのものについては確認できないが、近隣の村々における事例からして、そのように判断せざるをえない。くわしくは、神谷美和「ウナネ社再考」〔二〇一五〕、本書Ⅱ四章ほかを参照されたい。

どうやら、若御子社や宇那根社のような小社のレベルにまで、神仏習合の流れが及ぶようになったのは、江戸時代になってからのことだったらしい。

けれども、江戸時代の半ばを過ぎる辺りになれば、神仏習合の流れにはあらず、新たに記紀神話における皇祖神系の神々を迎えて、山上(奥宮)や里宮に祀ろうとする国粋主義(ナショナリズム)の流れが押し寄せてくることになった。具体的には、山上の奥宮には、「天常立尊」「大日孁尊」「吾勝尊」ほかの神々が祀られるようになった。それに引き換えて、「馬頭観音」「大日如来」「虚空蔵菩薩」などの本地仏は、歴史の表舞台からの退場を余儀なくされている。そして、本寺村の第一の里宮は、ご本尊の「馬頭観音」は表面から姿を消し去られ、「日本武尊」が新たに祭神として迎えられることになった。さらには、「大同年中」、「田村将軍(坂上田村麻呂)の御勧請の由」とする言説までもが付加されることになった。

写真２　平山家のオミョウジンサマ（3基）

そのうえに、第二の里宮たるべき「若御子社」→「六所明神社」についても、「二子宮」「若宮」の呼び名を理由にして、「吾勝尊・小碓尊を祭奉るに付き、二子の宮とも申し唱え、または吾勝大明神とも申し伝え候」、「吾勝郷惣鎮守にて」などとする言説が付加されることになった（『安永風土記』）。

本寺村ばかりではない。ないしは駒形根の奥宮・里宮だけではない。近世後期から始まる在来の祭神から皇祖神系の神々への書き替えは、列島全域にわたる規模に及ぶものであった。そのことが、平川新『伝説のなかの神』〔一九九三〕によって、余すところなく解明されている。

さらにいえば、西磐井郡は本寺村のばあいだけではない。同じく、霊峰駒形根の山麓に展開する栗原郡一・二・三迫や雄勝郡の村々においても、その要所要所には、第二の里宮たるべき「ワカミコ」社が祭られていたらしい。

たとえば、「栗原郡二迫荘文字《もんじ》村」「古へハ吾勝郷」に祭られる「若児（ワカミコ）大明神」、同じく「一迫鬼首《おにこうべ》村」「古へノ吾勝郷」に祭られる「吾児（アカツコ）大明神」（「脇子明神」）、そして「羽州駒形荘桧山台村」に祭られる「若子（ワカミコ）大明神」などが、それである。沼倉村日宮・駒形根神社の社家に伝来する『大日岳社記』（『栗原郷土研究』三二号、二〇〇一）では、それらの宮々に、骨寺村の「若宮大明神」をも交えて、「吾児（アカコノ）宮」と総称したうえで、皇祖神系の神々をことさらに尊ぶ立場によって、「吾勝児（アカツコ）尊」→「吾勝尊」を祭神とする言説をつくりだしている。けれども、それは当たらない。本寺村の事例をもってすれば、いずれについても、駒形根六所大明神の第二の里宮だったことが明らかである。

もうひとつ、岡村光展「中世骨寺村絵図に描かれた小村落」（三）〔二〇一三〕には、本寺地区の旧家の屋敷神が全て「オミョウジンサマ」なることに着目して、「六所明神」が勧請・分霊されたものだ、と記されていた。

あわせて、各農家の屋敷神としての「オミョウジンサマ」には、「六所宮が駒形根神社と名を変えた現在でも」、駒形根神社の神主が訪れて、祭祀を行う伝統が継承されている。そのことにも触れられている。

とするならば、駒形根の霊峰に対する古来の信仰が、第一の里宮(六所明神)や第二の里宮(六所明神)のレベルには止まることなく、各農家の屋敷神たるべき「オミョウジンサマ」のそれにまで浸透して、村人らの心底まで達していた。ということにならざるをえない。これは、おもしろい。

ただし、岡村論文にあっては、「六所」が何を意味するのかは不明とか、絵図に描かれた「六所宮」は「金聖人霊社」「宇那根社」「宮」に同じく、「(平泉)藤原氏の霊安の空間」をかたちづくる「施設」(「壮麗な社殿建築」)だった。とかするような見当違いな説明がおこなわれていた。

あわせて、絵図に描かれている「六所宮」は、近世になってから若神子の地に移されて、その跡地には新しく、「聖なる駒形(栗駒山)の里宮」として駒形根神社が祀られるようになったのだ。とするような、これまた見当違いな説明がおこなわれていた。

そのようなことでは、駒形根の霊峰に対する人びとの基層かつ心底の信仰が、骨寺村千年の歴史を貫いてきた。そのことが、不鮮明になるばかりである。

各農家の屋敷神としての「オミョウジンサマ」に着目するという大事の一歩を踏み出したのにもかかわらず、見当違いな方向に逸れてしまったことに対しては、残念というほかにはない。

そして、大塚統子「陸奥国西磐井郡五串村本寺の石造物」一〔二〇〇六〕によっても、屋敷神の祭祀は、「昔は毎月一日・十五日・二十八日におまいりしていたが、戦後は月一回になった」と聞く。現在は元旦・駒形社祭礼日に餅・米・お神酒などを納めているという家が多い。と記されていた。

あわせて、その屋敷神の石祠について、「昔の農家は三基くらいあるのが普通だった」。とする聞き取りが紹介されていた。そのうえで、「なぜ複数存在するのか」とする疑問に対しては、「想像を逞しくするならば、屋敷地・居住者の移転などのために置いて行かれた屋敷神と、転入に伴い新たにもち込まれた屋敷神が合わせ祀られたる結果、多数の石祠が祀られるようになった」のではないか。と記されていた。けれども、若神(御)子社にも、「石祠三基」が祀られていることからすると、そのような説明では通りにくい。それよりは、むしろ、「六所明神」が数を減じて、「三所明神」と観念されるようになった段階において、「昔の農家」によって三基の石祠が祀られるようになった。とする方がよいのではあるまいか。

大塚論文によれば、「家単位の石造物の造立は、農民の『家』が成立する享保期に一般化したとみなされる」。具体的には、「水呑が独立し、『家』を形成する時期が画期と考えられる」。と記されてもいた。けれども、それ以前における旧家によって、三基の石祠さもなければ小社殿が祀られていたことがなかったのかどうか。判然としない。室町後期には、「六所明神」が数を減じて、「三所明神」と観念されるようになっている。そのことが近隣の村において確かめられている(前章)。とするならば、おそくとも、近世初頭には、三基の石祠ないしは小社殿がつくられるようなことがあったとしても、不思議ではない。

ただし、若神子社のばあいには、近世後期は『安永風土記』の段階までは、伝統的な格式が維持されて、「六所明神」の名称にあわせて、社殿の建物が残されていたようだ。いま現在でも、建物跡の礎石が確認されている。したがって、若神子社に三基の石祠がかたちづくられるのは、「それほど古くない時期」に、すなわち近世末〜明治期にまで下ることになるのかもしれない。

そういえば、駒形根北方に聳える満徳山(烏帽子形山)の麓に祀られる「国首三社権現」に所縁かとみられる「国首三神社」には(本書終章)、「国常立・国狭土・豊国淳尊」が、それぞれに一基づつ、あわせて三基の石祠に祀られていた(同社宮司茂庭文朝氏の教えによる)。

四章　北奥における神仏と御霊飯と鎰懸と

1　仏を神として祭る

中央では失われてしまったわが国の古い姿が、みちのくには守り伝えられている。わけても、北奥では…、とするような想いが、真澄によって抱かれるようになるのは、いつ、いずこの辺りからであったろうか。

たとえば、寛政八年(一七九六)は夏六月、津軽半島は川倉村(いまは金木町)で、「観音林という杜」に立ち入ったさいには、「弥陀、薬師、観世音のみかたしろを、山賤や斧もて造りたりけん、これを神のやうに、幣とり、注連曳きたるは、仏をなべて神と祭る、みちのおくの習わしこそ、こや、しかすがに、あが日の本の光ならめ」と記している(『外浜奇勝〔そとがはまきしょう〕』当月十八日条、『菅江真澄全集』三巻、未来社、一九七二年による。引用にさいしては、若干の句読点や送り仮名を補い、漢字を仮名に換え、かな文字に漢字を当てるなどして、読みやすくしている)。

ここでは、「仏をなべて神と祭る」という「みちのおくの習わし」が、これこそ、まさしく、「あが日の本の光」なのであろうか。と表明されるようなレベルにまで、そのような想いが深められつつあった。そのことが、明らかである。すなわち、天明四年(一七八四)、三一歳にして、「みちのおく」(奥羽)の世界に足を踏み入れてから一一年余り。さらには、松前方面(北海道南)における数年間の巡歴の後、下北半島(盛岡藩領)における同じく数年間のそれを終えて、津軽方面(弘前藩領)におけるそれを本格化させ始めてから、一年余り。このあたりまでには、そのような想いが深められつつあった。そのことが、明らかである。

遡って、前年の秋十月、下北から津軽方面に入って数か月を経たばかりの段階においても、陸奥湾に面した浜田村(いまは青森市)に、妙見菩薩の林があり、神さびた鳥居を目にしながら、「ぶちぼさち(仏菩薩)にも、鶏栖(鳥居)たてゝ、注連ひき、神のごとに、あがめ祭ること、もはら、奥の習にこそ」と注記している(『津可呂の奥〔つがろのおく〕』寛政七年十月十五日条、『真澄全集』三巻)。

下北方面における数年間の見聞に、津軽方面における新たな見聞を重ね合わせることによって、そのような想いがかたちづくられつつあった。ということであったろうか。

そして、巡歴の旅を続けて、秋田方面にそれを本格化させるあたりともなれば、そのような想いは、より一層に深められて、確信ともいえるようなレベルにまで到達させられていた。そのことが察知される。

たとえば、文化四年(一八〇七)は夏四月、日本海に近い横内村(能代市北郊)の辺りでは、猫森の観音十一面菩薩に詣でながら、「今日を、いつも、この堂に御神酒をさゝげ、幣を取り向けて、神のごとくに敬ふ習はしにして、国ぶりも、おかし。男女、酔しれて、巡礼歌を高う唱へ、手を打ち、唱歌をもしつゝ唄ふ」と記している(『雄賀良能多奇〔おがらのたき〕』当月二十日条、『真澄全集』四巻)。

同じく、夏五月、鹿角盆地は大明神村(鹿角市近郊)でも、村外れの川岸の茂みのなかに、「大なる岩の薯芋(たてぃも)のすがたして、二三、川岸のしげみの中に、つと立て」るを、「虚空蔵菩薩」として祭り、「大明神」としてもあがめているありさまを見聞しながら、「仏も神とあがめ奉る吾国風俗の、しかすがに、おかしう」と記している(『同』五月二十七日条)。

さらには、文化十一年(一八一四)は秋九月、横手盆地三津川村(湯沢市郊外)では、道祖神の傍らに建てられた十王堂を拝みながら、「あらゆる木仏、いく柱も並びおはしたるに、五六柱、幣取り持たるあり。こは、人の戯れにせしことから、しかすかに、あが国の手ぶりおはします仏たちかなと、うち戯れつゝいへば、誰がしつるにやと、案内笑ふ」と記している(『高松日記』当月五日条、『真澄全集』五巻)

ここにいたっては、そのような想いが、自己の心中における確信のレベルに止まらず、案内人への冗談というかたちで表出されるまでになっていた。そのことが明らかである。

これまでは、そのような真澄の想いについて、大きな関心が寄せられることなく打ち過ぎてきた。前に紹介した寛政七年は浜田村妙見菩薩のケースに即して、「東北地方では、むかし神仏をまつるものは山伏が多く、神仏習合して、ほとんどその区別がなかった。神社の神体が仏像であるものも少なくなく、薬師を薬師神社、大日如来を神明宮などにまつり、そして鳥居をたてていた」と注記されているのが目立っている(内田武志・宮本常一翻訳『菅江真澄遊覧記』三巻、一四七ページ、東洋文庫)。その程度であろうか。

ただし、その注記といえども、万全にはあらず。山伏による神仏習合のまつりに関連づけた表面的かつ一般的な解説に過ぎない。中央では失われてしまった「わが国の古い姿」を見極めようとする真澄の想いの深さには、はるかに及ばない。

そういえば、大矢邦宣「古代北奥への仏教浸透について」[二〇〇六]には、北奥における仏と神のあり方に関する興味あふれる指摘の数々がみえていた。

たとえば、天台寺(岩手県二戸市)の辺りには、「桂清水」の霊木・霊水をカミとして崇める原初の心情がいまに伝えられている。そのうえに、「天台寺へのお詣りの仕方を見ていると、全く神社的である。ほとんどの参詣者は、本尊の姿を拝めるか否かは意に介さず、向拝部分で、懸け鈴を振り鳴らし、あるいは鰐口を鳴らし、拝むだけである。また、天台寺への登り口に鳥居がある。（中略）、北奥の観音堂には、鳥居があることが希ではなく、『鳥居は観音様のしるし』という参詣者の声も聞いたことがある」と、記されていた。

しかも、その本尊として祀られる聖観音ならびに十一面観音は、ともに、カツラ材の一木造で、鉈《なた》彫りの「霊木化現仏」ともいうべき特徴を具えていた。あわせて祀られる阿弥陀・薬師の両如来にしても、また然り。平安初期（～一〇世紀中頃）に、仏教が伝えられて、仏像がかたちづくられるようになったとしても、桂の霊木に対する「カミ観念」が薄れることはなく、あわせて男女一対の神をイメージする古来の心情もあって、そのような一対の仏像が、霊木から彫りだされる（化現させられる）ことになった、と記されていた。まことに、然るべし。

男女一対の神をイメージする古来の心情ということでは、北奥に残される鉄造二尊坐像懸仏や男女一対型のオシラサマ、同じく虫送りの人形や山の神、そのほかの事例が紹介されていた。そのうえに、日本古代における伊弉諾・伊弉冉尊の国生み神話が紹介されて、そのよう男女一対の神のイメージが、「生産」（うみなし）に結びついた日本古来の心情に由来するものだったらしい。そのことが示唆されていた。

あれや、これやで、「仏教も仏像もむろん伝わったには違いないが、それをカミとして受け容れ、カミとして祀ったのではないか。北奥の人々にとって像自体はあくまでも仏の姿を借りた仮の姿、あるいは依代に過ぎないのである」とする大矢論文による威風堂々の解説には、諸手を挙げて賛同することにならざるをえない。真澄もまた、その解説を耳にすることができたならば、大いなる喝采を表明することになったのに違いない。

2　御霊飯を供える

仏を神として祭ることばかりではない。大晦日に訪れる先祖の霊魂に供える「御霊飯」「御魂飯」（みたまめし）の習俗によっても、同じように、そのような「わが国の古い姿」を見極めようとする真澄の想いが触発されることがあった。そのことが知られる。

たとえば、寛政四年（一七九二）、大晦日の晩、下北半島の中心集落、田名部にて、「みたまに飯奉るころ、童と（外）に出て、門々の雪の上に、梚（樺）の皮に火ともして出て、まつ（松明）とし、また焚きぬ。これを、さいとりかば（樺）といふは、柴燈にやあらん、幸（さい）とりにやあらん」と記している（『牧の冬かれ』当日条、『真澄全集』二巻）。

そして、寛政十年（一七九八）、正月七日、津軽海峡に突き出した夏泊半島は童子村近くでは、「七草の粥、さらにまねびもなし、こは、このあたりに、悟りのはやし、なもあみだぶ（南無阿弥陀仏）唱ふいらかはあれど、隠し門徒として、ひたぶるに、その流れにのみ深く志して、ただ、後の世をと、幼き童まで偲びて、神さぶる、あが日の本のみしは、露も残らねど、御霊に飯手酬け、みしめ（御注連）引く宿も、まれまれにはあり」と記している（『追柯呂能通度（つがろのつと）』当日条、『真澄全集』三巻）。

二つの記事をあわせ読むならば、下北半島の一帯に、「御霊に飯を」たむける（奉る）という「日本古来の風習」が広くおこなわれていたことが察知される。念仏を専修して、そのほかの雑修を忌避する「隠し門徒」の住まいする辺りでさえも、その風習を払拭することあたわず、その確かな痕跡を残していたのであった。よく見ているものだ。真澄ならではの観察眼である。

この御霊飯の風習については、内田・宮本翻訳『菅江真澄遊覧記』（『東洋文庫』平凡社、一九六七）においても、「みたまに飯を奉る。歳末に仏壇に供える白米の握り飯。その年の数だけ(平年は十二個、閏年は十三個)の小さい握り飯に箸を立てて供えるところが多い。それを下げてから後で、粥にして食う。ただし、未婚の男女がこれを食うと、縁遠くなるなどというところもある」と注記されていた(三巻三二ページ)。それに関連して、「さいとりかば」についても、「カバの木皮を串にはさんで、これを門口に立て、盆の迎火のように火をともす風習が下北半島にあった」と注記されていた(同)。

下北半島ばかりではない。大館盆地の辺りにも、御霊飯の風習があったことが記されていた。すなわち、享和三年(一八〇三)、比内郡大滝村にても、「あか棚に手酬けたるみたまの飯をはじめ、おしき(折敷)に、ゆづる葉、いつ(五)松をさしつか(束)ねたるかゞみもち(鏡餅)、」と記されていた(『秀酒企画の温波濤(すすきのいでゆ)』正月一日条、『真澄全集』三巻)。御霊飯を供えるからには、「さいとりかば」(迎火)のようなこともおこなわれていたのに違いない。

同じく、大滝村の辺りにて、春の彼岸の入りにさいして、「暮れ近う、塚原に、童どもの群れて、わら(藁)を束ねて、れいの纏火(まとび)を焚き、手向けして、『おほぢな、おほばな、明りィに、来とふらひ、きとうらひ』とよばふ。うべも、たまよばいをせり」と記されもしていた(同二月二十五日条)。ここでは、春の彼岸の行事として語られているが、大晦日の行事としても、「纏火を焚き」「霊よばいを」する風習が存在していた。と想定することもできるのではあるまいか。

それらの大館辺りにおける見聞記については、今石みぎわ氏による「注釈『秀酒企乃温濤』」(『真澄学』二号、二〇〇五)が公刊されていて、有益そのものである。たとえば、「みたまの飯」については、『大館市史』四巻ほかに拠りながら、東北地方から信州、関東の一部にかけておこなわれていたと記されている。ただし、「ほかに類似する」習俗が多く、またそれらのものとの混同もじゅうぶんに考えられることから、柳田のいうように、純粋には『みたま=

先祖の霊』という等式へ結びつかないと、コメントされてもいた。

同じく、「纏火」については、内田・宮本『真澄遊覧記』における注釈を踏まえながら、盆の迎え火、送り火と同じように、北秋田郡から鹿角郡地方では、彼岸の入りと終わり、あるいは中日にもおこなわれていたと記されている。その作法や唱えごとについても、各地の事例が紹介されていた。

そして、文化七年（一八一〇）は秋七月、男鹿半島加茂・青砂のあたりでも、「小豆の蒸飯、魚・山蕗、なにくれと煮て、みあかし（御燈明）を照らし、仏の前近う、このかしはで（膳）、ふた（二）そなへして、しはし経て、蒸飯を、濁醪（こざけ）につぎかへ、盈（みた）らして、退き、額づき、尊みて、『しずかに召（まい）れ』と、女のいふ。これなん、年の始めと、ふみ月の十三日より十五日まで、しか、神におもの（御物）奉るといふが、生（いき）らん人を敬（いや）まひ仕ふが如し」と記されもしてもいた（『牡鹿の嶋風（おがのしまかぜ）』当月十四日条、『真澄全集』四巻）。

下北・津軽海峡方面や大館盆地の辺りばかりではなく、日本海に突き出した男鹿半島の辺りでも、訪れくる先祖の霊に供える御霊飯の風習が、確実に存在していたのであった。どうやら、その風習の広がりは、北奥一帯に及ぶものであったらしい。

これまでは、内田・宮本、今石ほかによる注釈のように、それぞれの御霊飯の風習に関して、個別的にコメントする。そのなかで、現在にまで伝えられている御霊飯の風習の広がりを確かめる。というような眼差しをもってする取り組みが積み重ねられてきた。

たとえば、本寺地区の近辺でも、除夜の夜に一二個のおにぎりをつくって、注連縄で飾った臼を伏せた、その上に御膳をならべて供える。という風習があった。阿部正瑩『厳美地方の民俗資料』〔一九八五〕、松本博明『一関市厳美本寺の民俗』［二〇一二］の紹介による。

だが、それらの個別的な風習の根底に共通して、「日本古来の風習」あり。とするような真澄の観察眼には、すなわち日本文化に関わる全体的な見通しをもって個別の事例に向き合おうとする真澄の眼差しには、その透徹度において、はるかに及ばない。

そのような真澄の突き抜けた観察眼は、『日本霊異記』『徒然草』ほか、日本古典に関する尋常ならざる学識によって支えられていたのに違いない。

たとえば、『日本霊異記』には、元興寺僧道澄の従者「万侶」が、奈良山の谷で、往来の人に踏みつけられていた髑髏を救った恩返しとして、大晦日の晩に、髑髏の主(亡霊)が生前にくらしていた実家に案内されて、お供えの食物をごちそうになった。とするエピソードが収められていた(上巻一二)。大化二年(六四六)のことであった、とされている。同じく、備後国に住まいする品治牧人が、市に赴く途中で、筍に眼窩を貫かれ悲鳴を上げていた髑髏を救った恩返しとして、大晦日の晩に、髑髏の主(亡霊)が生前にくらしていた実家に案内されて、お供えの食物をごちそうになった、とするエピソードが収められていた(下巻二七)。宝亀九年(七七八)のことであったとされている。それらのエピソードを、真澄が知らなかったとは想えない。

そして、『徒然草』には、大晦日の晩に、「亡き人のくる夜とて魂まつるわざは、このごろ都には無きを、東の方には、猶することにありしこそ、あはれなりしか」と記されていた(一九段、「折節のうつり変わるこそ」)。

折口信夫は、この記事を引用しながら、「一月・二月・七月・九月・十二月の五回に精霊が戻ってくるものと、古くから信じられてゐた。徒然草の四季の段の終わりにも、此頃は都ではやらないが、大晦日の晩に、東国では精霊が来るといふ風に見えてゐる。五度行うた精霊会が、南北朝の頃には、社会的勢力を失うて、唯一回の盂蘭盆会に帰

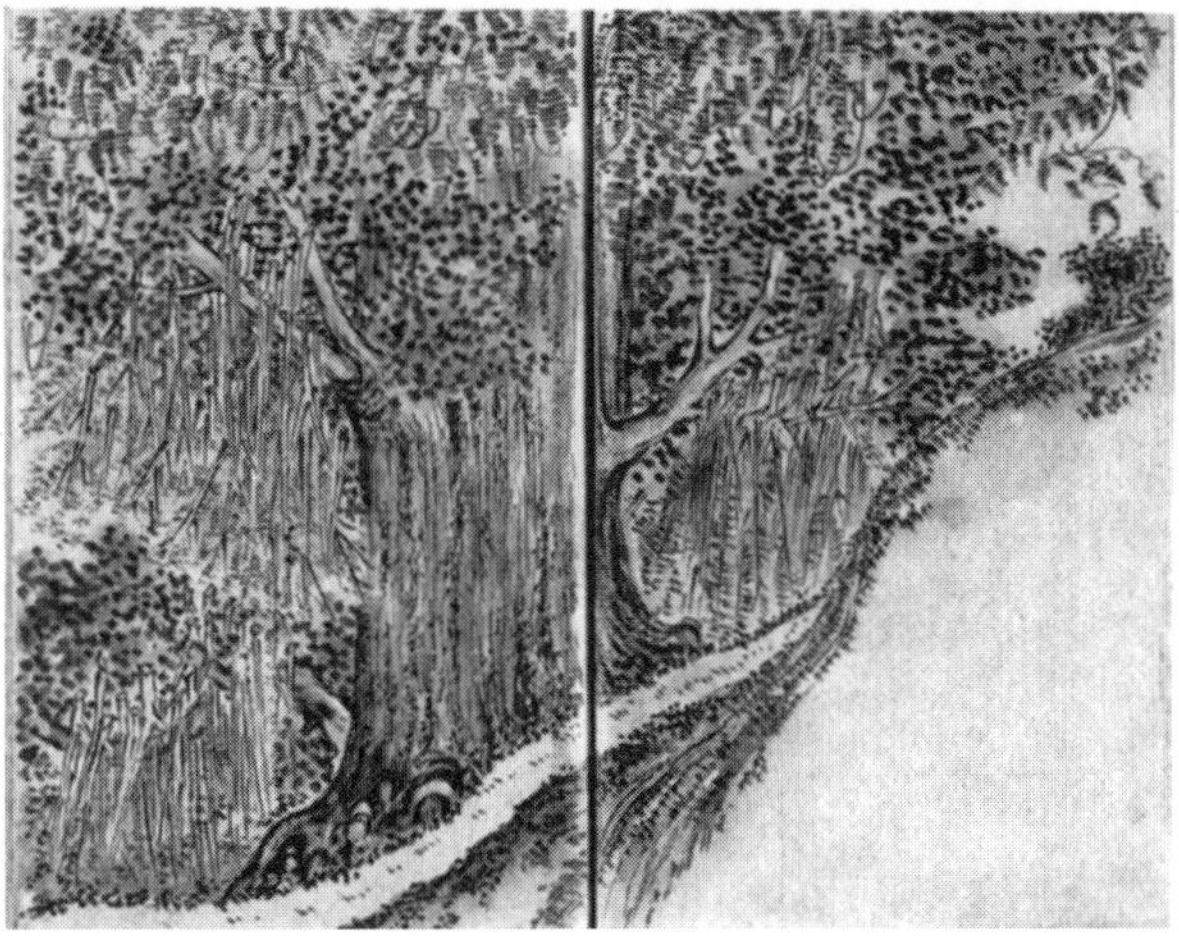

写真１　鍵懸（菅江真澄『月のおろちね』秋田県立博物館所蔵より）

趨した痕を示したのであるが、七月の盂蘭盆会と十二月の魂祭りとは、必古の大祓への遺風であると信ずる」と記している（折口「盆踊りと祭屋台と」『折口信夫全集』二巻、一九九五）。

折口のように揚言はしていないが、その記事についても、真澄が知らなかったとは想えない。であったればこそ、北奥の一帯に伝えられた御霊飯のそれを、「日本古来の風習」なりと、柳田や折口の到来を待たずして、喝破することができたのではあるまいか。

3　鎰懸のこと

仏を神として祭ることばかりではない。「御霊飯」「御魂飯」のことばかりではない。もうひとつ、鍵（鎰）懸の習俗によっても、同じように、そのような「わが国の古い姿」を見極めようとする真澄の想いが触発されることがあった。

たとえば、天明八年（一七八八）は秋七月、盛岡藩領から弘前藩領へ越える辺り、陸奥湾に面した浅虫温泉の近くでは、「鍵県（懸）といふ坂うち越る。木のひと（一）もと立てるに、木の鍵をかけたり。こは、わが、けさう（懸想）しける人あれば、その人を心におもひて、いもせ（妹背）むすぶの神を祈りて、もぎ木の枝を、かぎとして、投げやるに、ふと、うちかけたらんものは、おもふおもひ（想）のかな（叶）ふしるし（印）をう（得）。ふたゝび投げやれど、え懸けざれば、それが願いのむなし（空）かりけるとなん。みちのおくには、ところどころにありて、もはら（専）、人のせり。岩の上に小石うち上ぐるも、同じためし(例)とか」と記している(『率土か浜つたひ〔そとがはまづたい〕』当月六日条、『真澄全集』一巻)。

後年に同所を訪れたさいにも、「土屋の浦、おかしき岡越えに、かんかけのあり」。「鍵懸にや、この坂に至り、木の枝の二股を投げかけて、わが懸想の心いかに、といふ占いをしにける。このかぎかけのやかた(やり方)、道の奥・出羽に多し」注記している(『津可呂の奥』寛政七年三月二十七日条、『真澄全集』三巻)。

同所の鍵懸については、井筒桃子氏による「注釈『都賀路の奥(第一部)』」(『真澄学』五号、二〇一〇)が公刊されていて、有益そのものである。平内郷土研究会編『平内町　道の文化―奥州街道と脇道―』〔一九九四〕、『津軽俗説選』〔一九五二〕ほかの成果を踏まえることによって、土屋の浦を望む鍵懸の風景が鮮やかに描き出されている。あわせて、真澄の見聞した鍵懸の事例の多くを列挙した、そのうえで、「当時の鍵懸は、想う人を念じて山中の大木や山の神社の鳥居などにもぎ木を投げ掛ける行為であったということがわかる」とする総括的なコメントまで記されていた。すなわち、小論において紹介する事例の多くは、井筒氏によって列挙されたものに重なっている。ただし、小論においては、「わが国の古い姿」を見極めようとする真澄の想いに寄り添いながら、それらの事例の詳細に踏み込んでいる。そこが、違うだけである。

寛政五年(一七九三)は夏四月、下北半島の福浦では、「かんかけの御社の鳥井に、桜をこきて、大朶のかぎ(鍵)をうちかけたるに」。「二の鳥居に、木の枝をかぎとし、うちかけたるは、懸想する願ひなりといふ。されば、神掛といひ、また鍵懸とも書くにや」と記している(『於久能宇良々々〔おくのうらうら〕』当月四日・十六日条、『真澄全集』二巻)。

寛政八年(一七九六)は冬十一月、岩木山麓の枯木平の辺りでは、「土嵢といふ長坂を下れば…、若き男女の懸想しける占ひの鍵懸の梢、冬枯れて立てり」と記している(『雪の母呂太奇〔ゆきのもろたき〕』当月二十七日条、『真澄全集』

三巻）。

そして享和元年（一八〇一）は冬十一月、盛岡藩領から久保田藩領へ越える辺り、日本海に面した絶壁の近くでは、「陸奥と出羽の国とを押し分かちたる境の明神とて、神のほぐらのふたつまで、片阻にならびたる。この神に幣とりむけて、出羽の国界に入りて…、蘿の沢ちふ処に、何の梢ならん、大木のあるに、もぎ木の枝を、ひしひしと、うち掛けたり、いづこにもある鍵懸てふ名にいふ、懸想人を念んじて、街（ちまた）の神に願ふ占問ひにこそあらめ」と記している（『雪の陸奥・雪の出羽路（ゆきのみちおく・ゆきのいでわじ）』当月五日条、『真澄全集』三巻）。

この国境の鍵掛の風景については、真澄による詳細なスケッチが残されてもいた（『菅江真澄民俗図絵』中巻、岩崎美術社、一九八九）。

さらには、久保田（秋田）藩領に入った文化二年（一八〇五）は秋九月、仁鮒（秋田県二ツ井町）の近くでも、「札の木てふ山路を、ゆみで（左手）に入りて、堀皆など過ぎて、鍵懸の大ぶなの木あり。かの懸想人の占ひを、こゝにもせり」と記している（『美香幣の誉路（みかべのよろい）』当月十日条、『真澄全集』四巻）。

同じく、文化九年（一八一二）は秋七月、太平山麓の中平でも、「邪玖渓（ざく沢）といふ山中に、大なる桂の樹あり。この木に、もぎ木の枝を、あまた打ち掛けたり。これを山の神の手酬（たむけ）といふ。こは、陸奥山にも、ところどころに在りて、懸想しける人を念じて、しか、うち投げて係くる。そを、鍵掛といふ。それにこそ、あンなれ。処によりて、そのゆゑ・よしも、変りけるにや。また、懸想しけることを、秘めかくしていふにや。手向けの神のふるごと（故事）もゆかしかりけり」と記している（『月廼遠呂智泥（つきのおろちね）』当月十九日条、『真澄全集』四巻）。ここにおいても、桂の大木の枝々に、二股の小切枝が、びっしりと掛けならべられている詳細なスケッチが残されていた（写真1）。

また、『月の出羽路』仙北郡一、面日《おもにち》日記の条には（『真澄全集』七巻）、「杣山賤等が、この山の神に手酬すとて、もぎ木の枝を、玉宮の鳥居、また松の高枝、杉のこのれともいはず、ひしひしとうち掛けたり。こは山の神の神門《とりい》に、しかとうち掛け、手向くべけれど、この神の鳥居いと低ければ、この神の鳥居にも、木の枝にも、柴の杈《またぶり》を投げかくる也。こは鍵掛《かんかけ》、あるいは神願なんども云ひて、出羽・陸奥の山々は、神座でも、山の丹嶂《たおり》、小峯《おみね》、峠、小坂の木に、柴投《しばうち》して、手祭《たむくる》るならひ也。そが中に、男女懸想して、ねき(願)事するに、一度投て掛かりぬれば、思ふ念願をうけひき給ひしと、よろこぼひて通る」と記している。

このように、北奥の一帯に広がる鍵懸の習俗に寄せられた真澄の眼差しは、やさしく、温かかく、共感の情が具えられていた。あわせて、その由緒を明らめようとする並々ならぬ探求心に起因する鋭い光が具えられていた。「懸想しける人を念じて、しか、うち投げて係くる。そを、鍵掛といふ。それにこそ、あンなれ。処によりて、そのゆゑ・よしも、変りけるにや。また、懸想しけることを、秘めかくしていふにや」と自問してみたり、「懸想人を念じて、街(ちまた)の神に願ふ占問ひにこそあらめ」と推量してみたり、「手向けの神のふるごと(故事)もゆかしかりけり」と記してみたりしている。

それらによって、鍵懸の習俗を、「街の神に願ふ」「山の神に手酬す」「手向けの神の故事もゆかしく」と記されている通り、この国に仏教が導入される以前から存在していた「山の神」「街の神」に対する「占問」の神事ともいうべきものの名残として、真澄は想定していた。すなわち、御霊飯の風習に同じく、鍵懸のそれのなかにも、中央日本では失われてしまった「わが国の古い姿」を見いだそうとしていた。そのことが察知される。

ただし、ここにおいては、それとは断定されていない。以前のように、「わが国の古い姿」とか、「日本古来の風習」とかする文言は用いられていない。だからといって、そのように真澄が考えていなかった。ということにはならない。古くからの「山の神」「街の神」に関わる記事にあふれている日本古典のなかに、なぜかしら、鍵懸のそればかりは見当たらない。そのために、慎重な物言いに止められることになったのではないか。

4　鎰懸のこと(続)

そういえば、中尊寺領骨寺村の古絵図には、村境の「古道」近くに、「鎰懸」(鍵懸)の大木が描かれていて、どっしりとした存在感を誇示していた。それによって、北奥にはあらず、中奥(なかおく)ともいうべき辺りにも、その「日本古来の風習」が、鎌倉後期までは守り伝えられていたことが明らかである。

すなわち、鎌倉後期に描かれたとみられる古絵図二枚(中尊寺所蔵)のうち、「在家絵図」(詳細絵図とも)には、駒形根(栗駒山)を仰ぎ見る谷あいの小村に「古道」が入ってくる東の境界の辺りに、「鎰懸」の文字が記されていた。同じく、「仏神絵図」(簡略絵図とも)には、東の村境の辺りに、大木の姿がみえて、「郡方□膀示」の文字が記されていた。

それについては、大石直正「東北中世村落の成立―中尊寺領骨寺村―」〔一九九〇〕によって、柳田国男ほかの先行研究に耳を傾け、真澄の見聞にも注意しながら、本格的に踏み込んだ考察が展開されていた。

たとえば、「鎰懸」の木そのものについて、「柳田國男は、(中略)、神の降り来る霊樹であると見て、鎰懸の行事は、行人が路傍の霊樹に木の枝を投げ掛けて、神に手向け、且つ身の運を占う目的である、という。投げ上げた鈎が、首尾よく樹の枝にかかるかどうか、それによって、神の意思を占おうとするのだ、というのである。そうだとすれば真澄の述べている恋の占いというのは、鎰掛の古い意味がのこっているもの、ということになるであろう。柳田は、鈎形に折れた枝は、神を引き寄せる霊力を備えたもの、と考えているようである」と、大石論文には記されていた。

同じく、「柳田はまた、この鎰掛の神事の展開したものとして、神木(お頭の木)に鎌を打ち込み境界確定の験しとする風習があったことを紹介している。(中略)、骨寺村の鎰懸は、それが村の境界になっている点が重要である。

（中略）、鎰懸（骨寺村の）も、何らか境界確定の意味をもつ神事だったように思われる」とも、記されていた。

さらには、真澄の見聞記に、「杣山賤等が、この山の神に手酬（たむけ）すとて」と見えていることに関連づけて、「鎰懸の神事の主体」は、「山仕事をする人々」であり、かれらによる「山の幸」の祈りが、神事の目的だった。とも、記されていた。

なるほど、どれもあったかもしれない。「お頭の木」（「信州随筆」『定本柳田國男集』二二巻、筑摩書房、一九七〇年）、「木の枝の力」（「こども風土記」『定本』二一巻）、「鈎曳神事」（「村のすがた」『定本』二一巻）など、大石論文によって参照された柳田の仕事をみるにつけて、そのように思わずにはいられない。『月の出羽路』ほか、真澄の見聞記をみるにつけても、また然り。

だが、それらの可能性を踏まえながら、「大胆に推測すれば」ということで、「この鎰懸の神事は、骨寺・山谷の両村が寄り合っておこなうもので、神の来臨のもとに、両村の間の山野の利用について先例を確認する行事だったのではないかと考えられる。それがすなわち山の幸を祈ることだったのではないか。つまり、この場合の鎰懸の神事は、先に述べた境界確定のための鎌立ての神事（内鎌）に近いものであったように思うのである。柳田國男の理解とは反対に、それこそが鎰懸神事の原形であり、真澄が観察した恋の占いなどは、そこから派生したものだったのではなかろうか」と、総論風に記されていることには、若干の違和感を抱かずにはいられない。さらには、そのような神事の背後には、「領主権力を媒介としない、自律的な秩序の存在が想定される」として、「紛争解決の主体となっている村落が」、すなわち惣村の先駆けを想わせるような力量を持った村が、「十二世紀の東北地方においても出来ていたのではないか」と記されていることについても、また然り。

いささか、「大胆」に過ぎはしないか。どれもあったかもしれないなかで、さまざまな意味合いにおける「占問」

写真２　慈慧塚（一関市博物館提供）

の神事が考えられるなかで、境界確定のための神事だけを取り上げて、それこそが「原形」なり。と強調されていることには、なかなか、得心がいきがたい。

柳田ほかの先学の教えている通り、そして真澄も記している通り、村の出入り口に聳える霊樹に、さまざまな願いを懸ける。そのなかに、山の幸を願ったり、恋の成就を占ったり、境界確定の験しにしたり、……。とするようなことがあったのではないか。

なかでも、「陸奥山にも、ところどころに在りて、懸想しける人を念じて、しか、うち投げて係くる。そを、鍵掛といふ」と、真澄が記しているように、奥州では、恋の成就を占うことが多かった。とするならば、骨寺村のばあいにも、そのような目的に供せられることがあったのではないか。

大石論文では、境界確定の神事のためにとする見立てを補強するために、鎰懸の木が、骨寺・山谷両村を結ぶ山道の中間点、つまり「峠にあたるところ」に立っていた、と記している。

だが、それはない。「在家絵図」をみれば、骨寺「村の平野部すなわち福田アジオ氏のいうノラがつきるところから、さほど離れていないように見える」と、大石論文にも記されている通りである。それなのに、村の出入り口にあたる、その地点から大きく踏み出して、山道を登った峠にまで、鎰懸の木をもってくることには、容易には賛成しがたい。

さらにいえば、その山道の中間点(峠)の辺りには、すなわち「馬坂」新道の峠の辺りには、「大師堂」が建てられて、「たくさんの石を積みあげた如きもの」が見えていて、「賽の河原」を想わせる情景が描き上げられていた。「大師堂」(「在家絵図」)か、はたまた「慈慧塚」(「仏神絵図」)か、いずれにしても、なんらかの仏教的な造形が村の出入り口に相応しい雰囲気を生み出してきた。そのことには、間違いない。

ただし、後筆になることが指摘されている「大師堂」や「慈慧塚」のいずれについても、信頼することはできない。発掘・調査によれば、該当場所に存在しているのは、「北東北に特有の巨大経塚」だったのだ。とするコメントが寄せられている。鈴木弘太「骨寺村と中尊寺を繫ぐ道」[二〇一四]によるものである。

いずれにしても、そのような仏教色あふれる場所に、しかも中尊寺側によって新たに開削されることになった「馬坂新道」の中間点(峠)に、鎰懸の木があったなどとは、とても考えられない。

それよりは、むしろ、「在家絵図」にも書きつけられている通り、磐井川沿いの難所を通ってくる「古道」が、村に入口にさしかかる辺りに、鎰懸の木は描かれていた。とするのがよいのではあるまいか。

すなわち、鎰懸の神事は、中尊寺側によって、「馬坂新道」が開発され、寺領としての体裁が整えられることになる以前にまで遡る、すなわち危険極まりない「古道」が村に出入りする唯一の交通手段だった時期にまで遡る、古来のルートに関わるものだった。いいかえるならば、「紛争解決の主体となっている村落」(大石)ができる遙かに以前に、原初の稲作共同体の時代にまで遡るような古来の習俗であった。そのことが察知される。

柳田ほかの先学が、そして真澄が、それを耳にすることができたならば、どんなに喜んだことであろうか。

ふり返ってみれば、大石「中尊寺領骨寺村の成立」[一九八四]では、「首人」という「共同体首長に代表されるような村落」「原始的共同体」が、「中尊寺への従属を強いられる」なかで、「水田の開発や新道の開鑿」の利益を享受して、「新しい生産力を自らのものにする」。すなわち中世的な村落として再出発する。という発展的かつ段階的な筋道が鮮明に描き出されていた。

その筋道に即して、鎰懸の神事を位置づけるとするならば、「古道」のみに関わる特徴的なありかたからして、「共同体首長に代表されるような村落」「原始的共同体」の側に、ということにならざるをえない。その当初の論文において、鎰懸の神事に言及されることがあったならば、そのような位置づけが与えられることになったのに違いない。

だが、その神事について、本格的に踏み込んだ考察に及ぶことになった今回の論文「東北中世村落の成立」〔一九九〇〕においては、そのような位置づけがあたえられていない。それどころか、鎰懸の木が、「古道」の出入り口にありという基本的なことがらにも、言及されていない。

そのような結果になったのは、「東北中世村落の成立」にいたって、発展的かつ段階的な筋道にはあらず、中尊寺側によって一挙に村が開発された。逆に言えば、それ以前に、「共同体首長に代表されるような村落」「原始的共同体」は存在していなかった。とするラジカルな筋道が採用されることになったからにほかならない。それならば、「古道」と「馬坂新道」の違いに目くじらを立てても、しょうがない。ということであったろうか。

とても、残念な結果である。それによって、鎰懸の神事が仏教以前にまで、すなわち「共同体首長に代表されるような村落」「原始的共同体」の時代にまで遡ることを見通す可能性が否定されてしまった。

そのような大石氏による学説変更の理由になったのは、同じく絵図に描かれた「宇那根社」(用水の神)が、仏教以前にまで遡る存在にはあらず、中尊寺側によって持ち込まれたものに違いない。とする推測によるものであった。だが、その推測とても、確実にはあらず。それよりは、むしろ、これまた、仏教以前にまで遡る神社だった可能性が高い。くわしくは、本書Ⅱ二・四章を参照されたい。

いずれにしても、学説変更の以前における当初の大石論文〔一九八四〕の趣旨を尊重して、その延長線上に、鎰懸の神事を位置づける、という小論の筋道には変わりがない。その神事に関して本格的に踏み込んだ大石論文にはあらず、それより以前における発展的かつ段階的な筋道を鮮明にした当初の大石論文に従う。という変則的な結果になってしまった。やむをえない事情を察していただければ、さいわいである。

ただし、仏教の導入、すなわち「馬坂新道」の開鑿によって、「古道」の出入り口にあった鎰懸の木の神事が否定されてしまったというわけではない。鎌倉後期の絵図にまで、その大木の姿が描き出されているからには、数世紀の間は、仏教の行事に共存しながら、存在し続けていたのではあるまいか。

けれども、真澄が骨寺を訪れた辺りには、消えてなくなっていたらしい。筆まめな真澄のことである。目にしていれば、書き止めていたに違いない。

そういえば、糠部四戸島守《しまもり》郷(いまは八戸市南郷区)には、相畑と沢代の二集落に、カギカケの木があった。いずれも赤松の木であった。相畑では、(枝木が)一回(一度)にひっかかると「いゝあっぱ(妻)、貰ふによい」といい、沢代では正月の十四日に、後向きになって懸けた、縁結びの木だったとする報告が、小井川潤次郎「しまもりの話」[一九九四]によっておこなわれている。菊池勇夫氏の教えに御礼を申しあげる。やはり、鎰懸の木は、男女の仲を占うものだったのかもしれない。

同じく、『河北新報』二〇〇五年十月二十三日には、岩手県玉山村大二子、「サイノカミ」(賽の神)の傍近く聳える松の古木に大小のカギ(木の枝)が懸けられているありさまが、鮮明な写真によって、しっかりと紹介されていた。そのうえに、「恋の成就、枝に込める」とする見出しが躍っていた。いま現在でも、その習俗が残されている地域があることが知られる。

もうひとつ、鎰懸については、黒田日出男「描かれた東国の村と堺相論―陸奥国中尊寺領骨寺村絵図との〈対話〉―」［一九九五］の仕事もあった。

そこでは、大石論文「東北中世村落の成立」［一九九〇］における研究成果が紹介されて、「基本的に賛成」とするコメントが付されていた。あわせて、村落住民レベルの問題にとどまらず、「金峯山」や「山王岩屋」にいたる聖なるルートの道標としての意味あいも重視すべし。とする提言がおこなわれていた。

その傍証として、大石論文にも紹介された、修験道の総本山たるべき大和金峯山にいたる途上における「鎰懸本根（嶺）」の事例（『後二条師通記』寛治二年七月廿五日条）が取りあげられていた。そのようなことも、あったかもしれない。けれども、菅江真澄によって観察されたような奥州の事例の多くからすれば、その可能性は低いのではあるまいか。

そのうえで、一段と踏み込んだ研究成果が披露されていた。すなわち、「仏神絵図」における鎰懸の大木の位置関係は、若干あいまいで、「馬坂新道」が村の出入り口の峠を越えて、かなり入り込んできた地点に立っているように見えないこともない。しかも、その傍らには、「郡方□牓示」の文字までもが見えている。それによって、村のなかに相当に入り込んだ地点まで、「郡方」（郡地頭葛西氏）の支配が及んでいるかのような印象を与えかねない。そもそも、「古道」は描かれてさえもいない、と記されていた。

それに対して、「在家絵図」には、「馬坂新道」以前に遡る「古道」の出入り口に鎰懸の大木が立っていることを鮮明にすることによって、村のなかにまで入り込んでこようとする「郡方」の主張に対抗するために、「古道」のラインが追加され、「鎰懸」の文字が書き込まれることになった、と記されていた。

すなわち、黒田論文においても、「馬坂新道」以前に遡る「古道」の出入り口に鎰懸の大木が立っているとする中尊寺側の認識が、すなわち「在家絵図」によって鮮明にされた鎰懸の大木の位置関係が、まったくの虚構として、退けられているわけではない。

落ち着いて考えてみれば、「在家絵図」に描きだされた景観に、一見して虚構と判別されるような事物が挿入されるようなことはなかったのに違いない。堺相論に備えて作成されたとされる絵図のことである。「詳細」に描き出された絵図のことである。もしも、鎰懸の大木の位置関係に虚構ありとすれば、相論のプロセスにおいて派遣される実検使などによって、立ちどころに、見抜かれることになったのに違いない。

あれや、これやで、小論においては、とりあえず、「在家絵図」に記された「鎰懸」の大木と「古道」の位置関係を、これまで通りに、率直に受け止める。ということにさせていただいている。

その鎰懸の大木の傍らに、「郡方□牓示」の文字が記入されていることについて一言するならば、その大木そのものは、古来の姿で存在していた。それがたまたま、堺相論がらみで、「牓示」として見立てられることにもなった。それ以上でも、それ以下でもない。間違っても、堺相論のなかで、新たに植樹されたなど、と考えるわけにはいかない。

むすびにかえて

仏を神として祭る、御霊飯を供える、鍵(鎰)懸のこと、いずれをとっても、「わが国の古い姿」の名残にあらざるはなし。北奥の在地には、中央政府の統治が及ぼされ、仏教が導入されることになった後々までも、それらの習俗がしっかりと守り伝えられ、中央では失われてしまった「わが国の古い姿」を教えてくれていたのであった。その教えに、率直に耳を傾け、優しい眼差しをもって、人びとのくらしを、真澄は見つめたのであった。

その真澄から学ぶべきことは、またまだ尽きることがない。そのように思わずには、いられない。

終章　骨寺村千年の歴史のなかで――骨寺村・本寺地区における中心の移動――

はじめに

中尊寺領骨寺村の「荘園村落」は、中世を過ぎて、近世に入る辺りからは、磐井郡五串《いつくし》村端郷《はしごう》本寺と呼ばれるようになった。そして近代には、西磐井郡厳美村（町）大字五串字本寺。さらには一関市厳美町本寺などと呼ばれるようになって、現代に及んでいる。地元では、本寺地区という呼びかたが普通になっている。「本寺地区地域づくり推進協議会」の活躍によっても、それが明らかである。

この村の歴史は長い。中尊寺領として再開発される一二世紀に止まらず、平安時代は一〇世紀に入るあたりまで遡る歴史があったことが判明しつつある（土器などの遺物は九世紀からあり）。すなわち、村人らの居住や耕地のありかた、山野の利用、生業の変遷などが、千年あまりのタイム・スパンにて判明しつつある。しかも、その千年あまりの間に、村の「中心」（以下、括弧を省略）は一箇所に固定されることなく、数箇所に及ぶ変遷をたどることになった。

このように長期にわたるスパンにて、村のくらしを復元できる場所は、列島のうちに類例を見いだすことができない。大分県豊後高田市の郊外における「田染荘《たしぶのしょう》小崎《おざき》」地区が、かろうじて比べられる程度であろうか。「東の骨寺、西の田染」とならび称せられる所以である（入間田「荘園遺跡の文化的景観」二〇一二）。けれども、「田染荘小崎」のばあいには、鎌倉期にまで遡るのが関の山である。骨寺村のように中世のくらしをビジュアルに示してくれる絵図に恵まれてもいない。

列島のうちだけではない。アジアのレベルにても、それだけのスパンにて、村のくらしを復元できる場所は、見いだすことができない。すなわち、外来の仏教が、在来かつ古来のくらしに溶けあうなかで、アジアの農村の原風景がかたちづくられてくるプロセスを復元できる場所は、「骨寺村荘園遺跡」のほかに類例を見いだすことができない。

入間田「骨寺村・本寺地区における中心の変遷について」〔二〇一二〕では、そのようなロング・スパンにわたる村の中心の変遷過程を思い切ってトレースすることによって、二枚の絵図に描き出された「日本農村の原風景」が、いま現在の農村風景につながってくるプロセスを鮮明にしようと試みた。

それによって、⑴宇那根社と首人の時代→⑵中尊寺経蔵別当御休所の時代→⑶要害館と本寺十郎左衛門の時代→⑷佐藤屋敷と肝入佐藤一族の時代→⑸近代以降、という歴史の五段階に即応しながら、村の中心が変遷してきた。その大筋について、おおざっぱな見通しをえることができた。

入間田「骨寺村・本寺地区における中心の変遷について(再論)」〔二〇一七〕では、その試みに再挑戦するなかで、前稿における誤りを削除するのにあわせて、不足を補い、かつ新知見を追加することなどによって、より一層のレベル・アップを目指すことにさせていただいた。

そして、その「再論」を本書の終章として再録するにあたっては、同じく本書に再録の他章の論考との重複を避けるために、かなりの割愛を施す。あわせて、若干の改訂・増補を施すのやむなきにいたった。また、テーマのありかたからして、多くの先行論文に学ぶところが、少なからず。あらかじめ、了解を願いたい。

1　中尊寺経蔵別当領骨寺村の時代

中尊寺によって、具体的には中尊寺経蔵別当蓮光によって骨寺村が開発されたのは、一二世紀の前葉、都市平泉の建設が開始されて間もなくのあたりであった。そして、蓮光によって「寄進」された「往古私領骨寺」が、寺領として認定されるに至ったのは、天治三年(大治元、一一二六)三月二十四日。中尊寺「鎮護国家大伽藍」の落慶供養の盛儀が挙行された翌日のことだったとされている(中尊寺文書当月二十五日藤原清衡補任状)。

その蓮光によって開発された骨寺村のありさまについては、鎌倉後期に描かれた二枚の絵図によって、すなわち「在家絵図」(詳細絵図)と「仏神絵図」(簡略絵図)、とよばれる二枚の絵図(いずれも中尊寺に伝わる)によって、手にとるように察知することができる。

たとえば、比叡山延暦寺の鎮守たるべき山王神や、同じく延暦寺側によって尊崇された北陸の霊峰の神が勧請されてきて、「山王山」「山王岩屋」のセットや「白山」社が設定されることになった。それによって、天台仏教の色彩に村全体が染め上げられることになった。

また、寺使が平泉から骨寺村に、その反対に村人らが所当年貢・公事物を積載した馬を連ねて中尊寺に向かうための峠越えのハイウエー、すなわち「馬坂新道」が開削されることにもなった。

さらにいえば、「檜山河《ひやま》」(中川、本寺川とも)を塞き上げる人工灌漑が始められて、川沿いの低地にも、小規模ながら水田が開かれて、新住人の在家が構えられることにもなった。

このような開発行為を推進するにあたっては、経蔵別当のもとに組織された僧衆(天台聖)のはたらきが効果的だったらしい。

あれといい、これといい、大石直正「中尊寺領骨寺村の成立」〔一九八四〕、吉田敏弘「骨寺村絵図の地域像」〔一九八九〕、本書Ⅱ一章ほかによって、解明されている通りである。

二枚の絵図に描き出されたランドマークのうち、たとえば、「仏神絵図」にみえる「経蔵別当御休所」の文字は後筆なれども、そこに描き出された建物は「荘政所《まんどころ》」、すなわち荘園管理事務所のような施設であったことには違いがない〔大石一九八四ほか〕。それらしい建物は、「在家絵図」においても、特大のスケールにて描き出されていた。とするならば、その辺りが、中尊寺経蔵別当による開発の当初から骨寺村の中心として位置づけられていたとしても、不思議でも、何でもない。

その付近に設営された一二の区画からなる方形かつ大型の水田については、経蔵別当による本寺川（中川・檜山河とも）沿いの水田開発にともなって招き寄せられた「作田分《さくだ》」在家の住人らに、その耕作が割り当てられていたようだ（本書Ⅱ一章）。文書に記される「佃」の文字、そして周辺に伝えられる「割田屋敷《わった》」の地名からしても、そのように考えざるをえない。

ただし、「荘政所」らしい大型建物ならびに方形かつ大型の水田の正確な在所については、特定されていない。大石〔一九八四〕には、絵図の記載と現存の地名を見比べることによって、さらには本寺川からの引水の調査によって、「小地名ヤシキ田、梅木田《うめのきだ》のあたり」、すなわち本寺川の北岸にして、駒形根神社に向きあうかのような在所なり、と記されていた。そのアバウトな見解がなんとなく踏襲されて、いまに至っている。わずかに、入間田〔二〇〇一〕にて、「割田屋敷」の地名との親和性を指摘してはいるものの、決定打にはなっていない。

けれども、最近に及んで、岩手大学農学部広田純一研究室による「田越し灌漑システム」の調査が進められるなかで、水田一枚一枚のレベルにて、その正確な在所を特定できる方向性が提示されることになった。一二の区画からなる方形かつ大型の水田（経蔵別当の直営田、佃）の在所についても、また然り（広田純一・菅原麻美「骨寺村荘園遺跡における田越し灌漑システムの実態と骨寺村絵図（詳細絵図）に描かれた水田の推定」二〇一七ほか）。大きな前進である（二九四頁・図1）。

それならば、その方形かつ大型の水田の傍らに描かれている特大の建物、すなわち荘政所に相当する建物の在所についても隣接の畑地の付近に、すなわち辺り一面の水田のなかに島状に浮かぶ畑地の付近に比定されるべきものかもしれない（本書Ⅱ一章）。

そして、「在家絵図」に描き出された「馬坂新道」については、「馬の登れる坂」（峠越）の道であり、中尊寺に直結する新道として、経蔵別当蓮光に連なる「天台聖《ひじり》」らによって開発されたものに違いない（大石「中尊寺領骨寺村の成立」一九八四）。

馬坂新道が中尊寺を出発して骨寺村に入ってくるルートについては、わけても北山の丘陵部から村内に下ってくるルートについては、「不動岩屋」後背の尾根の裏側を迂回してくる道筋が想定されている（鈴木弘太「骨寺村と中尊寺を繋ぐ道」二〇一四、同「馬坂新道に関する研究ノート」二〇一七、あわせて吉田敏弘「骨寺への道」一九九九、同『絵図と景観が語る骨寺村の歴史』二〇〇八ほかも参照）。

さらには、馬坂新道が骨寺村に入ってこようとする辺りの尾根上に築かれた「古塚」は、すなわち「仏神絵図」に記された「慈慧塚」に相当する「古塚」は、「12世紀後半に造られた東北特有の巨大経塚である蓋然性が高い」ことが、発掘・調査によって明らかにされている。そのような「シンボリックな宗教施設」を、村を見下ろす景勝の地に構築したのは「中尊寺あるいは奥州藤原氏であろう」と記されてもいる（鈴木「骨寺村と中尊寺を繋ぐ道」二〇一四）。

同じく、「在家絵図」には、「山王岩屋」と「七高山」（抹消）の文字が、「仏神絵図」には「山王」の文字がみえていた。『吾妻鏡』には、骨寺村の境四至のうち、西のそれとして、「山王窟」の文字が見えていた（文治五年九月十日条）。そのうえに、「在家絵図」には、大和国三輪山を想わせる山王山の秀麗な容姿が描き出されていた。

比叡山延暦寺の麓に位置する日吉神社は、秀麗な山容の八王子山を祭る。そこには、同じく大和の霊峰たるべき三輪山の大物主神（大己貴尊）が勧請されてきて、「主神」としての存在感をあらわにしていた。八王子山の頂上付近には、「金大巌」の磐座が存在してもいた。

その日吉神社が山王神社とも称されるようになったのは、延暦寺の鎮守としての位置づけが付与されることによるものであった。すなわち、天台宗の総本山ともいうべき天台山国清寺（浙江省）の伽藍神（鎮守）として、山王真君が祀られていることに因んだものであった。

その神体山と磐座のセットに対する古来の信仰が、延暦寺に連なる天台勢力によって、中尊寺の鎮守として将来され、さらには骨寺村にまで将来されたものが、こちらの山王山と山王岩屋とのセットにほかならない（神谷美和「骨寺村荘園遺跡の宗教施設に関する調査研究」二〇一五）。

そのために、こちらの山王岩屋にも、三輪山の神の本地仏たるべき釈迦如来が祀られることになった。そのことが、近世における「山王大権現守護所」の御札（中尊寺大長寿院）にあらわされた[illegible]（釈迦如来の種子）によって明らかである（同）。

山王山の秀麗な容姿は、「在家絵図」（詳細絵図）には描かれているものの、「仏神絵図」（簡略絵図）の方に描かれていない。というか、正確には、後者の絵図には、欠損部分があり、山王山に該当する部分が失われてしまっている（黒田日出男「描かれた東国の村と境相論」一九九五、吉田敏弘「骨寺村絵図の地域像」一九八九）。けれども、わずかに残る山裾の描線などからして、その山容を復元することが不可能ではない。その成果が、鈴木弘太「骨寺村絵図を復原する」［二〇一七］によって図示されている。

ただし、近世後期には、「山王社」は「厳宮（いつくしのみや）大明神」「麗美宮」とよばれ、「当村名（五串《いつくし》）の根元にて、村鎮守に御座候」と記されるようになっている（『安永風土記』安永四年・一七七五、『一関市史』資料編Ⅱ所収）。ならびに、「七高山《しちこうさん》」とは、比叡・比良・伊吹・愛宕・金峯・葛城・神峰という、畿内の境界を鎮護する山々として知られていた。それらの山々では、行者によって、「薬師悔過」の修法がくり返されていた。その七高山の信仰が、中尊寺境内に、さらには骨寺村の西側の境界たるべき「山王窟」に持ち込まれることになったのは、一二世紀のことであった（誉田慶信「骨寺村の宗教世界」二〇一六）。

いずれにしても、「山王岩屋」・山王山ほかのランドマークが、中尊寺経蔵別当に連なる人びとほかによってかたちづくられて、骨寺村の鎮守としての役割を期待されていたことには、間違いがない。

さらにいえば、「仏神絵図」には、「白山」の文字も見えていた。中尊寺の鎮守として、山王・白山の両神が勧請されていたことに鑑みれば（「寺塔已下注文」）、骨寺村においても、同じく、その両神があいともに鎮守としての役割を期待されていた。いいかえれば、中尊寺の境内に同じく、特別な聖域として、骨寺村の四至が意識されていた。そのことが明らかである。

ただし、「仏神絵図」には、「金峯山」の文字にあわせて、「ミたけたうよりして、山王の岩屋へ五六里之程」と記されていた。これ、すなわち、都市平泉の「金峯山」たるべき霊峰金鶏山方面から出発した行者（修験者）が、骨寺村の金峰山の御岳堂ならびに「象王岩屋」（蔵王岩屋）を経て、山王岩屋にまで、さらには霊峰駒形根方面にまで訪れていたことのあらわれにほかならない。具体的には、駒形根北方に聳える満徳山（烏帽子形山）に、さらには麓の満徳山宝福寺に祀られる「三社権現」（国常立・国狭土・彦火火出見尊、中世には蔵王権現等か）が、巡錫の最終目標であった

(『安永風土記』毛越寺書出)。そして、国首《くにかぶ》権現社→国首三神社(国常立・国狭土・豊国淳尊)は、その「三社権現」の後身かもしれない(同猪岡村書出、『厳美村誌』)。そういえば、隣接の五串本村にも、三(御)嶽権現社が祭られていた。さらには宮城県側の登山口たるべき花山村にも、金峰山花山寺や蔵王社・御岳権現社が営まれていた（宝暦・安永風土記ほか。くわしくは、月光義弘「栗駒山(須川岳と修験道)」一九七七、岩鼻通明「栗駒山の山岳信仰」二〇〇二、誉田慶信「骨寺村の宗教世界」二〇一七、同「中世骨寺村の生業と祈り―不動岩屋を再考する―」二〇一八、あわせて黒田日出男「描かれた東国の村と境相論」一九九五、大石直正『僧妙達蘇生記』と十一・二世紀の奥羽社会」二〇〇五、菅野成寛「陸奥国骨寺村絵図の宗教史」二〇〇九、斉藤利男『平泉　北方王国の夢』二〇一四を参照されたい)。

けれども、金峯山や山王の岩屋を訪れる行者たちのすべてが、中尊寺側の監督下にあったか。といえば、そういうことではない。各地の霊峰や岩屋をめぐり歩いて修行を極めるという行者たちのことである。かれらの行動範囲は、中尊寺の縄張りをはるかに超えて、列島規模に及ぶものであった。かれらが、中尊寺側の思惑に縛られていたとする証拠は、どこにもない。

いずれにしても、骨寺村が中尊寺経蔵別当領だったからといって、そのコントロールから外れるような信仰の流入がシャットアウトされていたというわけではない。本書Ⅱ三章においても確かめている通りである。

都市平泉の全盛期には、中央惣社のほか、東西南北の四方に鎮守が祭られていた。いずれも、近畿方面の本社からの勧請になる。しかも、中尊・毛越寺境内に祭られる鎮守諸社とは違って、都市平泉そのものの鎮守としての独自の位置づけを付与されていた。そのうち、西方の鎮守としてあげられているのが、「北野天神・金峰山」である(「寺塔已下注文」、『吾妻鏡』文治五年九月十七日条)。その「金峰山」こそが、もしかすると、かれら行者たちの活動拠点になっていたのかもしれない。

ていた。

2　骨寺村のネーミングの由来

二枚の絵図には、それぞれに、「骨寺堂跡」「骨寺跡」の文字がみえていた。そのうえに、「在家絵図」には梁間二間×桁行三間の、「仏神絵図」には二間×二間の、本格的な天台の仏堂跡を想わせる礎石のような並びが描きこまれていた。

その本来的な天台の仏堂の名称は伝えられていない。けれども、その傍らには、この村を開発したとされる経蔵別当の初代、自在房蓮光その人の遺骨が祀られていたのかもしれない。当時にあっては、高僧の業績を慕って、その遺骨を納める堂宇が本来的な仏堂に付属して、その境内に造営されることが珍しくなかった(中世葬送墓制研究会『古代・中世の墳墓堂を考える』二〇一〇)。

それならば、その本来的な仏堂や、蓮光の遺骨を祀った小堂が廃墟になった後においても、蓮光の遺骨の記憶ばかりは失われることがなく、「骨寺」の名称ばかりが伝えられた。ひいては村名に用いられることになった。としても、不思議ではない。

逆にいうならば、「骨寺」の通称とは別に、本来的な仏堂にかかる正式の寺号があったのかもしれない。けれども、その本格的な仏堂や蓮光の遺骨を祀る小堂が文治五年奥州合戦によって退転した後には、「骨寺」の通称が残されるばかりになってしまったのかもしれない。そのために、二枚の絵図には、「骨寺堂跡」「骨寺跡」として、礎石(?)ばかりが描き出されることになったのかもしれない。

そういえば、吉田敏弘「骨寺村絵図の地域像」〔一九八九〕には、「骨寺の創基が骨寺村の世界形成における根源でとなった古代寺院「骨寺」は、「経蔵別当私領の拠点として維持された」。同じく、吉田「一関市本寺地区の農村景観」［二〇〇六］においても、平泉藤原氏によって、「経蔵別当の本願地として手厚く維持」されていた。そのうえで、「寺院骨寺の退転」は、鎌倉勢による平泉攻略、すなわち奥州合戦によるドサクサによってもたらされたのではないか、とする推定がのべられていた。まことに、然るべし。

それならば、もう一歩だけ、踏み込んで、骨寺が「経蔵別当の本願地」「世界形成の拠点」たるべきことにあわせて、カリスマ的存在たるべき経蔵別当の死後には、その遺骨が祀られることにもなった。それにともなって、「骨寺」の通称が用いられ、ひいては「骨寺村」のネーミングが用いられることにもなった。と推定することが許されるのではあるまいか。

ただし、そのように考えるためには、蓮光その人が書き残したとされる文書、そのほかに、「往古私領」「骨寺」の文字がみえているのが、気障りである（天治三年三月廿五日藤原清衡補任状、保延六年三月廿八日蓮光譲状案ほか）。だが、それらの文書は、いずれも、正本にはあらず、案文なのであった。内容的にみても、後の世代における所伝にもとづくものであった。おそらくは、一二世紀後葉、中尊寺は「鳥羽院御願」なりとする言説がかたちづくられるあたりになってから、蓮光の開発伝説にあわせて、骨寺の通称が用いられるようになったことにもとづくものだったのではあるまいか。

なお、本来は「白河院御願」たるべき中尊寺「供養願文伽藍」（「鎮護国家大伽藍」）ほかの堂宇が、三代秀衡のあたりに、「鳥羽院御願」なりとする言説がかたちづくられた経過については、丸山仁「平泉藤原氏と鎮護国家大伽藍一区」［二〇〇二］、さらには石田一良「中尊寺建立の過程にあらわれた奥州藤原氏の信仰と政治」［一九六四］、佐々木邦世「寺伝の見直し」（解説）［一九八五ほか］、入間田「鎌倉期における中尊寺伽藍の破壊・顚倒・修復記録について」

［二〇〇五］による指摘を参照していただきたい。

それに対して、天台宗のスーパースター、慈慧大師ないしは慈覚大師の「御骨」「白骨首」を埋納する「古塚」が「坂芝山《さかしばやま》」にあったとされる。そのことによって、骨寺村のネーミングが生み出された。とする言説がないでもない。たとえば、『封内風土記』五串村（一七七二年、『一関市史』七巻所収）、『安永風土記』（一七七五年、同）に、その記事が見えていた。だが、それらは、西行その人による著作と誤り伝えられた『撰集抄』における説話、「慈慧大師白骨首女人授法花経」によって、近世後期に及んで、新たに作り出された言説なのであった（吉田『絵図と景観が語る骨寺村の歴史』二〇〇八、菊池勇夫「近世地誌のなかの骨寺・山王窟」二〇〇九）。

もうひとつ、二枚の絵図にみえる「骨寺堂跡」「骨寺跡」は、人びとが持ち寄った遺骨（分骨）の埋納施設であった。とするような解釈が支持されるようになっている。たとえば、大石直正「中尊寺領骨寺村の成立」［一九八四］には、「死者の骨を納める寺」とする解釈について、「山王窟に類似した納骨窟が立石寺に存在することを考えると、きわめて魅力的」なりと記されていた。あわせて、「こうした民俗的な信仰の基層の上に、天台、山王の信仰が入ったのだとすると」「きわめて興味深い」とも記されていた。

そして、池田寿「陸奥国骨寺村絵図に関する一考察」［一九九七］には、「骨寺はその位置する場所を堂山と称していることから、骨堂とも呼ばれていた可能性が高い」。「納骨信仰で栄えていた霊場であったと想像される」と記されていた。さらには、大石『僧妙達蘇生記』と十一・二世紀の奥羽社会」［二〇〇五］にも、池田論文の指摘を受け止めるかたちで、「この骨寺という異様な名前の寺は、納骨のお堂であったと考えられる」と記されていた（本書Ⅳ一章）。

だが、中世後期ならばともかく、中世前期にまで、ないしは平泉以前にまで、そのような納骨施設（「民俗的な信仰の基層」）の存在を遡らせることには、疑問なしとはしない。たとえば、鈴木弘太「鎌倉の墳墓堂」［二〇一〇］によって、

「鎌倉時代前期には個人の墳墓堂であったものが、後期以降には追葬を意識した一族の納骨堂に変化していく」。そのうえで、一般にいう「庶民の納骨堂」の登場はさらに遅れる、と指摘されていた。あわせて、鈴木論文が掲載された中世葬送墓制研究会［二〇一〇］においては、「墳墓堂資料」の集成が試みられていた。それを参照するにつけても、「骨寺」が不特定多数の納骨施設にはあらず、特定個人のそれであった、と想定することにならざるをえない。

そういえば、井原今朝男『中世寺院と民衆』［二〇〇四］によっても、「骨寺堂跡」は「死者の骨を納骨する寺と解釈すべき」と記されていた。そのうえで、そのような「墓寺」「御骨御座所」の設営は「十二世紀に貴人の習」として始まったと記されてもいた。

なお「骨寺堂跡」「骨寺跡」の所在については、いまだに確定されていない。けれども、中世以来の地名たるべき「寺崎屋敷」の該当地からするならば、同じく「宇那根社」「宇南屋敷」の比定地たるべき中沢源頭の湧水地（湿田）からさほどに遠くはない山根の辺りに所在していたものとみられる（本書Ⅱ四章）。近未来に予定されている発掘・調査による真相究明が期待される。

3　宇那根社と首人の時代

けれども、すべてが経蔵別当の開発によって創出されたものとは限らない。たとえば、「在家絵図」には、経蔵別当によって開削されたとみられる「馬坂新道」のハイウエーに対比するかのようにして、「古道」の文字が書き込まれている。それによって、人間だけが、徒歩で、やっとのことで通れる古い道が、渓谷沿いの危険なルートに開かれていたことが察知される（大石直正「中尊寺領骨寺村の成立」一九八四）。

そのうえに、「古道」が村に入ってくる辺りには、「鎰懸」（鍵懸）の霊木が祭られていた。「在家絵図」にはその文

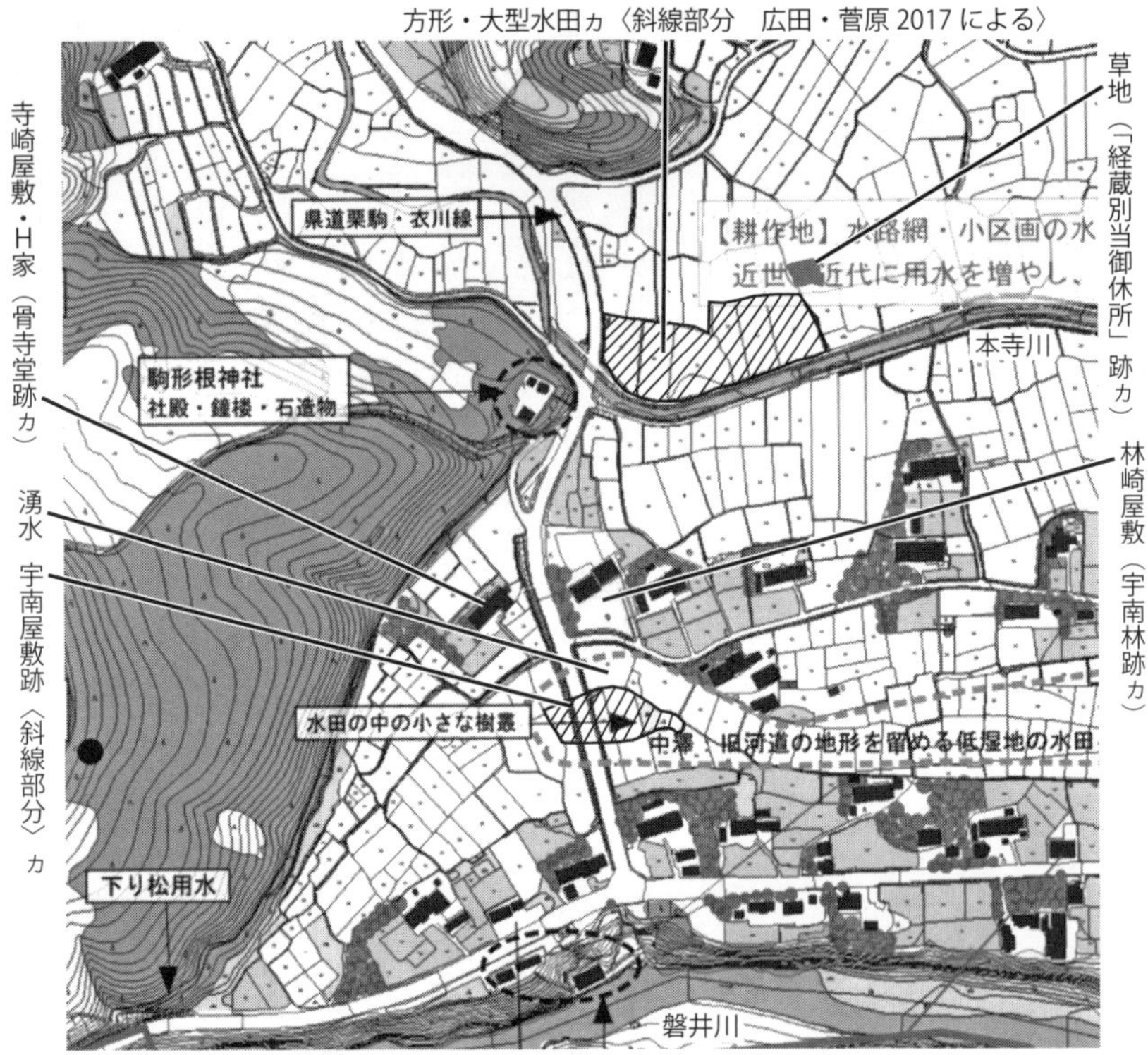

図１　(A)宇那根社の辺り　(B)「経蔵別当御休所」（「割田屋敷」）の辺り
一関市教育委員会（2007）所収「一関本寺の農村景観土地利用現況図」（部分）に加筆。

字がみえているばかりだが、「仏神絵図」には霊木の姿が描き出され、その傍らには「郡方□牓示」の文字が添えられてさえいた（黒田日出男「描かれた東国の村と境相論」一九九五）。

「鎰懸」（鍵懸）の霊木は古来、村の境界に立って、恋の占いほか、道祖神のような役割を果たしていた。奥北の一帯では、菅江真澄が訪れる近世後期に至るも、そのような仏教以前の光景が残されていた（本書Ⅳ四章）。

いずれにしても、「馬坂新道」が村に入ってくる境界の辺りに、すなわち峠の「大師堂」「慈慧塚」（実は経塚）の辺りに、仏教色豊かな気配が立ち込めていたのに較べれば、大きな違いである。

そして、「宇那根社」もまた、万葉

の昔から列島の各地に祭られる水神であった。原初の水田を潤す湧水の神として、首人によって祭られていたのに違いない。

「在家絵図」には、中沢《なかのさわ》の流れが始まる「源頭」(湧水点)の辺りに、水田が開かれて、その傍らに宇那根社の姿が描き出されていた。さらには、ひときわ大きな在家の姿が描き出されていた。「仏神絵図」にしても、中沢の「源頭」に、「うなね」の文字が書き込まれ、在家の姿が描き出されるなどしている。

大石[一九八四]には、宇那根社は「用水路の神」であり、「この村にとって重要な神であったに違いない」と記されていた。そのうえで、宇那根社ほかの神々は「土俗的、共同体的な性格が強いものであったと考えられる」と記されてもいた。

同じく、「首人分」の給免田の記載にふれながら、古代の姓(かばね)にもみえる「おびと」が、「村共同体の首長的な地位」にあって、「村落の祭祀を主宰するものであったことも当然考えられる」とも記されていた。宇那根社の傍らに描き出されている大きな在家が、首人のそれだとする明記までには及んでいないものの、その可能性を想い描かせてくれるのには十分の指摘であった。

そのうえに、吉田敏弘「骨寺村絵図の地域像」[一九八九]には、「湧水や天水に依存する自然灌漑段階の開発を象徴する」、「骨寺の生活世界における始原的な中心」、「地域像のへそ」として、すなわち中川(檜山河・本寺川)を塞き上げる人工灌漑が依存する新たな開発が中尊寺(経蔵別当)によって推進される以前における村の中心として、宇那根社にしっかりと位置づけが付与されていた。

同じく、傍らに描き出された在家の住人についても、「宇那根社の祭祀を司る、村内の中心的な草分け農民と見られよう」と記されていた。これまた、首人なりとする認識はなけれども、示唆的な指摘であった。

さらには、「骨寺村所出物日記」(文保二年)に書きあげられた一二名の住人のうち、「田屋敷分」にランクされた四郎五郎・平三太郎入道・平三二郎・手子四郎の四名についても、北側の里山から流れ下る沢水による灌漑に依存する、すなわち天水灌漑に依存する、「中尊寺支配以前から村内に定着していた草分け百姓の系譜を引くものと見做しうる」と記されていた。あわせて、そのようなランクづけは、「在家絵図」における建物の描きかたによっても、看取することができる、と記されてもいた。これまた、然るべし。

このように見てくるならば、「古道」も、「鎰懸」も、「宇那根社」も、それらのいずれもが、中尊寺経蔵別当による開発に先行する古くからのランドマークだった。具体的には、「馬坂新道」や、峠の出入りに「大師堂」「慈慧塚」(実は経塚)や、中川(檜山河)を塞き上げる人工灌漑が、経蔵別当の開発によって現出させられる以前に遡るランドマークだった。ということにならざるをえない。

そのうえに、一歩だけ踏み込んでコメントするならば、宇那根社の傍らに描き出された大きな在家の住人は、首人その人であった。吉田[一九八九]では、西方の山野の辺りに、首人の在家が立地していたとされているが、それには従えない。

「田屋敷分」にランクされた四郎五郎・平三太郎入道・平三二郎・手子四郎の四名が古くからの住人の系譜に属したのにあわせて、首人は古くからのリーダー(首長)の系譜に属していた。ということができるであろうか(本書Ⅱ四章)。『日本書紀』『令集解』などにみえる古代村落のリーダーとしての首人の姿が、平安〜鎌倉期に至るも消えやらず。これは、奇蹟としか、言いようがない。

骨寺村の開発は、一〇世紀の初め頃にまで遡り、イネとクリ、それにアサを栽培するくらしがかたちづくられていた。すなわち、一一〜一二世紀、中尊寺経蔵別当蓮光につらなる天台聖らによる開発を待つことなく、古代村落のくらしが確実にかたちづくられていたことが、自然科学・考古学方面の調査によっても、明らかになっている。いいかえれば、九世紀を過ぎるあたりに、関東方面などからの移民らによって、すなわち首人に率いられた「草分け百姓」(「田屋敷分」在家の祖先)らによって、宇那根社が招来されるのにあわせて、イネやクリを栽培するくらしがかたちづくられた。そのことが明らかになっている(本書Ⅱ二・四章)。

4　要害館・要害屋敷と本寺十郎左衛門の時代

中尊寺経蔵別当による取り仕切りが途絶え、下克上のエネルギーが噴出する戦国時代には、「要害館《だて》」の山城を構える「本寺十郎左衛門」が、この村のリーダーになっていたことが知られる。『安永風土記』には、山城の規模について、「竪弐拾五間、横弐拾四間」と記すばかりだが、『封内風土記』には、かれについて、「本氏」は「佐藤」を称す。とする注記が見えていた。さらには、「高森山法福寺」や尼寺の遺跡も近い。誉田慶信「要害館と法福寺」[一九九九]による指摘にもある通り、この辺りが「戦国期の本寺の歴史を知る上で、極めて重要」なることは明らかである。

『安永風土記』には、「要害屋敷」の幸右衛門の七代の先祖として、「佐藤肥前」の名前が記されていた。幸右衛門の家は、近世にも存在感を保ち続けていた。吉田敏弘氏の教えによれば(國學院大学歴史地理学教室『本寺の家と屋敷』二〇〇七)、「ウシロヨウガイ」を家号とする佐藤家には、屋敷の裏手に「佐藤肥前守」の墓を祀っている。そのうえに、背後に聳える三吉山の神社の別当でもあった。吉田氏によって、「中世末の地侍の系譜を引く可能性が高い」とされている理由である。

ただし、三吉神社が祭られるようになった時期については、特定しがたい。けれども、その山神の「三吉」というネーミングの本来は、仏教以前にまで遡るものだったらしい(入間田「清衡が立てた延暦寺千僧供の保について」二〇〇

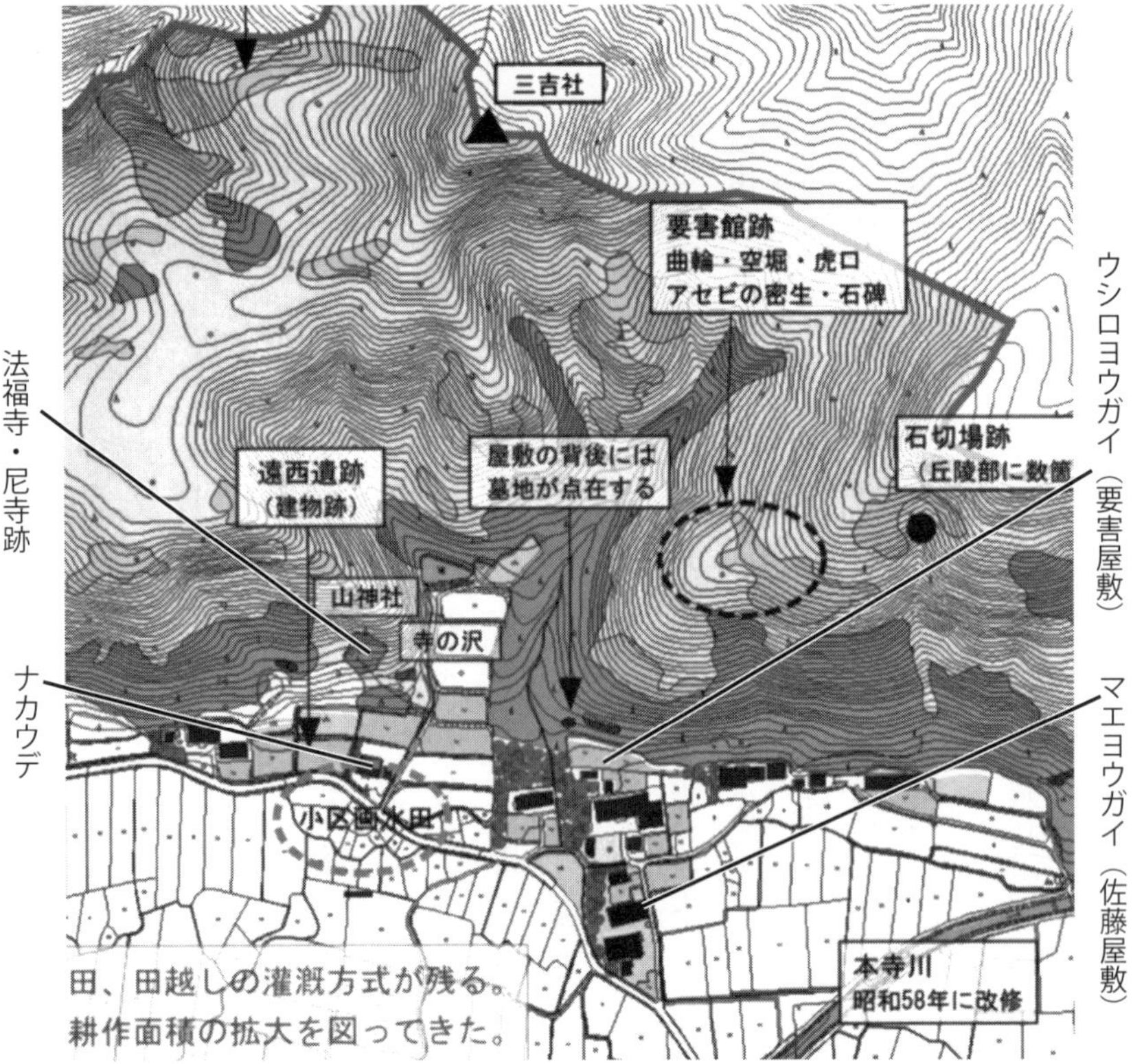

図２　(C)要害屋敷　(D1)ナカウデ　(D2)マエヨウガイの辺り
一関市教育委員会(2007)所収「一関本寺の農村景観土地利用現況図」(部分)に加筆。

六）。そのことを記憶に留めておきたい。

もしかすると、この家が十郎左衛門の子孫になるのかもしれない。「要害屋敷」は「要害館」の山城の麓に当っている。ここならば、十郎左衛門が暮らす日常的な住居があったとしても、不思議ではない。

たとえ、この家が、十郎左衛門の直系にはあらず、傍系の子孫だったとしても、大きな違いはない。いずれにしても、要害屋敷の辺りが、「本寺」を名乗る地侍一族の集住地だったことには変わりがない。

すなわち、戦国期には、村の中心が「要害屋敷」「要害館」の辺りに移動していたことには変わりがない。

宇那根社の辺りに（第一段階）、つぎには「経蔵別当御休所」（「割田屋敷」)の辺りに(第二段階)、村の中心が置かれていた古代から中世前期とは、大きな違いである。

さらにいえば、本寺十郎左衛門は、経蔵別当による第二段階における開発によって招き寄せられた「佐藤五」「佐藤二郎」ほかの子孫に相当していたのかもしれない。すなわち、鎌倉期に、二枚の絵図が描かれ、「骨寺村所出物日記」が記された辺りまでは、「作田分」の新住人として、「田屋敷分」の旧来の住人に較べて、下位のステータスに位置づけられていた佐藤姓の人びとのなかから、村のリーダーが生み出されるまでになった。そのことが推測される。

だからといって、平泉以前にまで遡る旧来の住人が、姿を消してしまったかといえば、そういうことではない。「平三太郎入道」「平三二郎」ほか、旧来の住人の姓は、「平《たいら》」だったらしい。首人の地位にあった住人にしても、「平」の姓を名乗っていた可能性が高い。

『安永風土記』においては、「字宇南屋敷」に住まいする旧家の当主「平蔵」の六代の先祖として、「平山駿河」の名前が記されていた。あわせて、「平蔵」が、「中尊寺御一山」の「御始末」によって、すなわち取り仕切りによって、「観音堂」(いまは駒形根神社、絵図では六所宮)の鑰を預かっていたことが記されていた。その理由は、「観音堂」が「中尊寺御一山境内」に属しており、その「地主」が「平蔵」であったことによる、とも記されていた。

これは、おもしろい。「平蔵」もまた、「要害屋敷」の幸右衛門に同じく、「中世末の地侍の系譜を引く可能性が高い」といわなければならない。さらには、「字宇南屋敷」に住まいする、すなわち宇那根社の辺りに住まいする「中世末の地侍」たるべき「平山駿河」は、「平三太郎入道」「平三二郎」ほか、平泉以前にまで遡る旧来の住人の子孫だった可能性が高い。なかでも、宇那根社の傍らに住まいする平姓の首人の子孫だった可能性が高い。といわなければならない。

それならば、馬頭「観音堂」(いまは駒形根神社)が、すなわち鎌倉期における二枚の絵図に描き出された「六所宮」

が、近世は安永四年（一七七五）に至るもなお、中尊寺の傘下に属していた伝統にしたがって、宇那根社の辺りに住まいする「中世末の地侍」たるべき「平山駿河」の子孫に、その鑰が預けられ、その管理が委ねられていたとしても、不思議でも、なんでもない。

宇那根社についても、特別の記録が残されていないが、これまた、「平山駿河」の子孫に、その管理が委ねられていたのに違いない。「平蔵」が住まいしたのが、ほかでもない、「字宇南屋敷」だった。と記されていることが、なによりもの証拠である。

ただし、かれら首人の子孫たるべき人びとによる取り仕切りは、要害館に依拠する本寺十郎左衛門の一族や、次節に述べる肝入《きもいり》の佐藤一族によるそれに比肩するレベルには及ぶべくもなかった。そのことを忘れてはいけない。この村が中尊寺領への復帰が許されたとはいっても、近世初頭の短期間に終わってしまったことも、あわせ考えるべきであろうか。

けれども、いま現在に至るまでも、駒形根神社の別当としての取り仕切りが平山家によって継承されていることにあわせて、「宇南屋敷」の跡地と想定される栗林の辺りが平山家によって継承されていることに鑑みるならば、首人の子孫たるべき旧家の存在感には、揺らぎなし。といわなければならない。

千年あまりにも達する旧家の威風堂々の存在感が、いま現在に至るも、失われることなく、存続している。このような事例が、この列島内に、ほかにいくつ数えられるであろうか。きわめて貴重な事例といわなければならない。

5　佐藤屋敷と肝入佐藤一族の時代から近代へ

近世には、「要害館」に依拠する本寺十郎左衛門の一族に代わって、「佐藤屋敷」に住まいする佐藤一族が本寺村の取り仕切りに当たることになった。

『安永風土記』によれば、かれらの先祖、「佐藤但馬」は、仙台藩の奉行、「茂庭周防」の「家中」であった。その権威を背負って、本寺村に入部することになった但馬が、村の取り仕切りを委ねられることになったことについては、疑うべくもない。ただし、入部の正確な年次については、分からない。「何年の頃に候哉、当村へ引移り」と記されている通りである。

かれの子孫は、その後、代々にわたって、幕末～明治期にいたるまで、「肝入」の要職に任じられている。この家には、いまなお多くの古文書・古記録が伝えられている（東北芸術工科大学東北文化研究センター編『佐藤家文書詳細目録・報告書』二〇〇九）。

「佐藤但馬」が入部してきた当初の在所は、本寺十郎左衛門一族が住まいした「要害屋敷」に程近い「ナカウデ」（西北の山際）にあったらしい。そして、後に及んで、「マエヨウガイ」の現在地に移転してきたらしい。移転にさいしては、墓地（正徳四年：一七一四の年紀を刻む墓標ほか）はそのままにして、屋敷神だけをともなってきたらしい。大塚統子「陸奥国西磐井五串村本寺の石造物」［二〇〇六］によって、それらのことが明らかである。

新しいリーダーとして入部してきた「佐藤但馬」にとって、本寺十郎左衛門一族が居住する「要害屋敷」に、すなわち戦国期における村の中心に、屋敷を構えることは望むべくもなかった。すなわち、本寺十郎左衛門一族を立ち退かせて、その跡地に屋敷を構えるという無理筋を押し通すだけの状況にはなかった。そのために、まずは、村の中心に程近い「ナカウデ」の辺りに屋敷を構えることになったのに違いない。そのうえで、幾世代も経過して、状況が好転するなかで、「マエヨウガイ」の地に、すなわち本寺十郎左衛門一族の子孫が住まいする屋敷地の前面に屋敷を移転させることになったのに違いない。

確かに、「マエヨウガイ」の地は、条件に恵まれている。ここならば、村の全体を見渡すことができる。それまでに、最高の見晴らし場だった「要害館」「ウシロヨウガイ」(「要害屋敷」)の地に取って代わる新しい見晴らし場の誕生である。

「マエヨウガイ」の地は、山岸の「ウシロヨウガイ」と比べて、沖の方に突き出ている分、洪水の被害を受けやすい。風当たりが強い。など、通常の住まいとしては、若干の不利があることが否めない。けれども、村の全体を見渡すことができる。逆にいえば、威風堂々の佇まいを村全体に見せつけることができる。それならば、若干の不利を補って余りあり、ということだったのに違いない。あわせて、戦国の山城たるべき「要害館」は廃棄されてしまっている。というような事情があったことはもちろんである。

ただし、及川陽一郎「ムラの勢力交代」〔二〇一六〕では、「佐藤但馬」が骨寺村に入部してきたのは、「茂庭周防」の時期にはあらず、それよりも遡って葛西氏の滅亡期だった。すなわち、葛西氏旧臣の同士として予《かね》てより見知った本寺十郎左衛門一族を頼りにして、この村に「但馬」は入部してきたのだ、とする想定が記されていた。

それならば、「但馬」が、「茂庭周防」に取り入って、その「家中」となって、仙台藩主の乗馬たるべき「御召馬」を献上するなどのことに及んだのは、入部してきてから一定期間を経た後に、ということにならざるをえない(及川論文では、「御召馬」を「周防」の乗馬としているが、それには従えない)。

確かに、葛西の旧臣が藩侯に乗馬を献上するなどして肝入の地位にありつくなどの事例は少なくない。したがって、「但馬」のばあいにも、そのような事例に該当するという可能性はないではない。

けれども、「但馬」が「周防」の「家中」となる以前に、すなわち葛西の旧臣などとして、この村に移住してきていたことを実証する具体的な裏づけは見いだしがたい。したがって、今回には、『安永風土記』の記載を額面通りに受け止めて、「周防」の「家中」として、この村に入部とする想定を維持することにさせていただきたい。

いずれにしても、「但馬」佐藤一族が住まいする「ナカウデ」↓「マエヨウガイ」（「佐藤屋敷」）の辺りが新しく、この村の中心として意識されることになった。それには間違いがない。

振り返ってみれば、戦国時代には、「肥前」本寺十郎左衛門一族が住まいする「ウシロヨウガイ」「要害館」（山城）の辺りが村の中心であった。

それならば、戦国期から近世期への転換は、「ウシロヨウガイ」「要害館」から「ナカウデ」↓「マエヨウガイ」への中心の移動という、きわめて近距離の移動によって象徴されるのだ。ということにならざるをえない。

けれども、そのわずかな距離の移動にこそ、村社会におけるリーダーの交替という大きな事件が反映されていたのだ。ということにもならざるをえない。

近世には、この村の戸数・人口が増大している。生業のうえでも、多様な発展ぶりが伺える。たとえば、元禄十二年（一六九九）の「磐井郡西岩井絵図」には、一八戸の住居が描き出されていた。それによって、鎌倉末期の「在家絵図」ほかによって数えられる一三戸のそれに大きくは変わることのない状態が維持されていたことが察知される。ところが、享保十二年（一七二七）の『宗門人別帳』の段階に立ちいたれば、四八戸・六五四人の多きに及んでいる。そして、宝暦十三年（一七六三）には、一〇五戸の高みに達している（『宝暦風土記』）。

一八世紀における、これらの戸数・人口の急激な増大は、新田開発、土地生産性の向上、市場経済化の進展（多様な生業によって生み出された多様な商品の出荷）などによって支えられていた、と想定されている。

けれども、天保十年（一八三九）の『宗門人別帳』では、七四戸・二七二人と、大変な減少ぶりである。この時期における飢饉や疫病の災害によるものである。

その甚大な被害から立ち直ることは容易ではなかった。明治から大正にかけて、ようやく回復のレベルに達している。大正六年(一九一七)には、八五戸・六六九人。そして、昭和六十二年(一九八七)には、一二五戸・五三一人という数値が記録されている。その辺りがこの村の千年の歴史におけるピークであった。

その後は、中山間地ならではの通例に違わず、戸数・人口ともに、減少の傾向性を抑えることができずに、今日に至っている。ただし、その傾向がある程度のレベルに止まっているのは、この村が一関市への通勤圏内に属して条件に恵まれているからにほかならない。

以上、竹原万雄「本寺の人口変遷と生業」[二〇一六]によりながら、この村の戸数・人口の変遷をトレースしてみた(ただし、竹原論文の数値に若干の変更を加えている)。

そのようなトレースの結果をみても、この村における千年の歴史のピークをかたちづくる基礎的な条件が、近世は一八世紀において、すなわち肝入佐藤一族が住まいする「佐藤屋敷」「マエヨウガイ」が村の中心であった時代に用意されていた。そのことが明らかである。

具体的には、竹原「中山間地骨寺村の生活―近世・近代への展望―」[二〇〇九]、同「近世・近代における本寺の人口・景観・生業の変遷」[二〇一七]、東北芸術工科大学東北文化研究センター編『本寺　山間に息づくむらの暮し』東北一万年のフィールドワーク[二〇一四]、さらには菊池勇夫「山谷・本寺地区の天保の飢饉―天保一〇年切支丹宗門高人数御改帳を読む―」[二〇一二]ほかを参照されたい。

そして、さらに、近代に及んでは、磐井川の渓谷づたいに村に入ってきて、秋田院内方面に抜ける幹線道路(院内街道、いまは国道三四二号線)が整備されるにつれて、交通至便な街道沿いに、多くの家々が建てられ、村の中心もまた、こちらの方に移動することになった。公民館・集会所ほか、地域の公共施設が、いずれも、街道沿いに設置されていることが、なによりもの証拠である。そういえば、骨寺荘園遺跡の整備にさいしても、古曲田屋(こまがたや)や若神子亭など、休憩・ガイダンス施設もまた、街道沿いに設置されることになった。

むすびにかえて

このようにして、骨寺村の中心は、⑴宇那根社と首人の時代↓⑵中尊寺経蔵別当領骨寺村の時代↓⑶要害館・要害屋敷と本寺十郎左衛門の時代↓⑷佐藤屋敷と肝入佐藤一族の時代↓⑸近代以降、という歴史の五段階に即応しながら、Ⓐ宇那根社や湧水の辺り、Ⓑ「経蔵別当御休所」(「佃」「割田屋敷」)の辺り、Ⓒ要害館(山城)や要害屋敷(「ウシロヨウガイ」)の辺り、Ⓓ1ナカウデ・Ⓓ2マエヨウガイの辺り、Ⓔ院内街道・国道沿線、という五段階にわたる変遷を経てきたことが明らかになった。

あわせていえば、ⒶからⒷへの移動にさいしては、中尊寺経蔵別当のスタッフが入来したばかりではなく、檜山河(中川、本寺川とも)を塞き上げる人工灌漑の開発にあわせて、佐藤姓ほかの新住人が入来した。ⒷからⒸへの移動にさいしては、その佐藤姓の新住人の子孫の中から村のリーダーが登場するという変動がみられた。ⒸからⒹへの移動にさいしては、仙台藩の奉行人の権威を背負った外来のリーダーが登場して、近世村落の取り仕切りに当たることになった。

そして、Ⓐを中心とする古代の村が開かれることになった始まりにまで立ち返ってみるならば、古代国家による移民政策が推進されるなかで、宇那根社の信仰をもって、関東方面から入来の人びとの姿を。具体的には首人をリーダーとする平姓の人びとの姿を想定することにならざるをえない。前述している通りである。

さらには、近世においても、度重なる飢饉によって、生活・生存の危機、集落存続の危機に見舞われて、人口が半減するなかで、外部から大勢の新住人が招き寄せられている。具体的には、菊池勇夫「山谷・本寺地区の天保の飢饉」［二〇一二］、同「山谷本寺における村落社会の変容」［二〇一六］、同「西磐井小猪岡の天保飢饉と集落危機―近世本寺の集落史研究の参照事例として―」［二〇一七］を参照されたい。

　それにしても、よく変わってきたものである。ダイナミック、そのものである。度重なる中心の移動は、その端的な表現にほかならない。

　骨寺村という狭小な山村にもかかわらず、孤立的かつ閉鎖的な空間にはあらず、世界に向かって開かれた空間であった。そのために、外部からの人・物・情報の入来が途絶えることはなく、それほどにダイナミックな変動がくりかえされたのであった。

　もしかすると、そのような開かれた空間だったからこそ、外部世界からの人・物・情報の入来があったればこそ、千年の歴史を生き抜いてきた柔軟性が育まれることになったのではあるまいか。

　もうひとつ、その千年の歴史を生き抜いてきた秘密にリンクするといえば、中山間地ならではの生業の多様性をあげることができるであろうか。

　たとえば、鎌倉後期、中尊寺に差し出す年貢・公事のリストには(「所出物日記」)、籾・白米など、水田からの産物のみにはあらず、山畠粟・栗所干栗・歳末立木(栗材の薪)など、山野からの多様な産物が記載されていた。そのうえに、首人の差し出す地絹が記載されてもいた。

　近世・近代においても、また然り。煙草・麻のほか、真綿・絹まゆ、山折敷《おしき》・鍬台・足駄ほかの木製品、さらには酒や麹の製造、須川の温守(温泉経営)、同じく須川温泉に往来の客荷を担う強力(ごうりき)稼業、そのうえに炭焼きなど、多様・多種に及んでいる。すべては、東北芸術工科大学東北文化研究センター編『本寺―山間に息づくむらの暮らし―』［二〇一四］によって活写されている通りである。

いま現在においても、稲作ばかりにはあらず、一関ほかの都市部に往来の通勤生活や村内におけるブルーベリー・南部一郎のカボチャ・花弁類の栽培など、多様な暮らしが繰り広げられている。

だが、外部世界からの人・物・情報の入来によって育まれた柔軟性や、生業の多様性に注目するばかりではいけない。骨寺村千年の歴史のなかには、変わることなく、脈々と継承されてきた人びとのメンタリティーが存在していた。そのことにも、着目しなければならない。

たとえば、駒形根の霊峰に対する信仰である。駒の雪形によって、田植えの季節の到来を教えてくれる農業神に対する里人らの古来の信仰は、仏教の入来によって、「駒形根六所大明神」に対する信仰によって上書きされることになった。

具体的には、その霊峰に坐する農業神に対する信仰は、神仏習合の流れのなかで、霊峰をかたちづくる六ケ所の峰々にそれぞれ即応する馬頭観音・大日如来・虚空蔵菩薩ほか、六所の本地仏に対する信仰によって、上書きされることになった。それによって、「駒形根六所大権現」と呼ばれることにもなった。

そして、骨寺村の麓には、人びとの遥拝に資するべく、その「御子神」「若御子神」が勧請されて、二つの里宮が祭られることになった。

その「二子宮」のうち、「御子神」(第一の里宮)は、「六所宮」と呼ばれて、絵図に記されることにもなった。それに対して、「若御子神」(第二の里宮)は、呼称は変わらずに、「若御子」社として絵図に記されていた。

そして、近世には、より一層に仏教色を増して、「六所宮」は「(馬頭)観音堂」と呼ばれることになった。「オコマドウ(御駒堂)」とも呼ばれていた。ならびに、「若神子」社は「六所明神社」と呼ばれることにもなった。

それればかりではない。それぞれの村人らの屋敷神としても、「オミョウジン(御明神)サマ」が祀られる。ということにもなっている。

けれども、近世後期～明治初期、中央志向かつ国粋主義の流れが強まるにつれて、山頂に座する六所の神仏は、日本書紀・古事記に登場する皇祖神系の「天常立尊・国狭槌尊・大日孁尊・置瀬尊・彦火尊・吾勝尊」の六所の神々によって上書きされて、仏菩薩の姿は消去されてしまった。あわせて、「観音堂」も仏教色を廃して「駒形根神社」に。かつまた「日本武尊」を祭る、ということにされてしまった。「六所明神社」も「吾勝尊」「小碓尊」（「日本武尊」）を祭る。ということにされてしまった。それによって、二つの里宮に由来する「二子宮」の言説が、「吾勝尊」「小碓尊」の二神を祭るとするそれによって、変換されることにもなった。いずれについても、本書Ⅳ一・二・三章に記している通りである。

神仏習合から仏教優位の時代へ、さらには中央志向かつ国粋主義の時代へ、というような変遷のなかで、「駒形根」の本来的なネーミングはもちろん、祭神さえも、変遷を余儀なくされることになった経過が、明らかである。

けれども、里人らにとっては、その駒の雪形が田植えの季節を教えてくれるということ、それ自体が大事だったのである。そのネーミングや祭神などに関わる時流便乗かつ僧侶・神職・知識人好みの教説などは、百草をそよがせる気まぐれな微風でしかなかったのである。すなわち、草の根の心情を揺り動かすまでのパワーには欠けた気まぐれな微風でしかなかったのである。

その証拠に、駒形根の峰上に祭られる「御室《おむろ》」の神さまをめざす「御駒詣」の風習は、里人らによって、大正年間にまで続けられていたことが確かめられている。すなわち、駒形根の残雪に向けられた里人らの眼差しには、千年の歴史を経るなかでも、変わるところがなかったのである。

絵図に描かれた宇那根社にしても、また然り。骨寺村の「へそ」ともいうべき湧水のほとりに鎮座して、里人らのくらしを見守ってきた、その神社は近世後期には姿を消してしまった。いまは、その湧水のほとりに、その跡地（推定)を残すのみである。あるいは、その祭りを取りしきるべき首人↓「別当」「地主」が住まいする「宇南田屋敷」の跡地(推定)を残すのみである。

だが、近隣の村々における多くの宇那根社の事例をもってするならば、遅くも近世に入るあたりには、仏教色を強めて、「宇南権現」「雲南権現」と呼ばれるようになる。あわせて、その本地仏が祀られるようにもなる。しかし、近代に入るあたりには、廃仏毀釈の時流のなかで、「権現」の称号が奪われ、本地仏が廃棄される。ばあいによっては、祭神そのものも、「雷神」などに変更を余儀なくされる。というような一般的な流れが存在していた。

けれども、里人らにとっては、稲作の水神だったということ、それ自体が大事だったのである。これまた、時流便乗かつ僧侶・神職・知識人好みの教説などは、気まぐれな微風でしかなかったのである。すなわち、稲作の水神に向けられた里人らの眼差しには、千年の歴史を経るなかでも、変わるところがなかったのである。

大山喬平『日本中世のムラと神々』[二〇一二]では、列島における「ムラの持続性」を探求するなかで、「ムラの神さま(敷きます神)」が「発見」され、その具体像にアプローチする取り組みにあわせて、「ムラの戸籍簿」づくりが提唱されるにいたっている。そのような「ムラの神さま」の典型的なあらわれとして、骨寺村における駒形根の山神や宇那根の水神を受け止めることができるのではあるまいか。

これまで、列島における宗教史は、固有・土着の「神まつり」から、仏教の入来にともなって、神仏習合ないしは仏教優位の状態へ。さらには国粋主義の台頭にともなって、廃仏毀釈・神仏分離による神道優位の状態へ。というような大枠における流れをもって語られることが一般的であった。けれども、そのような大枠における流れにもかかわらずに、すなわち時流便乗かつ僧侶・神職・知識人好みの教説の推移にもかかわらずに、その根底においては、固有・土着の「神まつり」が、ないしは自然の山や水に関わる「神まつり」が、それぞれの村における里人らのくらしのレベルにて、しぶとく維持されてきた。その具体的なありさまについては、語られることが少なかった。その具体的なありさまを教えてくれるフィールドに乏しかったことによる、当然の結果である。

ところが、骨寺村においては、千年の歴史のなかで、その具体的なありさまを教えてくれる貴重かつ豊かな材料に恵まれていた。これは、奇蹟である。このようなフィールドは、列島においても、アジアにおいても、見いだすことが難しい。

そういえば、「首人」のこともあった。魏志倭人伝における「大人」(おおびと)にも由来するような、里人のリーダーをさすこの言葉が、すなわち在地首長をさすこの言葉が、大化改新後にも、それなりのかたちにて使われ続けて、生命力を維持していたことについては、古代史家の常識になっている。けれども、その言葉が、中世にいたるも使われ続けて、生命力を維持していた事例が見いだせるのは、骨寺村の近隣のほかにはない。そのうえに、骨寺村に限っては、近世にいたって、その言葉が使われなくなってからも、その言葉に即応する里人らのリーダーとしての実質は、ないしは自然そのものに関わる「神まつり」の実質は、失われることなく、そのままに維持されてきた。

千年の歴史のなかで、変わることなく、脈々と維持・継承されてきたのは、自然そのものに関わる「神まつり」のみにはあらず。その「神まつり」を取りしきるべき在地首長に寄せられる里人からの声望についても、また然り。ということになるであろうか。これまた、奇蹟的なフィールドならではの奇蹟的な事態である。と、いわなければならない。いずれも、本書Ⅱ一・四章において、記している通りである。

総じていうならば、そのような山や水に関わる「神まつり」が、さらには「首人」に対する里人からの声望があったればこそ、骨寺村は千年の歴史を生き抜いてくることができたのではあるまいか。すなわち、千年の歴史の秘密は、そこにもあり。ということになるのではあるまいか。

外部世界からの情報として、時流便乗かつ僧侶・神職・知識人好みの教説などが入来して、絵図に描かれているようなさまざまなランドマークがかたちづくられてきた。ないしはさまざまなネーミングが積み重ねられてきた。たとえば、中尊寺経蔵別当の息がかかった「天台聖」らによるものばかりではない。霊峰や岩屋をめぐり歩く行者たちによっても、そして山伏・修験者たちによっても、さらには神道・国学の徒によっても、さまざまな教説が持ちこまれてきた。

それらの教説は、山や水に関わる「神まつり」にあらわされた古来の心情を、すなわち草の根の心情を揺り動かすまでのパワーには欠けた気まぐれな微風でしかなかった。そのことについては、間違いがない。けれども、それらの外来の教説を、われ関せずということで、遣り過ごしにしていた。というわけでは、決してない。実際には、それらの教説を真面目に受け止めて、これまでの信仰内容との間に、なんとかして折り合いをつけたい。とするような柔軟そのもののプロセスが存在していた。そのようなプロセスなしに、外来の教説に対決するばかりだったとするならば、山や水に関わる「神まつり」にあらわされた古来の心情を守り通すことは困難だったのに違いない。そのようなことを、忘れてはいけない。

これまで見てきたようなダイナミックな変動、外部世界からの人・物・情報の入来、生業の多様性、そして自然そのものにかかわる「神まつり」の伝統などは、東北地方における、ひいては日本列島における数多くの村々にも、大なり、小なり、存在していたのに違いない。

けれども、古代・中世から近世、そして近代に至るまでの千年の歴史のなかで、骨寺ほどに具体的に、それらの事象を物語ってくれるフィールドには、東北地方はおろか、日本列島広しといえども、なかなか遭遇することはできない。したがって、これからは、骨寺村における中心の変遷の背景に横たわるそれらの事象に着目しながら、東北地方の、ひいては日本列島における村々の歴史を解明すべく、進んでいかなければならない。

ただし、最近では、その「神まつり」の実質が失われようとしている。「御駒詣」はすでになく、駒形根神社の祭神も「日本武尊」に変更されて久しい。若御子社も「若神子社」に呼び換えられながら現存してはいるものの、祭神について物語る人は少ない。旧家の屋敷神として祭られている「オミョウジン(御明神)サマ」についても、また然り。宇那根社にいたっては、近世に姿を消したまま、その跡地さえも、判然としない。いまは、「首人」の継承者たるべき旧家によって、駒形根神社の取りしきりが維持されているのが、せめてものなぐさめというべきであろうか。

このような状態が続くならば、すなわち千年の歴史の秘密に関わるメンタリティーの発露ともいうべき「神まつり」の実質が忘れ去られるとするならば、いいかえれば「神まつり」の根底に横たわる自然そのものに関わる古来かつ豊かな感性が忘れ去られるとするならば、これまで存続してきた村のかたちを保ちつづけることが難しくなるのではあるまいか。

それにつけても、「神まつり」ほかの伝統に想いをいたすべきことを、痛感しないではいられない。

初出一覧

Ⅰ　なぜ、いま、骨寺村なのか

一章　骨寺荘園遺跡の顕著な普遍的価値
「骨寺荘園遺跡の顕著な普遍的な価値（ＯＵＶ）について」二〇一七より

二章　荘園遺跡の文化的景観
「荘園遺跡の文化的景観―骨寺から田染へ―」二〇一二より

Ⅱ　骨寺村成立の二段階

一章　骨寺村の成立は、いつまで遡るのか（上）
「骨寺村の成立は、いつまで遡るのか」二〇一六を増補・訂正

二章　骨寺村の成立は、いつまで遡るのか（下）
同

三章　中尊寺領の通常・一般の村々では
新稿、ただし「中尊寺領の村々の歴史的性格について」二〇〇一を部分的に採用

四章　宇那根社と首人の存在形態
新稿、ただし「中尊寺領の村々の歴史的性格について」二〇〇一を部分的に採用

初出一覧

Ⅲ　中尊寺との往来のなかで

一章　骨寺村所出物日記にみえる干栗と立木
「骨寺村所出物日記にみる干栗と立木について（覚書）」二〇〇九より

二章　骨寺村で発掘された土器（かわらけ）片をめぐって
「骨寺村で発掘された土器（かわらけ）片について」二〇一八より

Ⅳ　神仏の世界

一章　骨寺村絵図に描かれた駒形根と六所宮
「骨寺村絵図に描かれた駒形根と六所宮について（覚書）」二〇一四より

二章　骨寺村絵図に描かれた駒形根と六所宮（続）
「骨寺村絵図に描かれた駒形根と六所宮について（覚書・続）」二〇一五より

三章　若御子社とは何か
「骨寺村絵図に描かれた若御子社について（予察）」二〇一八に補筆

四章　北奥における神仏と御霊飯と鎰懸と
「北奥における仏神と御霊飯と鍵懸と」二〇一一より

終章　骨寺村千年の歴史のなかで
「骨寺村・本寺地区の中心の変遷について（再論）」二〇一七を削除・訂正

あとがき

骨寺村絵図の本格的な研究の始まりは、大石直正「中尊寺領骨寺村の成立」〔一九八四〕によってかたちづくられた。そこでは、田地の水がかりほかの現地調査にもとづいた骨寺村の成立過程、その二段階目をかたちづくるべき中尊寺経蔵別当による「再開発」の実態、さらには宇那根社や若神(御)子社などの「土俗的共同体的」(仏教以前)な性格ほかが鮮やかに解明されている。それによって、骨寺村絵図の重要性について、全国の研究者が知らしめられることになった。

そのうえに、吉田敏弘「骨寺村絵図の地域像」〔一九八九〕である。そこでは、歴史地理学のアプローチによって、絵図に描かれた在家の階層差や同じく描かれた水田群における灌漑システムの段階差ほかが鮮やかに解明されていた。大石・吉田論文に魅了されたのは、入間田だけではない。多くの研究者も、また然りであった。けれども、入間田のばあいには、学生時代から、先輩の大石氏に連れられて、骨寺村の調査に赴いた懐かしい経験があった。それだけに、一入の共感度にて、それらの論文を受け止めることができた。

ところが、大石直正「東北中世村落の成立―中尊寺領骨寺村―」〔一九九〇〕、さらには吉田敏弘「荘園絵図にみる東国中世村落成立過程と古代寺院」〔一九九七〕によって、事態は一変する。

すなわち、中尊寺経蔵別当による「再開発」が、骨寺村成立の二段階目をかたちづくった。いいかえれば、中尊寺領となる以前においても、稲作の小村(原初の共同体)が存在していた。という肝心要の歴史像が、完全に撤回されてしまっているではないか。

それには、多くの研究者が驚かされた。わけても、入間田は、茫然自失の状態に陥ってしまった。しばらくして、ようやくに、肝心要の歴史像が撤回されてしまったことに対して、異議申し立てをしようとする勇気がわきあがってきた。とにもかくにも、人まかせにはあらず、自分なりの取り組みを試みるほかにはない。

入間田「中尊寺領の村々の歴史的性格について」〔二〇〇二〕は、そのようにしてできあがったものである。そのために、文章が整わず、若干の錯誤もないではない。したがって、本書には再録することができなかった。けれども、この論文が、その後における勉強の土台になったことには、変わりがない。

そうこうしているうちに、東北芸術工科大学における田口洋美氏を代表者とする『東北地方における環境・生業・技術に関する歴史動態的総合研究』(二〇〇七〜一一年)、『環境動態を視点とした地域社会と集落形成に関する総合的研究』(二〇一二〜一六年)のプロジェクトが立ちあげられて、一万年のロングスパンのなかで、骨寺村千年の歴史を復元すべく、菊池勇夫・竹原万雄・河合正祐ほかのメンバーとともに、骨寺村の現地に通うことになった。

あわせて、そのプロジェクトに関連して、飯沼賢司氏を招いて、赤坂憲雄氏の司会のもと、「日本の村の原風景をさぐる—西の田染荘と東の骨寺村—」の座談会を、二〇〇九年七月に企画することにもなった。くわしくは、『季刊東北学』二一号(二〇〇九年秋)を参照されたい。

さらに、二〇〇八年からは、「骨寺村荘園遺跡村落調査研究事業」が一関博物館によって立ちあげられて、多くの分野の研究者による精力的な取り組みが展開されることになった。そして、いまに現在に至っている。その事業にも、参加させていただくことができた。その事業の成果を取りまとめた報告書が、二〇一七年に公刊されている。『骨寺村荘園遺跡村落調査研究総括報告書』である。そのなかに、各年度における事業内容が列記されてもいる。くわしくは、それを参照されたい。

そのうえに、二〇一三年からは、一関市博物館の館長として迎えていただいて、同僚のみなさんはもちろんのこと、一関市教育委員会文化財課・骨寺荘園室の、さらには骨寺荘園交流館(若神子亭)のみなさんとも密接な間柄となることができた。そのうえに、「本寺地域づくり推進協議会」に結集する地元のみなさんとも、それまで以上に親密な間柄になることができた。

もしも、そのようなプロジェクトや事業に参加させていただく、ないしは館長として呼んでいただく。というような機会に恵まれることがなかったならば、この間において自分なりの勉強を続けるモチベーションを維持することができたのか、どうか。自信がない。

それほどまでに、魅力的な人びとに出会って、有形無形たくさんの教えに接することができたということである。そのうえに、同僚の小岩弘明・鈴木弘太・岡陽一郎氏には、本書の草稿をチェックしていただくこともできた。みなさん、本当にありがとうございました。どれほどに、感謝しても、感謝しきれないほどです。

骨寺村絵図に描かれた貴重な景観を保存・整備するということでは、地元に「美しい本寺推進本部」が立ちあげられて、「陸奥国骨寺村調査委員会」(大石直正委員長)の活動が開始されたことが始まりである。一九九六年のことである。

それを引き継ぐようなかたちにて、「中世骨寺村荘園遺跡整備委員会」(吉田敏弘委員長)が一関市によって立ちあげられて、地元はもちろんのこと、文化財・農政の専門家、さらには文化庁や岩手県の担当者を交えた、活発な議論が展開されることになった。二〇〇〇年のことである。その結果として、二年後には、絵図に描かれた主要なランドマークの国史跡指定をめざす、ならびに公的支援による「景観保全型圃場整備」を。という前例のない答申が出されることになった。

その間に、地元では、営農の効率化のための圃場整備か。それとも、貴重な景観保全か。という厳しい選択を迫られて、連日かつ長期間にわたる会合をくりかえすことを余儀なくされた。けれども、その甲斐あって、さまざまな制約はあれども、「景観保全型圃場整備」を採用する。という賢明かつ現実的な結論に至ることができた。

その圃場整備の実際にあたっては、広田純一氏の指導によって、これまた持続的な話しあいのなかで、田越し灌漑システムの保存と土水路の保全、曲がりくねった畦畔の形状を変えない、畦畔の撤去は最小限度に限る。など、営農の効率化を図るのにあわせて、景観保全をより重視する手法が模索されることになった。

さらには、そのような地元における話しあいの積み重ねのなかで、「本寺地域づくり推進協議会」が結成されることにもなった。

その一方で、絵図に描かれた主要なランドマークの国史跡指定をめざすということでは、二〇〇三年に、「骨寺村荘園遺跡調査整備指導委員会」（大石委員長、のちに吉田・広田委員長）が立ちあげられている。

二〇〇五年における主要なランドマークについての国史跡「骨寺村荘園遺跡」の指定、ならびに翌年における本寺地域の全域についての国の重要文化的景観「一関本寺の農村景観」の選定は、それらの地元側・行政側・研究者側が一体になった取り組みの積み重ねなくしては、達成されるをえなかった。

同じく、それらの取り組みの積み重ねなくしては、自分なりの勉強を支えてくれる社会的な環境に恵まれることもできなかったのに違いない。関係者のみなさんには、感謝々の気持で、いっぱいである。これまた、本当にありがとうございました。本書のなるは、自分一人の力には限らず。と、改めて痛感せずにはいられない。

なお、それらの取り組みの積み重ねの経過について、くわしくは、小岩弘明「骨寺荘園遺跡における調査研究と景観保全の軌跡」［二〇〇九］を参照されたい。博物館の側にあって、それらの問題に長年にわたり携わってきた小岩氏ならではの流石のとりまとめである。

ごくごく最近に及んで、工藤武「平泉中尊寺領骨寺村の世界を考える」［二〇一八］が公表されてもいる。行政の側にあって、骨寺村の調査・研究、景観保全の取り組みを進めるべく、終始一貫、気配り・心配りを惜しむことのなかった工藤氏ならではの、これまた流石のとりまとめである。工藤武「骨寺―中世古絵図の景観―」［二〇〇三］、同「一関市本寺の農村景観」［二〇〇八］、同「骨寺村荘園遺跡の調査とその保護―史跡と文化景観による保護―」［二〇〇八］ほかについても、あわせて参照されたい。

ただし、世界文化遺産に登録ということでは、いまだに成果がえられていない。二〇〇八年には、「平泉―浄土思想を基調とする文化的景観―」を構成する資産群に骨寺村荘園遺跡を交えた推薦書が提出されたのにもかかわらず、全体的に「浄土思想との関係を証明しきれない」との理由によって却下されてしまった。二〇一一年には、「平泉―仏国土（浄土）を表す建築・庭園及び考古学遺跡群―」が、ようやくにして世界文化遺産に登録されて、中尊寺ほかの五資産に光があてられることになった。けれども、柳之御所遺跡は、「浄土庭園群」とは直接的な関連がないとする理由から、除外されることになった。骨寺村荘園遺跡ほかの資産群にいたっては、推薦書に載せられることさえもなく、後回しにされてしまっていた。

そのために、二〇一一年、中尊寺・毛越寺ほかの主要な資産群が登録された直後から、柳之御所遺跡・骨寺村荘園遺跡ほかの拡張登録をめざす活動が開始されることになった。そのために、専門家による「世界遺産拡張登録検討委員会」がたちあげられることにもなった。それによって、内外にわたる熱心な討論がくりかえされることにもなった。けれども、議論百出。それもあって、五年の期限内に拡張登録の推薦書を提出することがかなわなかった（その間、二〇一七年一一月に、入間田は「拡張登録検討委員」の辞任を余儀なくされている)。けれども、それで終わりというわけではない。むしろ、これからが正念場である。関係市町村ほかの声を受け止めて、拡張登録の初心に立ち返った討論を盛りあげてゆくほかにはない。なお、拡張登録をめぐる数年来の経過については、入間田「平泉・世界文化遺産の現場にて」[二〇一八]ほかを参照されたい。

とにも、かくにも、この間における自分なりの取り組みによって、骨寺村絵図に描かれた主要なランドマークの真実にアプローチすることができた。それによって、骨寺村が千年にわたる歴史を生き抜いてきた活力のありかに迫ることができた。

具体的には、中沢源頭部における湧水の辺りに位置する宇那根社と大型建物の真実に。つぎには本寺川北岸に設営された方形かつ特大の水田と大型建物(「経蔵別当御休所」)のそれに。さらには、「二階層構造」をかたちづくる在家群のそれに。あいついで、大石・吉田の大先達の古典的な仕事に学びつつ、自分なりのアプローチをすることができた。あわせて、骨寺堂跡のそれにも。さらには、駒形根―六所宮―若御子社―屋敷神「オミョウジンサマ」、と連なる神仏の世界を垣間見ることもできた。具体的には、駒の雪形に由来する駒形根の霊峰に対する千年の信仰が、時代に即応しながら、しかも宇那根の水神に対するそれと相関しながら、脈々と守り続けられてきたプロセスを模索することができた。村境に立つ鎰懸の霊木に対する信仰についても、また然り。古代からの連続を看取することができた。

ただし、山王山・山王岩屋については、神谷美和「骨寺荘園遺跡の宗教施設に関する調査研究」[二〇一四]によって、その基本的な性格がほぼ解明済みである。鈴木弘太「骨寺村絵図を復元する」[二〇一七]によって、山王山の秀麗な容姿が復元されてもいる。

同じく、金峯山については、黒田日出男「描かれた東国の村と境相論」[一九九五]、大石直正『僧妙達蘇生記』と十一・二世紀の奥羽社会」〔二〇〇五〕、菅野成寛「陸奥国骨寺村絵図の宗教史—窟信仰と村の成り立ち—」〔二〇〇九〕、誉田慶信「骨寺村の宗教世界」〔二〇一七〕、同「中世骨寺村の生業と祈り—不動岩屋を再考する—」〔二〇一八〕ほかによって、解明されつつある。

また、金聖人霊社については、誉田「金聖人霊社について」〔二〇一四〕、同「骨寺村の宗教世界」〔二〇一七〕がある。そのうち、後者の論文では、「山王岩屋」の文字にあわせ記された「七高山」のそれについても論じられている。

ここで、一言だけ、コメントするならば、金峰山や「象王窟」などのランドマークは、山王山や山王岩屋と同列に扱うことはできない。すなわち、同じく絵図に描かれているからといって、中尊寺経蔵別当の思惑によってかたちづくられたとする根拠には乏しい。本書Ⅳ一章ほかで、注意している通りである。

そういえば、誉田には、「磊井河」(「磐井川」)ならびに「檜山河」(本寺川)について記した「中世本寺村の山と川」〔二〇一八〕の仕事もあった。

さらに、馬坂新道については、大石直正「中尊寺領骨寺村の成立」〔一九八四〕に始まる研究の積み重ねを踏まえながら、鈴木弘太「骨寺村と中尊寺を繋ぐ道」〔二〇一四〕、同「馬坂新道に関する研究ノート」〔二〇一七〕の仕事が公表されている。

同じく、馬坂新道が骨寺村に入ってくる辺りに記された「慈慧塚」についても、鈴木〔二〇一四〕によって、その正体は「北東北特有の巨大経塚」だった可能性が指摘されている。発掘・調査の所見によるものである。そこでは、馬坂新道の道筋にある「不動窟」の発掘・調査の所見も、あわせ記されていた。

そして、絵図に描かれた水田については、広田純一・菅原麻美「骨寺村荘園遺跡における田越し灌漑システムの実態と骨寺村絵図(詳細絵図)に描かれた水田の推定」〔二〇一七〕ほかによって、その一枚一枚の在所が突きとめられつつある。列島はおろか、アジア世界においても類を見ないフィールドであり、同時に研究成果でもある。

ざっと、見渡したところ、このようなところであろうか。すなわち、絵図に描かれた主要なランドマークの真実については、入間田の取り組みによるのみにはあらず。最近における数多くの研究者あげての連携プレーによって、ほぼ解明されつつある。といったところであろうか。

けれども、肝心要の「骨寺堂跡」の所在地については、ならびに湧水の傍らに描かれている宇那根社と大型建物の所在地については、さらに方形かつ特大の水田の傍らに描かれている特大の建物(「経蔵別当御休所」)の所在地については、いまだに突きとめられていない。本書Ⅱ四章ほかにおいて、文献方面からする所見は記してあるものの、考古学方面からする実証には至っていない。残念至極である。けれども、近い将来における発掘・調査によって、必ずや、その遺構が検出されることになるのに違いない。指折り数えて、その日の来るのを待つのみである。

ただし、二枚の骨寺村絵図そのものの史料学的な分析には、自分なりのアプローチを試みることができなかった。具体的には、大石直正「陸奥国骨寺村絵図(在家絵図・仏神絵図)解説」[一九九七]、黒田日出男「描かれた東国の村と境相論—陸奥国中尊寺領骨寺絵図との〈対話〉—」[一九九五]、池田寿「陸奥国骨寺村絵図に関する一考察」[一九九七]、遠藤基郎「陸奥国骨寺村絵図」[二〇〇八]、ほかによってかたちづくられた、絵図作成時期に関する大枠の認識に準拠するに止まっている。すなわち、二枚の絵図がいずれも鎌倉後期に、郡地頭葛西氏との境相論に対処するために描かれた。そのうえに、「仏神絵図」の方が先に描かれた。とするような大枠の認識に準拠するに止まっている。そのために、それらの研究については、行論のなかで、関説することはあれども、真正面から向きあうことはできなかった。ごめんなさい。

けれども、最近に及んで、柳原敏昭氏による「平泉研究の資料学的構築」(平成一三〜一七年次科研費基盤研究B)のメンバーに加えていただいて、二枚の絵図にじっくりと向きあうことができた。そのメンバーによる所見を取りまとめた報告書が、近々に公刊の予定である。それを待ちたい。

同じく、最近に及んで、大石直正「中尊寺領骨寺村の構成―南北朝内乱期の再開発―」〔二〇一三〕によって、これまでの認識の大枠を覆すことになりかねない問題提起が試みられている。すなわち、「南北朝期のこの村では、村の中心的な場所である本寺川北岸の地に、先進的な水路灌漑による、規模の大きい水田を開き、それを村の中核をになう健康な在家農民にゆだね、村の再生をはかったのであろう」。その六軒の在家農民に割り付けられたのが、「在家絵図」に描かれた十二枚の水田だった。というのである。ある意味では、「詳細絵図(在家絵図)は、図中にみえる山並み、樹木等の筆法や四至境の注記などからみて、南北朝期の作成になるものと認められる」とする、池田〔一九九七〕における孤立的な見解に響きあうものになってもいる。いずれにしても、これまでの認識の大枠をかたちづくってきた大石氏その人による、衝撃ともいうべき問題提起であることには、変わりがない。だが、その大きな問題については、怱々に対応することができない。したがって、別の機会にということにせざるをえない。本書Ⅱ二章にも、記している通りである。これまた、ごめんなさい。

さいごに、きわめて、大ざっぱなれども、研究史を振り返ってみるならば、「社会史的な研究動向が創出され、荘園や村落の具象性を学際的手法で解明していく作業が本格化するのは、一九八〇年代になってから」のことであった。すなわち、あの清水三男が「期待した学際的な研究手法によって、村落の姿が具体的に描き出され始めるには、約四〇年の歳月を要した」。ということにならざるをえない。前原茂雄ほか「中世村落史研究の歩みと課題」(荘園・村落史研究会編『中世村落と地域社会』第Ⅰ部、二〇一六年)によってまとめられている通りである。

骨寺村のフィールドにおいても、ようやくにして、なんとか、かんとか、そのような研究レベルにまで近づくことができた。という安堵の想いでいっぱいである。

けれども、清水が「企図していた学際性、とくに民俗学的方法」を、ないしは「徳川時代農村の文献学的研究と、民俗学的野外調査、地理学的現地調査を行って、中世史料を其の知識の上に整理する事」を、どこまで貫き通せているのか。いささの不安、なきにしもあらず。すなわち、もともと、二枚の絵図のほかには、若干の中世文書が残されているだけの恵まれないフィールドにあっては、そのような方向性を模索しなければ、手も足も出ない。というような事情がなかったわけではない。だが、そのような方向性を系統的かつ十全に追究することができているのか。といえば、いささかの後悔、なきにしもあらず。その辺りの客観的な評価については、読者の判断に委ねるしかない。それにつけても、忌憚のないご意見・ご批判を賜りたく、よろしく、お願いを申しあげます。

あわせて、本書の土台をかたちづくる勉強の途上では、多方面かつ数多くの方々に、お世話になることができた。前段にても記している通りである。さらには、本書の編集途上においても、各方面から図版掲載のお許しをいただくことができた。それらの図版をとりまとめる作業には、鈴木弘太氏のお助けをいただくことができた。そのうえで、編集作業の全局面において、高志書院濱久年氏のお骨折り・アドバイスをいただくことができた。みなさま、本当に、ありがとうございました。心より、御礼を申しあげます。

白銀の駒形根を遥拝しながら

入間田 宣夫

二〇一八年一二月中旬

参考文献

青森県史編さん委員会　2018『青森県史』通史編 I 六章三節「九世紀後半～一一世紀のあおもりのいとなみ」
阿部正瑩　1985『厳美地方の民俗資料』岩手日日新聞社印刷
有賀喜左衛門　1939『南部二戸郡石神村に於ける大家族制度と名子制度』アチック・ミューゼアム彙報
飯沼賢司・入間田宣夫・赤坂憲雄　2009「日本の村の原風景をさぐる—西の田染荘と東の骨寺村—」(座談会)『季刊東北学』21 号
飯村　均　2002「中世奥州の村」柳原敏昭ほか編『鎌倉・室町時代の奥州』高志書院(のちに飯村『中世奥羽のムラとマチ—考古学が描く列島史—』東京大学出版会、2009 年に再録)
飯村　均　2014「中世のムラとマチ」平川新ほか編『講座　東北の歴史』二巻　清文堂出版
池田　寿　1997「陸奥国骨寺村絵図に関する一考察」『古文書研究』44・45 合併号
石田一良　1964「中尊寺建立の過程にあらわれた奥州藤原氏の信仰と政治」東北大学『日本文化研究所研究報告』別巻 2 号(のちに『平泉町史』総説・論説編、1988 年に再録)
一関市　2007『一関本寺の農村景観保存調査報告書』
一関市教育委員会編　2001『骨寺村荘園遺跡確認調査報告書』一関市埋蔵文化財調査報告書二集
一関市教育委員会編　2004『骨寺村荘園遺跡』埋蔵文化財調査報告書五集
一関市博物館編　2017『骨寺村荘園遺跡村落調査研究総括報告書』
伊藤　信　1957「辺境在家の成立－中尊寺領陸奥国骨寺村について－」『歴史』15 号
井原今朝男　2004『中世寺院と民衆』臨川書店
井上雅孝　2009『奥州平泉から出土する土器の編年的研究』滝沢村埋蔵文化センター
入間田宣夫　1985「塩竈大明神の御本地」羽下徳彦編『北日本中世史の総合的研究』昭和 61・62 年度科学研究費成果報告書(のちに東北学院大学中世史研究会編『中世陸奥国府の研究』に再録)
入間田宣夫　1995「馬の領主と海の領主」細井計編『図説岩手県の歴史』河出書房新社
入間田宣夫　1997「中尊寺造営にみる清衡の世界戦略—寺塔已下注文の記事について—」『宮城歴史科学研究』42 号(のちに入間田『平泉の政治と仏教』2013 年に再録)
入間田宣夫　2001「中尊寺領の村々の歴史的性格について」『六軒丁中世史研究』8 号(のちに入間田『北日本中世社会史論』2005 年に再録)
入間田宣夫　2002「北奥における荘園・公領制の展開」鎌倉遺文研究会編『鎌倉期社会と史料論』東京堂出版(のちに入間田『北日本中世社会史論』2005 年に再録)
入間田宣夫　2005『北日本中世社会史論』吉川弘文館
入間田宣夫　2005「北奥における地頭領主制の展開」同編『東北中世史の研究』上巻　高志書院
入間田宣夫　2005「鎌倉期における中尊寺伽藍の破壊・顛倒・修復記録について」羽下徳彦編『中世の地域と宗教』吉川弘文館(のちに入間田『平泉の政治と仏教』2013 年に再録)
入間田宣夫　2006「清衡が立てた延暦寺千僧供の保について」細井計編『東北史を読み直す』吉川弘文館
入間田宣夫　2008「岩木山と花若殿・安寿姫の物語」『真澄学』4 号
入間田宣夫　2009「骨寺村所出物日記にみる干栗と立木について(覚書)」『季刊東北学』21 号
入間田宣夫　2010「岩木山と花若殿・安寿姫の物語(続)」『真澄学』5 号
入間田宣夫　2011「北奥における仏神と御霊飯と鍵懸と」『真澄学』6 号
入間田宣夫　2011「千葉大王の物語によせて」『季刊東北学』27 号

参考文献

入間田宣夫　2012「荘園遺跡の文化的景観－骨寺から田染へ－」海老澤衷ほか編『重要文化的景観への道－エコ・サイトミュージアム田染荘』勉誠出版
入間田宣夫　2012「骨寺村・本寺地区における中心の変遷について」東北芸術工科大学東北文化研究センター編『東北地方における環境・生業・技術に関する歴史動態的総合研究』平成 19 ～ 23 年度私立大学学術高度化推進事業報告書
入間田宣夫　2013『平泉の政治と仏教』高志書院
入間田宣夫　2013「平泉柳之御所出土の磐前村印をめぐって」入間田『平泉の政治と仏教』Ⅲ三章 高志書院
入間田宣夫　2014『藤原清衡　平泉に浄土を創った男の世界戦略』ホーム社
入間田宣夫　2014「骨寺村絵図に描かれた駒形根と六所宮について（覚書）」『一関市博物館研究報告』17 号
入間田宣夫　2015「骨寺村絵図に描かれた駒形根と六所宮について（覚書・続）」『一関市博物館研究報告』18 号
入間田宣夫　2016「骨寺村の成立は、いつまで遡るのか―骨寺村絵図研究の過去・現在・未来―」『一関市博物館研究報告』19 号
入間田宣夫　2016「清衡のグローバル・スタンダードと仏教的・商業的人脈」『歴史評論』795 号
入間田宣夫　2016「平泉の世界文化遺産の価値づけをめぐって」入間田ほか編『世界遺産を学ぶ―日本の文化遺産から―』東北大学出版会
入間田宣夫　2017「骨寺村・本寺地区の中心の変遷について（再論）」東北芸工大東文研『環境動態を視点とした地域社会と集落形成に関する的総合研究』報告
入間田宣夫　2017「骨寺荘園遺跡の顕著な普遍的な価値（OUV）について」一関市博物館編『骨寺村荘園遺跡村落調査研究総括報告書』
入間田宣夫　2018「骨寺村で発掘された土器（かわらけ）片について」『一関市博物館研究報告』21 号
入間田宣夫　2018「骨寺村絵図に描かれた若御子社について」『平成 29 年度骨寺村荘園遺跡村落調査研究報告書』
入間田宣夫　2018「平泉・世界文化遺産の現場にて」『歴史評論』822 号
岩手県教育委員会編　1985『奥州平泉文書』
牛山佳幸　2000「『ウナネ』およびウナネ社について―伊賀・陸奥・上野・武蔵の事例から―」同『小さき社の列島史』平凡社選書
美しい本寺推進本部　1999『絵図の骨寺村をさぐる』中世骨寺村調査報告書
榎原雅治　2000「荘園文書と惣村文書の接点―日記と呼ばれた文書―」榎原『日本中世地域社会の構造』一部三章　校倉書房（初出は 1996 年）
榎原雅治　2010「中世後期の社会思想」宮地正人ほか編『新体系日本史』4　政治社会思想史　山川出版社
海老澤衷ほか編　2012『重要文化的景観への道―エコ・サイトミュージアム田染荘―』勉誠出版
海老澤衷・酒井紀美・清水克行編　2014『中世の荘園空間と現代―備中国新見荘の水利・地名・たたら―』勉誠社
海老澤衷編　2018『中世荘園村落の環境歴史学―東大寺領美濃国大井荘の研究―』吉川弘文館
遠藤　巌　1974「平泉惣別当譜考」『国史談話会雑誌』17 号
遠藤基郎　2008「陸奥国骨寺村絵図」林譲編『荘園絵図の史料学とデジタル画像解析の発展的研究』（平成 16 ～ 19 年次科研費基盤研究（A）成果報告書）
及川陽一郎　2016「ムラの勢力交替―近世初頭の本寺地区を考える―」『一関市博物館研究報告』19 号
大石直正　1972「陸奥国中尊寺領の構成」『東北学院大学論集』歴史学・地理学 3 号

大石直正　1984「中尊寺領骨寺村の成立」『東北文化研究所紀要』15号
大石直正　1990「東北中世村落の成立－中尊寺領骨寺村－」羽下徳彦編『北日本中世史の研究』吉川弘文館
大石直正　1997「奥州藤原氏の北奥開発」『六軒丁中世史研究』5号（のちに大石『奥州藤原氏の時代』吉川弘文館、2001に再録）
大石直正　1997「陸奥国骨寺村絵図（在家絵図）、同（仏神絵図）解説」小山靖憲・吉田ほか編『中世荘園絵図大成』河出書房新社
大石直正　2003「描かれた中世の村」『白い国の詩』3月号
大石直正　2005「『僧妙達蘇生記』と十一・二世紀の奥羽社会」東北学院大学『東北文化研究所紀要』37号
大石直正　2007「中世骨寺村荘園遺跡の史料」「中世骨寺村荘園遺跡についての研究の経過」「絵図研究の成果」一関市『一関本寺の農村景観保存調査報告書』一・二・三章
大石直正　2010「延久蝦夷合戦の実像」大石『中世北方の政治と社会』校倉書房
大石直正　2012「膝下荘園としての骨寺村」『一関市博物館研究報告』15号
大石直正　2013「中尊寺領骨寺村の構成－南北朝内乱期の再開発－」『一関市博物館研究報告』16号
大島英介　1967「奥州におけるウンナン神とホウリョウ神」大島『仙台藩農村社会史』北上書房
大塚統子　2006「陸奥国西磐井五串村本寺の石造物」『栃木史学』20号
大沼淳ほか　1974「岩船郡神林村桃川調査報告—色部領土豪層解明のために—」『かみくひむし』14・15合併号
大矢邦宣　2006「古代北奥への仏教浸透について—北緯四〇度の宗教世界—」義江彰夫・入間田・斉藤利男編『十和田湖が語る古代北奥の謎』校倉書房
大山喬平　2012『日本中世のムラと神々』岩波書店
大山喬平・三枝暁子編　2018『古代・中世の地域社会—『ムラの戸籍簿』の可能性—』思文閣出版
岡村光展　2010・11・13「中世骨寺村在家絵図に描かれた小村落」（一・二・三）『新潟大学教育学部研究紀要』3巻1号・同2号・5巻2号
尾崎喜佐雄　1974『上野国神名帳の研究』尾崎先生著書刊行会
鎌倉佐保　2003「鎌倉期における荘園制支配の実態と秩序—陸奥国好島荘を素材として—」『鎌倉遺文研究』11号
神谷美和　2013「中世骨寺村の開発と公事－厳美町本寺『カイコン』における出土花粉・イネ科プラントオパール分析から」『一関市博物館研究報告』16号
神谷美和　2013「骨寺村絵図に描かれた宇那根社について」『平成25年度骨寺荘園遺跡村落調査研究報告会』配布資料
神谷美和　2014「ウナネ社・駒形根神社の調査研究」『平成25年度骨寺村荘園遺跡村落調査研究概報』
神谷美和　2014「骨寺村荘園遺跡・駒形根神社の歴史と伝統的信仰について－地域史料としての奉納絵馬額調査から－」『一関市博物館研究報告』17号
神谷美和　2015「骨寺荘園遺跡の宗教施設に関する調査研究—山王窟、馬頭観音、駒形根神社と羽黒派修験明覚院、ウナネ社—」『平成26年度骨寺村荘園遺跡村落調査研究報告書』
神谷美和　2015「ウナネ社再考」『一関市博物館研究報告』18号
神谷美和企画・編集　2015『小さき杜に坐す神』一関市博物館テーマ展解説図録
苅米一志　2013「荘園の寺社における年中行事—荘鎮守と領家祈願寺を例に—」遠藤基郎編『年中行事・神事・仏事』生活と文化の歴史学2　竹林舎
菅野成寛　2009「陸奥国骨寺村絵図の宗教史—窟信仰と村の成り立ち—」『季刊東北学』21号
神田より子　2001『神子と修験の宗教民俗学的研究』岩田書院
菊池勇夫　2009「近世地誌のなかの骨寺・山王窟」『季刊東北学』21号

参考文献

菊池勇夫　2010「立木(タテギ)の習俗－近世の奥州南部の事例から」東北芸術工科大学東北文化研究センター編『東北地方における環境・生業技術に関する歴史動態的総合研究』平成21年度研究報告書

菊池勇夫　2011「山谷・本寺地区の天保の飢饉—天保一〇年切支丹宗門高人数御改帳を読む—」一関市博物館編『平成22年度骨寺村荘園遺跡村落調査研究報告書』

菊池勇夫　2012「神仏のいる『林』」東北芸術工科大学東北文化研究センター編『東北地方における環境・生業技術に関する歴史動態的総合研究』平成23年度研究報告書

菊池勇夫　2016「山谷本寺における村落社会の変容—享保一二年人数改帳の分析を中心に—」『平成27年度骨寺村荘園遺跡村落調査研究報告書』

菊池勇夫　2017「西磐井小猪岡の天保飢饉と集落危機—近世本寺の集落史研究の参照事例として—」一関市博物館編『骨寺村荘園遺跡村落調査研究総括報告書』

菊池勇夫　2018「北方交流史の中の菅江真澄」石井正己編『菅井真澄が見た日本』三弥井書店

工藤紘一　2014「『聞き書き　岩手の年中行事』から思うこと」『岩手県立博物館研究報告』31号

工藤　武　2003「骨寺—中世古絵図の景観—」坂井秀弥ほか編『日本歴史の原風景』新人物往来社

工藤　武　2008「一関市本寺の農村景観」『月刊文化財』8号

工藤　武　2008「骨寺村荘園遺跡の調査とその保護—史跡と文化景観による保護—」『日本歴史』721号

工藤　武　2018「平泉中尊寺領骨寺村の世界を考える」『一関ふるさと学院文化講座集録』5集

倉橋真紀　2010「仙台城の門松」『市史せんだい』20号

黒田日出男　1984「中世的河川交通の展開と神人・寄人」同『日本中世開発史の研究』校倉書房

黒田日出男　1995「描かれた東国の村と境相論—陸奥国中尊寺領骨寺絵図との〈対話〉—」国立歴史民俗博物館『描かれた荘園の世界』新人物往来社

小井川潤次郎　1994「しまもりの話」『是川・島守』小井川潤次郎著作集第5集　八戸市木村書店(初出は1949年)

小井川潤次郎　1994「門松考」『南部の民俗』小井川潤次郎著作集第7集

小井川潤次郎　1994「ニハシマヒとサイハヒギ」同

小岩弘明　2009「本寺村荘園遺跡における調査研究との景観保全の軌跡—過去から未来に向けて—」『季刊東北学』21号

小岩弘明　2015「骨寺村の『日記』に記される公事を再検証する」『一関市博物館研究報告』18号

小岩弘明　2017「骨寺村の公事が示すもの」一関市博物館編『骨寺村荘園遺跡村落調査研究総括報告書』

小岩弘明　2017「『若御子社』について」(コラム)同

國學院大学歴史地理学教室　2007『本寺の家と屋敷』(代表吉田敏弘教授、本寺地区全戸配布版)

斉藤利男　2014『平泉　北方王国の夢』講談社選書メチエ

佐々木邦世　1985「寺伝の見直し」(解説)『平泉町史』史料編一巻

佐々木邦世　1999『平泉中尊寺』吉川弘文館

佐藤健治　2017「中世の水田と水系—島守の事例から—」一関市博物館編『骨寺村荘園遺跡村落調査研究総括報告書』

佐藤弘夫　2006「霊場－その成立と変貌－」東北中世考古学会編『中世の聖地・霊場』高志書院

佐藤弘夫　2008「日本における天台宗の地方展開」吉原浩人ほか編『海を渡る天台文化』勉誠出版

佐藤弘夫　2016「『平泉』の文化的領域」『アジアにおける平泉文化』平成27年度「平泉の文化遺産」拡張登録に係る研究集会報告書

島谷幸宏ほか　2007「一六〇〇年の時を経て使い続けられている『裂田の溝(うなで)』」『九州技法』40号

荘園・村落史研究会編　2016『中世村落と地域社会－荘園制と在地の論理－』高志書院

鈴木弘太　2010「鎌倉の墳墓堂」中世葬送墓制研究会編『古代･中世の墳墓堂を考える』資料集（のちに狭川真一さん還暦記念『論集　葬送・墓・石塔』㈱ケーエスアイに再録）
鈴木弘太　2011「平成22年度骨寺村荘園遺跡（慈恵塚及び大師堂（拝殿）に係る確認調査の概要」『平成22年度骨寺村荘園遺跡村落調査研究報告書』
鈴木弘太　2014「骨寺村と中尊寺を繋ぐ道」藤原良章編『中世人の軌跡を歩く』高志書院
鈴木弘太　2016「考古学からみる骨寺村荘園遺跡の景観とその変遷」『平成27年度骨寺荘園遺跡村落調査研究報告書』
鈴木弘太　2017「出土遺物からみた骨寺村荘園遺跡の変遷」一関市博物館編『骨寺村荘園遺跡村落調査研究総括報告書』
鈴木弘太　2017「遠西遺跡から出土したかわらけ」同報告書
鈴木弘太　2017「馬坂新道に関する研究ノート」同報告書
鈴木弘太　2017「骨寺村絵図を復元する」同報告書
鈴木博之　2012「骨寺村からの貢納品」『一関市博物館研究報告』15号
薗部寿樹　2018『日本中世村落文書の研究―村落議定と署判―』小さ子社
高橋慎一朗　2014「中世都市と周辺地域」『日本都市史のなかの平泉』平成25年度「平泉の文化遺産」拡張登録に係る研究集会報告書
高橋富雄　1960「中尊寺領の歴史的性格」『東北大学教養部紀要』6号
瀧音能之　1983「古代における御子神の存在形態―『出雲国風土記』を中心として―」『地方史研究』33巻3号
竹原万雄　2009「中山間地骨寺村の生活―近世・近代への展望―」『季刊東北学』21号
竹原万雄　2016「本寺の人口変遷と生業」一関市博物館編『平成27年度骨寺村荘園遺跡村落調査研究報告書』
竹原万雄　2017「近世・近代における本寺の人口・景観・生業の変遷」一関市博物館編『骨寺村荘園遺跡村落調査研究総括報告書』
竹原万雄　2017「中山間地集落の人口・景観・生業の変遷―一関市本寺地区を事例として―」東北芸術工科大学東北文化研究センター編『環境動態を視点とした地域社会と集落形成に関する総合的研究』成果報告書
田中喜多美　1958「農神信仰」『岩手史学研究』27号
田中孝治　2014「日記と和式簿記」同『江戸時代帳合法成立史の研究』森山書房
中世葬送史研究会　2010『古代・中世の墳墓堂を考える』資料集
東北芸術工科大学東北文化研究センター編　2009『佐藤家文書詳細目録・報告書』
東北芸術工科大学東北文化研究センター編　2014『本寺－山間に息づくむらの暮らし－』
中野豈任　1988「『色部氏年中行事』の世界」同『祝儀・吉書・呪符―中世村落の祈りと呪術―』一章　吉川弘文館
中村吉治ほか　1956『村落構造の史的分析』日本評論社（岩手県紫波郡煙山村のモノグラフ）
中山太郎　1933「六所神異考」同『日本民俗学論考』一誠社
西岡芳文　2000「新出『浅間大菩薩縁起』にみる初期富士修験の信仰」紺野俊文編『系類にもとづく神像彫刻の総合的研究』平成9・10・11年度科学研究費成果報告書
西岡芳文　2002「中世の富士山とその信仰」『山梨県史のしおり』資料編六・中世三下
似鳥雄一　2017「日記と惣村―中世地下の記録論―」春田直紀編『中世文書の世界―史料論のフロンティア―』勉誠出版
似鳥雄一　2018『中世の荘園経営と惣村』吉川弘文館
春田直紀編　2017『中世地下文書の世界―史料論のフロンティア―』勉誠出版
平泉町　1985『平泉町史』史料編一
平川　新　1993『伝説のなかの神―天皇と異端の近世史』吉川弘文館

参考文献

平塚　明　2017「一関市厳美町本寺地区の植生変遷」一関市博物館編『骨寺村荘園遺跡村落調査総括報告書』

平塚明ほか　2013「一関市厳美町本寺地区磐井川左岸の旧河道における花粉分析」『平成 24 年度骨寺村荘園遺跡村落景観調査研究自然関係調査業務報告書』

広田純一・菅原麻美　2017「骨寺村荘園遺跡における田越し灌漑システムの実態と骨寺村絵図(詳細絵図)に描かれた水田の推定」一関市博物館編『骨寺村荘園遺跡村落調査研究総括報告書』

広田純一・菅原麻美　2018「骨寺村絵図(詳細絵図)に描かれた水田の現地比定(続)―本寺川北岸の小規模不整形水田について―」一関市博物館編『平成 29 年度骨寺村荘園遺跡村落調査研究報告書』

福武　直　1949『日本農村の社会的性格』東京大学出版会(「東北型」の提唱)

藤木久志　1969「戦国期の権力と諸階層の動向―『百姓』の地位をめぐって―」『歴史学研究』351 号(のちに藤木『戦国社会史論―日本中世国家の解体―』総論三章　東京大学出版会に再録)

藤木久志　1976「一在地領主の勧農と民俗―色部氏年中行事ノート―」『新潟史学』9 号(のちに藤木『戦国の作法―村の紛争解決』平凡社選書，1987 に再録)

藤原相之助　1943「先住民族の祭神」藤原『東亜古俗考』春陽堂書店

細谷　昴　1998『現代と日本農村社会学』東北大学出版会

細谷　昴　2016『庄内稲作の歴史社会学―手記と語りの記録―』お茶の水書房

保立道久　1998「説話『芋粥』と荘園制支配―贈与と客人歓待―」保立『物語の中世―神話・説話・民話の歴史学―』五章　東京大学出版会(初出は 1981 年)

誉田慶恩　1977『東国在家の研究』法政大学出版局

誉田慶信　1999「要害館と法福寺」美しい本寺推進本部『絵図の「骨寺村」をさぐる』中世骨寺村調査報告書

誉田慶信　2013「日本中世仏教のなかの平泉」『平泉文化研究年報』13 号(のちに誉田『中世奥羽の仏教』Ⅱ一章　高志書院、2018)

誉田慶信　2014「金聖人霊社について」一関市博物館編『平成 25 年度骨寺村荘園遺跡村落調査研究報告書』

誉田慶信　2015「中世骨寺村荘園の信仰世界―山王岩屋と金聖人霊社を中心に―」『平成 26 年度骨寺村荘園遺跡村落調査研究概報』

誉田慶信　2016「骨寺村の宗教世界―絵図のなかの七高山―」『平成 27 年度骨寺村荘園遺跡村落調査研究概報』

誉田慶信　2017「骨寺村の宗教世界」一関市博物館編『骨寺村荘園遺跡村落調査研究総括報告書』

誉田慶信　2018「中世本寺村の山と川」一関市博物館編『平成 29 年度骨寺村荘園遺跡村落調査研究報告書』

誉田慶信　2018『中世奥羽の仏教』Ⅲ一章　高志書院

誉田慶信　2018「中世骨寺村の生業と祈り―不動岩屋を再考する―」「骨寺大学」講演レジュメ

松本建速　2012「古代の東北北部における集落の盛衰を読む」入間田編『北から生まれた中世日本』高志書院

松本博明　2011『一関市厳美町本寺の民俗―骨寺村荘園遺跡のくらし―』一関市

真弓常忠　1977『日本古代祭祀の研究』学生社

丸山　仁　2001「平泉藤原氏と鎮護国家大伽藍一区」『歴史』94 輯(のちに丸山『院政期の王家と御願寺』高志書院、2006 に再録)

丸山幸彦　2011「板蝿杣の形成と展開」丸山『古代東大寺庄園の研究』渓水社

三浦澄応編　1904『中尊寺宝物手鑑』私家版

三崎一夫　1967「雲南権現」『東北民俗』2 輯

宮本尚彦・村岡ゆかり　1992「陸奥国骨寺村絵図模写記録」『東京大学史料編纂所研究紀要』35 号

六車由実　2007「五十沢、場所の記憶」『同大学東北文化研究センター研究紀要』6号
柳田国男　1962『雪国の春』『定本 柳田国男集』巻二
柳田国男　1962「柴と割木」(「火の昔」のうち)『定本 柳田国男集』巻二一
柳田国男　1963『石神問答』『定本柳田国男集』巻一二
義江彰夫　1996『神仏習合』岩波新書
吉田　晶　1980『日本古代村落史序説』塙書房
吉田敏弘　1987「中世絵図読解の視角」小山靖憲ほか編『絵図にみる荘園の世界』東京大学出版会
吉田敏弘　1989「骨寺村絵図の地域像」葛川絵図研究会編『絵図のコスモロジー』下巻　地人書房
吉田敏弘　1997「荘園絵図にみる東国中世村落成立過程と古代寺院」地方史研究協議会編『地方史・研究と方法の最前線』雄山閣出版
吉田敏弘　1999「骨寺への道」美しい本寺推進本部『絵図の骨寺村をさぐる』
吉田敏弘　2004「本寺平野部の水利」一関市教育委員会『骨寺村荘園遺跡』Ⅳ章
吉田敏弘　2006「一関市本寺地区の農村景観―その意義と保全にむけての提言―」『ヒストリア』202号
吉田敏弘　2007「骨寺村、伝統的な景観と生態系の貴重さ」(講演)ビオトープ・フォーラム　本寺中学校
吉田敏弘　2008『絵図と景観が語る骨寺村の歴史―中世の風景が残る村とその魅力―』本の森
吉田敏弘　2009「世界遺産候補・骨寺村の景観―荘園絵図を読み解く―」『古地図文化ぎふ』9号
吉田敏弘　2011「天正末年の中尊寺と骨寺村絵図―寺崎屋敷平山家文書について―」『國學院雑誌』112巻2号

【著者略歴】
入間田 宣夫（いるまだ　のぶお）
1942 年　宮城県生まれ
1968 年　東北大学大学院文学研究科国史学専攻博士課程
　　　　を中途退学
2005 年　東北大学を定年退職
2013 年　東北芸術工科大学を退職
2019 年　一関市博物館館長を退職
現　在　東北大学名誉教授

主な著書
『百姓申状と起請文の世界』（東京大学出版会）、『中世武士団の自己認識』（三弥井書店）、『都市平泉の遺産』（山川出版社）、『北日本中世社会史論』（吉川弘文館）、『平泉の政治と仏教』（高志書院）、『藤原清衡－平泉に浄土を創った男の世界戦略－』（ホーム社）、『藤原秀衡』（ミネルヴァ日本評伝選）

中尊寺《ちゅうそんじ》領《りょう》骨寺村《ほねでらむら》絵図《えず》を読《よ》む
―日本農村の原風景をもとめて－

2019 年 10 月 10 日第 1 刷発行

著　者　入間田宣夫
発行者　濱　久年
発行所　高志書院

〒 101-0051 東京都千代田区神田神保町 2-28-201
TEL03 (5275) 5591　FAX03 (5275) 5592
振替口座　00140-5-170436
http://www.koshi-s.jp

印刷・製本／亜細亜印刷株式会社

ISBN978-4-86215-197-1

中世史関連図書

国宝　一遍聖絵の全貌	五味文彦編	A5・250 頁／ 2500 円
中世村落と地域社会	荘園・村落史研究会編	A5・380 頁／ 8500 円
新版中世武家不動産訴訟法の研究	石井良助著	A5・580 頁／ 12000 円
戦国法の読み方	桜井英治・清水克行著	四六・300 頁／ 2500 円
琉球の中世	中世学研究会編	A5・220 頁／ 2400 円
幻想の京都モデル	中世学研究会編	A5・220 頁／ 2500 円
上杉謙信	福原圭一・前嶋敏編	A5・300 頁／ 6000 円
戦国期境目の研究	大貫茂紀著	A5・280 頁／ 7000 円
北関東の戦国時代	江田郁夫・簗瀬大輔編	A5・300 頁／ 6000 円
十四世紀の歴史学	中島圭一編	A5・490 頁／ 8000 円
中世の権力と列島	黒嶋　敏著	A5・340 頁／ 7000 円
歴史家と噺家の城歩き	中井均・春風亭昇太・斎藤慎一	A5 ／ 1800 円
城館と中世史料	齋藤慎一編	A5・390 頁／ 7500 円
博多の考古学	大庭康時著	A5・250 頁／ 5500 円
鎌倉考古学の基礎的研究	河野眞知郎著	A5・470 頁／ 10000 円
中世城館の考古学	萩原三雄・中井　均編	A4・450 頁／ 15000 円
貿易陶磁器と東アジアの物流	森達也・徳留大輔他編	A5・260 頁／ 6000 円
陶磁器流通の考古学	アジア考古学四学会編	A5・300 頁／ 6500 円
治水技術の歴史	畑　大介著	A5・270 頁／ 7000 円
中世武士と土器	高橋一樹・八重樫忠郎編	A5・230 頁／ 3000 円
中世石工の考古学	佐藤亜聖編	A5・270 頁／ 6000 円
板碑の考古学	千々和到・浅野晴樹編	B5・370 頁／ 15000 円
石塔調べのコツとツボ【2 刷】	藤澤典彦・狭川真一著	A5・200 頁／ 2500 円

東北中世史叢書　全 10 巻

①平泉の政治と仏教	入間田宣夫著	A5・370 頁／ 7500 円
②平泉の考古学	八重樫忠郎著	A5・320 頁／ 6500 円
③中世奥羽の墓と霊場	山口博之著	A5・340 頁／ 7000 円
④中世奥羽の仏教	誉田慶信著	A5・360 頁／ 7000 円
⑤鎌倉・南北朝時代の奥羽領国	七海雅人著	
⑥中世北奥の世界 安藤氏と南部氏	斉藤利男著	
⑦戦国期南奥の政治と文化	高橋　充著	
⑧中世奥羽の考古学	飯村　均著	A5・270 頁／ 5000 円
⑨中世出羽の世界	高橋　学著	
⑩大島正隆の歴史学と民俗学	柳原敏昭著	

［価格は税別］